入 境 游 客
抽样调查资料
2005

国 家 旅 游 局 政 策 法 规 司
国家统计局城市社会经济调查总队

《入境游客抽样调查资料》

编委会名单

编 者 说 明

《入境游客抽样调查资料 2005》是一本以反映 2004 年入境游客在华花费为主的资料性年刊。该书由综合分析报告和调查分类数据两部分组成，分类数据包括：入境游客的主要特征，入境外国人、港澳台同胞的花费水平和花费构成、在境内的停留时间以及入境次数、流向、对住宿设施的选择，入境游客对旅游服务质量、旅游接待设施的评价以及对旅游资源和旅游商品的兴趣等。

本书是根据抽样调查取得的数据和资料，经过汇总、审核、整理，汇编出来的一套全面反映调查过程和调查结果的翔实资料。可供研究旅游业发展的理论工作者和旅游行业的实际工作者参考使用。

在组织实施 2004 年入境游客花费抽样调查的过程中，得到了国家统计局、公安部出入境管理局、民航总局公安局和各省（自治区、直辖市）旅游局、统计局、有关边检站的大力支持和协助，在此一并表示衷心感谢！

《入境游客抽样调查资料 2005》
编 辑 委 员 会
二〇〇五年十一月

目　　录

第一部分　综合分析

第二部分　分类数据

二、入境游客停留时间

七、入境游客对旅游服务质量的评价

八、入境游客对旅游接待设施的评价

九、入境游客对旅游资源的兴趣

十、入境游客对旅游商品的兴趣

十一、入境游客抽样调查总人数及构成

第一部分　综合分析

2004年入境游客抽样调查
综合分析报告

为了科学准确地反映2004年我国入境旅游业发展的总体状况，国家旅游局组织实施了“入境游客花费情况抽样调查”，现将调查的有关情况、数据及结果分析报告如下：

一、2004年入境游客抽样调查情况

“入境游客花费情况抽样调查”是纳入《旅游统计调查制度》的国家调查项目。调查工作于2004年3月至7月在全国116个城市的主要边境口岸、旅游饭店、长江游船和部分国际旅行社进行。在国家统计局、公安部、国家民航总局等有关部门的配合下，经过各地旅游统计人员辛勤工作，按计划圆满地完成了现场调查、问卷审核、数据录入、资料汇总等工作。问卷按6种语种（即中、英、法、日、朝、俄）印刷。

本次调查的计划样本量为42000人，其中：口岸调查过夜旅游者11400人、一日游游客3800人；各省市饭店调查26600人，长江游船调查200人。另外，还对全国80家国际旅行社的120个团队代收代付旅游费用的构成比例进行调查。

入境游客花费抽样调查的对象是到中国大陆境内旅游的外国人、香港同胞、澳门同胞和台湾同胞，调查内容主要包括：游客的主要特征、在境内的停留时间、在境内的旅游花费和构成、入境旅游的方式、在境内的行程和流向、对旅游服务质量和接待设施的评价、对旅游资源和旅游商品的兴趣等。

二、抽样调查的基本结果

（一）抽样人数的构成

2004年入境游客抽样调查共回收调查问卷44345份，超过计划5.6%，其中口岸调查表14944份，占回收问卷的33.7%（其中：过夜旅游者12771份，占85.5%；一日游游客2173份，占14.5%）；饭店（含游船）调查29401份，占66.3%。2004年入境游客抽样调查人数占当年入境旅游人数的0.41‰，其中：外

国人占当年入境外国人的1.84‰；香港同胞占当年入境香港同胞的0.12‰；澳门同胞占当年入境澳门同胞的0.06‰；台湾同胞占当年入境台胞的1.11‰。

具体情况如下：

1. 按客源地分

在2004年抽样调查的44345名入境游客中：外国游客31096人，占70.1%；香港同胞7938人，占17.9%；澳门同胞1228人，占2.8%；台湾同胞4083人，占9.2%。

2. 按旅游方式分

在44345名入境游客中，团体游客17604人，占39.7%；零散游客26741人，占60.3%。

3. 按过夜旅游者和一日游游客分

在44345名被调查的入境游客中：过夜旅游者42172人，占95.1%，一日游游客2173人，占4.9%。

4. 按性别分

在接受调查的44345名入境游客中，男性游客27999人，占63.1%；女性游客16346人，占36.9%。

5. 按年龄分

在接受调查的入境游客中：14岁及以下的游客233人，占0.5%；15至24岁的4092人，占9.2%；25至44岁的21313人，占48.1%；45至64岁的15455人，占34.9%；65岁及以上的3252人，占7.3%。

6. 按职业分

在接受调查的入境游客中：政府工作人员2136人，占4.8%；专业技术人员7201人，占16.2%；职员6401人，占14.4%；技工/工人1951人，占4.4%；商贸人员11798人，占26.6%；服务员/推销员1414人，占3.2%；退休人员3963人，占8.9%；家庭妇女3271人，占7.4%；军人154人，占0.5%；学生2665人，占6.0%；其他人员3391人，占7.6%。

7. 按旅游目的分

在接受调查的入境游客中：观光游览的15225人，占34.3%；休闲度假的7027人，占15.8%；探亲访友的3984人，占9.0%；商务活动的12325人，占27.8%；参加会议的2095人，占4.7%；宗教朝拜的402人，占1.0%；文体科技交流的1386人，占3.1%；其他目的1901人，占4.3%。

8. 外国人按国别分

在接受调查的31096名外国人中：日本6800人，占21.9%；菲律宾277人，占0.9%；泰国522人，占1.7%；新加坡1604人，占5.2%；印度尼西亚412人，占1.3%；马来西亚938人，占3.0%；韩国4047人，占13.0%；蒙古543人，占1.7%；英国1457人，占4.7%；法国1251人，占4.0%；德国883人，占2.8%；俄罗斯2199人,占7.1%;美国3246人,占10.4%;加拿大959人,占3.1%;澳大利亚882人,占2.8%;其他5076人,占16.3%。

(二)入境游客在境内花费及构成情况

2004年入境游客在境内花费的总水平比2002年有显著变化(2003年因"非典"疫情,暂停了当年的入境游客花费抽样调查),外国人、香港同胞、澳门同胞、台湾同胞的花费水平均比2002年有所增加。

2004年入境过夜游客在境内人均天花费156.84美元,比2002年增加16.75美元/人天,增长12.0%。其中:外国人171.06美元/人天,增长15.8%;香港同胞119.83美元/人天,增长7.8%;澳门同胞115.79美元/人天,增长13.4%;台湾同胞152.15美元/人天,增长0.4%。

入境过夜旅游者在境内人均花费909.67美元,比2002年增长6.5%。其中:外国过夜旅游者人均花费1077.68美元,增长7.3%;香港同胞人均花费455.35美元,增长10.7%;澳门同胞人均花费451.58美元,下降3.8%;台湾同胞人均花费1186.77美元,增长13.5%。

入境一日游游客在境内人均花费42.54美元,比2002年增长12美元,增长39.3%。其中:外国游客人均花费45.27美元,增长44.6%;香港同胞人均花费31.36美元,增长18.7%;澳门同胞人均花费44.09美元,增长62.7%;台湾同胞人均花费71.85美元,增长6.9%。

入境过夜旅游者的花费构成情况是:长途交通费占总花费的28.9%,住宿费占13.5%,餐饮费占7.1%,游览费占5.1%,娱乐费占6.9%,购物费占20.7%,市内交通费占2.6%,邮电通讯费占3.2%,其他费用占12.0%。与2002年相比,过夜旅游者在长途交通、购物和其他费用等方面的支出比例有所增加,在住宿、餐饮、游览、娱乐、市内交通、邮电通讯等方面的支出比例有所减少。

入境一日游游客花费的构成是:交通费占16.2%,餐饮费占11.0%,游览费占6.0%,娱乐费占10.0%,购物费占38.2%,邮电通讯费占5.3%,其他费用占13.3%。与2002年相比,一日游游客在娱乐、购物和邮电通讯等方面的支出比例有不同程度的增加,在交通、餐饮、游览以及其他费用等方面的支出比例有所减少。

在入境游客的花费中,不包括国际(地区)间交通费和境外旅行商(社)收取的劳务费。

(三)入境过夜旅游者在境内停留时间

2004年入境游客抽样调查结果显示:

1. 入境过夜旅游者在境内的停留时间为5.8天,比2002年减少0.3天;入境过夜旅游者中47.8%的旅游者在境内停留1～3天,34.3%的旅游者停留4～7天;外国人、台湾同胞停留时间较长,停留8天以上的分别占21.1%和24.0%;香港同胞、澳门同胞在境内的停留时间较短,65%以上的旅游者仅停留1～3天,在境内停留8天以上的旅游者不到10%，其中澳门同胞在境内停留8天以上的仅为5.9%。

2. 从旅游者的出游方式看，参加旅行团的团体旅游者在境内的停留时间短于散客。团体旅游者在境内平均停留5.1天，散客旅游者在境内平均停留6.2天。

3. 从旅游者构成看：外国人平均停留6.3天，比2002年减少0.5天；香港同胞平均停留3.8天，延长0.1天；澳门同胞平均停留3.9天，减少0.7天；台湾同胞平均停留7.8天，延长0.9天。

4. 在不同性别的旅游者中，男性旅游者的平均停留时间稍长于女性旅游者，分别为6.0天、5.5天。

5. 在不同年龄段的入境旅游者中，65岁及以上的旅游者停留时间最长，为7.7天，其中台湾同胞的在大陆停留时间达到9.4天；15～24岁和45～64岁旅游者的停留时间均超过了6天；停留时间较短的是14岁及以下的少年儿童和25～44岁的青年旅游者，分别为5.9天和5.3天，其中香港少年儿童在内地的停留时间最短，仅为2.6天。

6. 在不同职业的入境旅游者中，学生的停留时间最长，为7.9天；其次是退休人员，停留时间为7.4天；停留时间最短的是商贸人员，其平均停留时间仅为4.0天，比总平均停留时间5.8天短1.8天。

7. 在不同旅游目的的入境旅游者中，以宗教朝拜为主要目的的入境旅游者在境内的停留时间最长，为7.5天，比2002年增加了3.1天；其次是文体交流、探亲访友和商务旅游者，在境内的停留时间超过了5.8天的平均水平，分别为6.5天、6.4天和6.1天；观光游览和休闲度假的旅游者在境内的停留时间为5.2天和5.0天；而以会议为主要目的的入境旅游者平均在境内的停留时间最短，为4.2天，与2002年相比减少了0.6天。

（四）入境游客来华（内地）次数

2004年入境游客来华（内地）次数的总体情况是：

1. 入境游客以多次来华（内地）为主，入境4次以上的过夜旅游者和一日游游客所占比例分别为47.6%和56.4%，其中过夜旅游者比2002年增长3.7%，一日游游客下降2.5%；第一次来华（内地）旅游的过夜旅游者和一日游游客所占比例分别为30.0%和22.7%，其中过夜旅游者与2002年基本持平，下降0.3%，一日游游客增长2.3%。

2. 初次来华（内地）的入境过夜旅游者主要是团队旅游者，而数次来华（内地）的入境过夜旅游者则以散客为主。调查中，团队旅游者第一次入境的占54.4%，比2002年增加4个百分点；散客旅游者入境4次以上的占61.7%，比2002年减少0.4个百分点。

3. 在入境游客中，首次入境的外国旅游者比例相对较高，占39.3%；在港澳台同胞中，多次（4次以上）入境的旅游者所占比例远远高于首次旅游者，其中香港同胞来中国内地4次以上的占81.7%,比2002年减少3个百分点。

4.从全国各省(区、市)的情况看,经济发达、交通便利的省市和边境口岸省区,接待首次来本地区旅游的入境旅游人数比例一般都比较低,如北京、内蒙古、辽宁、黑龙江、上海、浙江、福建、广东接待的首次来本地区的旅游者比例均不超过50%;大部分省区接待首次来本地区的入境旅游者比例相对较高,其中山西、江西和甘肃接待第一次到本地的旅游者达到80%。

(五)入境游客的行程

2004年,入境游客在境内的行程有以下特点:

1.入境游客仍以短程为主,游览的城市以1～3座居多,占被调查者的84.5%,游览4～6座城市和一次游览7座以上城市的游客分别占11.4%和4.1%。

2.团体游客的平均行程普遍长于散客,团体游客游览4座以上城市的占20.0%,比2002年下降5.2个百分点,散客仅占13.1%,比2002年下降0.3个百分点。

3.在入境游客中,澳门游客和台湾游客的行程相对较长,一次游览4座以上城市的均超过20%;外国游客的行程比2002年有所缩短,一次游览4座以上城市的为17.0%;香港游客的行程最短,90%以上的游客一次只游览1～3座城市,游览4座以上城市的不足10%。

4.在不同性别的游客中,男性游客的平均行程稍长于女性游客,一次游览1～3座城市的比例分别为84.2%和85.0%。

5.在不同年龄段的入境游客中,25～44岁的游客平均行程最短,游览的城市最少,一次游览1～3座城市的比例为87.7%;其次是14岁及以下的游客,一次游览1～3座城市的比例为85.1%;65岁及以上年龄段的游客平均行程最长,一次游览4座以上城市的占27.1%。

6.在不同职业的入境游客中,技工/工人、商贸人员、服务员/推销员和家庭妇女的平均行程短于其他职业的游客,一次游览1～3座城市的均超过85%;退休人员的平均行程普遍较长,一次游览4座以上城市的比例达30.2%。

7.在不同旅游目的的入境游客中,以观光游览和宗教朝拜为目的游客的平均行程要长于其他旅游目的的游客,其中以宗教朝拜为主要目的的游客一次游览4座以上城市的占32.3%;而以探亲访友和会议为目的游客的平均行程最短,一次游览1～3座城市的超过90%。

(六)入境游客的流向

1.入境游客出境后的流向

2004年对入境游客抽样调查资料显示:(1)在入境外国游客中,到我国的"一国游游客"和以我国为最终旅游目的地的游客居于主要地位,83.0%的游客出境后返回各自的国家。其中,我国周边国家(日本、韩国、俄罗斯、蒙古等)多数是只到我国旅游的“一国游游客”，比重都在90%以上；欧美、大洋洲等远程市场的入境游客，出境后的流向呈现出多样性，接近30%的游客离境后前往其他国家或地区，英国、意大利和加拿大等主要客源国的游客出境后直接返回各自国家的比重较2002年有所降低。(2)在入境游客出境后，除了直接返回来源地外，还有17.0%的游客将前往其他国家或地区，这部分游客中39.4%的游客将前往港澳特别行政区，这一比例比2002年略有下降。(3)港澳台市场和东南亚市场的游客，出境后直接返回来自国家(地区)的比重比2002年减少，占81.4%，降低了4.5个百分点，其余18.6%的游客继续前往其他国家(地区)。

2. 入境过夜旅游者在我国省(区、市)之间的流向

在这次全国各省(区、市)饭店(含游船)抽样调查的29401名入境过夜旅游者中，有11542人不立即出境，还将前往我国其他地区游览。这些旅游者主要的流向有三个：第一、在所在的省(区、市)内继续游览，这部分旅游者所占的比重占在境内继续游览人数的19.2%，比2002年增加1.3个百分点；第二、前往北京、上海旅游，在各省(区、市)接待的入境旅游者中，选择这一流向的占30.3%，比2002年增加2.2个百分点。第三、到中国经济比较发达和旅游资源较丰富的省(区、市)，如继续前往北京、上海、江苏、广东、四川、云南和陕西等省的旅游者比例都接近或超过了5%。对比2002年抽样调查资料分析可看出，2004年入境过夜旅游者在全国的流向相对集中，前往华东及西南大部分省(区、市)的比例较2002年有所增加。

(七)入境过夜旅游者对住宿设施的选择

2004年入境过夜旅游者对住宿设施的选择是：选择宾馆饭店住宿的人天数占其总人天数的50.2%，比2002年减少了17.2个百分点；选择公寓住宿的人天数占15.9%，比2002年增加了7.1个百分点；在私人住所住宿的人天数占18.7%，比2002年增加了3.6个百分点。此外，还有15.2%的入境过夜旅游者在车船或招待所等旅游住宿设施中住宿。

2004年对入境旅游者选择住宿设施的调查表明：

1. 入境过夜旅游者对住宿设施的选择主要是宾馆饭店，占被调查者的50.2%，其次是私人住所，占被调查者的18.7%。

2. 外国旅游者选择宾馆饭店的比例普遍高于其他旅游者，56.7%的外国旅游者选择在宾馆饭店住宿；与外国人相比，香港、澳门、台湾同胞选择私人住所住宿的比例较高，分别达29.0%、23.6%和25.4%，与2002年相比，这一比例均有所下降，其中，澳门同胞下降了6.7个百分点。

3. 在入境过夜旅游者中，团体旅游者选择宾馆饭店住宿的比例与2002年基本持平，减少了0.3个百分点，团体旅游者选择宾馆饭店住宿的比例(90.3%)远远高于散客(39.3%)；而散客选择私人住所住宿的比例(23.0%)又相对高于团体旅游者(3.0%)。

（八）入境游客对旅游服务质量的评价

2004 年入境游客对旅游服务质量总评价较好，在对宾馆饭店、餐饮、交通、娱乐、购物、导游和邮电通讯等七个方面的服务质量评价中，入境游客认为质量"尚好"以上的得分率与上年相比稍有变化，其中满意率最高的仍是宾馆饭店，评价"尚好"以上的人数占 95.4%，比 2002 年增加了 0.7 个百分点。在本次调查中，入境游客对餐饮的服务质量仍给予了较高的评价，评价"尚好"以上的占 92.3%，比 2002 年增加了 0.8 个百分点；游客对交通、娱乐、购物、导游服务和邮电通讯比较满意，评价"尚好"以上的分别占被调查者的 80.2%、85.2%、87.5%、87.3% 和 87.5%，与 2002 年相比，游客对这五方面服务的满意率都有所提高。

不同的游客对旅游服务的评价也有所不同，外国游客对宾馆饭店服务和餐饮服务的评价较高，满意率超过 90%；香港游客则对宾馆饭店的服务最满意，满意率达到 95.5%，而对交通服务的满意程度较低，为 78.3%；澳门游客对所有 7 项服务的满意率较 2002 年有所降低，其中，对宾馆饭店服务的评价最高，满意率为 97.4%，比 2002 年下降 0.8 个百分点，对餐饮服务的满意率为 93.3%，对交通服务的满意率下降幅度最大，降低了 11.1 个百分点；台湾游客对宾馆饭店的服务最满意，满意率为 95.4%，对餐饮服务的满意率也超过 90%，对交通服务的满意程度最低，为 75.6%。

（九）入境游客对旅游接待设施的评价

旅游接待设施包括：旅游宾馆/饭店设施、餐饮设施、交通设施、娱乐设施、购物场所设施、游览/参观点的接待设施和旅游区（点）厕所等七个部分。

与 2002 年相比，入境游客各项旅游接待设施的满意率普遍提高：对宾馆饭店、餐饮、娱乐、购物和游览/参观点等接待设施的评价较好，评价为"最好"（5 分）、"好"（4 分）和"尚好"（3 分）的比例合计在 85% 以上，其中对宾馆饭店接待设施的评价最高，评价"尚好"以上的高达 95.3%；29.1% 的入境游客对宾馆/饭店接待设施的评价给予了最高分（5 分），比 2002 年提高了 2.7 个百分点。入境游客对餐饮接待设施的评价也较高，评价为"尚好"以上的达 92.1%，比 2002 年增加了 0.8 个百分点；对娱乐、购物和游览/参观点的接待设施也比较满意，评价为"尚好"以上的比例分别为 85.4%、88.4% 和 88.2%；对交通接待设施的评价比 2002 年有所提高，满意率为 81.8%，增加了 2 个百分点。

在旅游接待设施中，入境游客满意率最低的是旅游区（点）厕所。对比 2002 年抽样调查资料，2004 年的入境游客满意率有大幅度提高，入境游客评价为"尚好"以上的比例为 59.7%，比 2002 年增加了 11.5 个百分点，评价为"差"（2 分）和"最差"（1 分）的分别为 25.2% 和 15.1%，比 2002 年下降了 2.6% 和 8.9%。澳门同胞对旅游区（点）厕所的满意程度最高，评价为"尚好"以上的比例为 65.5%；台湾同胞的满意程度最低，评价为"尚好"以上的占 50.2%；外国游客和香港同胞的满意程度较 2002 年有显著提高，对旅游景区（点）厕所设施的评价为"尚好"以上的分别占62.1%和56.8%,比2002年增长了13.9%和12.9%。随着《旅游厕所质量等级的划分与评定》国家标准的正式发布实施,我国旅游厕所的建设和管理水平将得到进一步规范和提高,这对保护自然生态、优化旅游环境、提升旅游形象以及更好地为国内外游客提供优质服务起到积极的作用。

(十)入境游客感兴趣的旅游资源

2004年入境游客感兴趣的旅游资源仍集中在山水风光和文物古迹方面,对民俗风情和饮食烹调也有浓厚的兴趣。入境游客对山水风光感兴趣的达50.1%;对文物古迹有极大兴趣的达43.2%;对民俗风情和饮食烹调有浓厚兴趣的分别达35.7%和33.7%。游客感兴趣的旅游资源还有文化艺术和旅游购物,分别占被调查者的25.1%和27.3%。

在被调查的入境游客中,台湾同胞对祖国的山水风光情有独钟,表示有浓厚兴趣的比例达57.3%;外国游客对中国旅游资源的兴趣比较广泛,除对山水风光和文物古迹有较浓厚的兴趣外,对民俗风情、文化艺术、饮食烹调和旅游商品也有较大兴趣,选择的比例分别为36.8%、27.7%、34.8%和28.5%。港澳游客除对山水风光和文物古迹等旅游资源有兴趣外,还对其他旅游资源也表现出了浓厚的兴趣,其中,香港同胞选择民俗风情和饮食烹调的比例分别达到了30.6%和32.7%,澳门同胞选择民俗风情和饮食烹调的比例分别达到了33.6%和32.9%。

(十一)入境游客感兴趣的旅游商品

旅游购物作为旅游的六大要素之一,在游客的消费支出中占有较大比例。在2004年入境游客花费抽样调查中,将旅游商品分为服装/丝绸、中成药/保健品、食品/茶叶、酒类/香烟、瓷器/陶器、文物复制品/字画、地毯/挂毯、首饰/珍珠、胶卷/电器、具有地方特色的纪念品/工艺品等10大类。在这10类旅游商品中,入境游客最感兴趣的首先是具有地方特色的旅游纪念品/工艺品、食品/茶叶和服装/丝绸,超过三分之一的被调查者选择了这3类旅游商品。其次是:中成药/保健品和瓷器/陶器,19.9%和22.1%的游客表示对这两类旅游商品有较大兴趣。

不同的游客对旅游商品的兴趣各有侧重。外国游客感兴趣的旅游商品主要是有地方特色的服装/丝绸、食品/茶叶和纪念品/工艺品,选择率分别为39.5%、39.3%和41.0%;香港游客感兴趣的旅游商品主要是食品/茶叶和具有地方特色的纪念品/工艺品,选择率为41.0%和35.1%;澳门游客感兴趣的旅游商品是纪念品/工艺品、食品/茶叶和服装/丝绸,选择率达41.3%、39.4%和30.5%;台湾游客的喜好首先是纪念品/工艺品,选择率达41.9%,其次是食品/茶叶和服装/丝绸,选择率分别为35.9%和30.7%。

第二部分　分　类　数　据

一

入境游客人均天花费及构成

1－1　2004 年入境过夜旅游者人均天花费

		人均天花费	政府工作人员	专业技术人员	职员	技工工人
全国	**总计**	**156.84**	**160.77**	**154.57**	**151.95**	**137.43**
	团体	144.12	146.85	144.75	146.19	142.37
	散客	164.38	175.98	158.00	156.64	135.51
外国人	小计	171.06	164.04	169.75	162.93	163.84
	团体	144.67	146.84	145.14	145.12	144.39
	散客	193.75	189.74	181.55	186.92	176.32
香港同胞	小计	119.83	153.08	125.09	127.82	88.91
	团体	137.05	151.27	134.46	156.45	120.64
	散客	116.22	154.02	123.67	119.39	86.31
澳门同胞	小计	115.79	147.13	136.37	117.26	67.35
	团体	117.77	120.00	108.55	120.00	120.00
	散客	115.46	149.39	143.63	116.83	63.84
台湾同胞	小计	152.15	152.07	137.86	153.25	141.87
	团体	150.84	137.17	163.30	144.25	145.16
	散客	152.61	160.50	131.92	157.59	140.65

（按外国人、港澳台胞、团体及散客、职业分组）

单位:美元/人天

商贸人员	服务员推销员	退休人员	家庭妇女	军人	学生	其他
184.47	**140.66**	**131.54**	**138.31**	**188.99**	**123.47**	**158.67**
153.78	151.19	126.60	149.53	156.89	127.81	156.82
193.24	133.98	141.27	127.77	206.51	118.55	160.12
198.84	161.91	138.52	159.92	183.77	132.58	173.83
154.58	145.46	126.27	154.48	157.27	127.34	158.79
215.83	188.47	177.30	169.66	198.50	140.79	192.12
138.85	118.20	109.48	97.19	190.00	84.81	112.14
137.28	158.47	131.43	123.07	190.00	111.49	135.36
138.99	109.00	97.43	91.27	–	69.99	106.75
144.51	100.10	79.11	82.44	90.12	107.14	121.31
120.00	120.00	120.00	120.00	120.00	111.66	120.00
147.64	94.57	64.24	77.32	60.24	106.60	121.51
173.30	156.14	126.49	139.89	303.29	118.86	151.57
162.52	197.98	125.74	140.44	–	211.67	164.43
174.86	140.31	127.44	139.37	303.29	93.08	147.71

1-2 2004年入境过夜旅游者人均天花费

		人均天花费	观光游览	休闲度假	探亲访友
全国	**总计**	**156.84**	**151.70**	**140.72**	**142.60**
	团体	144.12	147.24	137.47	140.43
	散客	164.38	163.69	143.29	142.78
外国人	小计	171.06	157.23	149.24	180.15
	团体	144.67	150.50	134.37	121.22
	散客	193.75	182.40	172.99	187.85
香港同胞	小计	119.83	130.23	121.70	91.44
	团体	137.05	131.24	150.75	162.99
	散客	116.22	129.03	115.97	89.34
澳门同胞	小计	115.79	122.39	106.96	87.95
	团体	117.77	116.84	119.11	120.00
	散客	115.46	125.33	103.74	87.40
台湾同胞	小计	152.15	148.80	164.94	143.40
	团体	150.84	140.90	157.91	216.88
	散客	152.61	162.20	168.55	136.55

（按外国人、港澳台胞、团体及散客、旅游目的分组）

单位:美元/人天

商务	会议	宗教朝拜	文化/体育/科技交流	其他
172.95	**192.38**	**123.60**	**155.59**	**143.68**
147.37	130.60	140.01	133.81	127.21
176.63	204.12	118.23	173.10	148.45
192.38	200.76	120.28	159.49	167.39
146.20	123.80	122.32	135.42	124.40
202.44	219.81	119.49	183.23	186.14
126.23	172.62	123.40	125.34	72.31
152.47	170.24	190.00	85.61	190.00
125.70	172.88	110.08	136.18	69.10
155.39	145.95	53.82	227.61	91.72
120.00	–	–	–	–
156.90	145.95	53.82	227.61	91.72
155.20	183.52	178.13	153.59	110.81
173.81	230.00	230.00	199.15	230.00
154.42	182.32	160.84	143.82	105.00

1－3 2004年入境过夜旅游者人均天花费

		人均天花费	男性	女性
全国	**总计**	**156.84**	**161.03**	**149.76**
	团体	144.12	144.14	144.10
	散客	164.38	168.38	155.17
外国人	小计	171.06	176.83	161.42
	团体	144.67	144.55	144.81
	散客	193.75	196.35	186.92
香港同胞	小计	119.83	119.43	120.45
	团体	137.05	136.67	137.39
	散客	116.22	116.69	115.41
澳门同胞	小计	115.79	121.39	108.21
	团体	117.77	116.38	118.91
	散客	115.46	122.03	105.80
台湾同胞	小计	152.15	152.98	150.18
	团体	150.84	151.12	150.43
	散客	152.61	153.49	150.04

（按外国人、港澳台胞、团体及散客、性别、年龄分组）

单位:美元/人天

14岁及以下	15～24岁	25～44岁	45～64岁	65岁及以上
127.54	**136.47**	**159.56**	**163.54**	**136.36**
107.85	138.13	150.75	143.86	128.40
158.03	134.86	163.46	176.10	147.30
126.74	145.77	179.68	173.75	144.48
104.28	136.68	150.83	145.38	131.61
169.79	158.56	200.10	196.56	169.48
133.77	106.64	118.06	131.37	104.46
190.00	129.84	145.27	135.17	114.41
117.71	97.14	114.37	130.26	99.63
–	100.00	116.74	131.20	54.98
–	113.74	117.55	120.00	–
–	98.56	116.58	133.00	54.98
–	152.78	153.58	153.70	134.27
–	206.92	167.81	141.60	113.98
–	129.83	150.73	159.64	151.62

1-4 2004年外国过夜旅游者人均天花费

	人均天花费	政府工作人员	专业技术人员	职员	技工工人	商贸人员
日本	187.23	188.81	180.81	188.81	172.11	206.36
菲律宾	190.54	63.66	264.90	151.77	186.84	170.17
泰国	157.14	171.11	167.76	135.59	186.19	167.69
新加坡	170.97	181.90	154.23	167.25	167.07	203.64
印度尼西亚	161.68	136.30	123.66	176.65	191.28	182.84
马来西亚	170.25	158.07	181.46	154.98	181.35	196.92
韩国	182.13	172.75	178.25	177.06	174.39	204.94
朝鲜	206.32	214.12	243.09	194.96	197.03	253.54
蒙古	250.21	201.01	188.15	185.90	193.28	278.60
印度	163.60	73.99	122.11	194.61	212.41	187.65
英国	176.12	197.96	173.07	182.93	152.09	182.98
法国	124.60	94.85	130.04	112.83	140.30	191.50
德国	201.64	254.20	242.22	149.53	149.52	225.41
意大利	186.56	129.82	219.89	168.25	91.26	208.58
荷兰	179.54	153.21	151.20	275.26	239.76	189.42
瑞典	166.53	115.87	189.69	171.04	125.31	187.55
俄罗斯	164.94	172.43	201.74	152.23	166.84	200.39
瑞士	184.63	75.75	167.67	220.25	65.63	232.78
美国	159.08	174.25	150.13	172.50	138.75	197.38
加拿大	182.29	237.23	162.93	172.78	166.60	209.49
澳大利亚	168.34	193.56	159.23	182.79	151.27	189.89
非洲国家	196.53	-	230.98	174.89	-	186.70
南美国家	179.61	-	142.01	180.50	320.00	210.61
其他国家	186.02	175.65	183.72	147.34	192.74	219.52

（按国别、职业分组）

单位:美元/人天

服务员推销员	退休人员	家庭妇女	军人	学生	其他
188.31	161.32	158.89	–	130.47	182.31
201.56	172.32	103.71	–	112.02	163.15
155.24	191.57	195.12	–	79.42	118.17
214.18	148.62	143.05	320.00	125.54	186.58
206.67	114.50	170.95	76.81	99.07	132.40
93.71	134.90	153.63	–	122.06	196.51
166.66	161.73	164.09	204.40	168.75	173.83
207.60	143.84	186.62	–	193.41	222.55
–	203.95	262.73	320.00	210.17	256.48
–	145.50	75.49	66.27	80.45	271.93
196.55	164.04	145.90	–	161.61	189.35
265.77	102.04	124.04	75.30	96.68	167.86
176.74	189.30	157.08	–	120.67	99.43
93.79	178.10	320.00	–	178.77	210.25
230.00	202.41	101.09	48.19	91.98	158.51
230.00	205.49	137.49	–	110.73	136.53
184.22	130.84	186.07	201.11	101.44	179.72
204.82	73.56	35.79	–	152.45	143.94
162.57	125.29	146.64	218.83	133.51	157.25
183.12	192.71	218.27	–	132.32	157.90
145.31	117.47	99.69	–	183.31	205.06
–	163.03	273.57	99.65	107.55	169.59
118.47	172.06	–	96.08	6.85	147.47
167.70	204.71	125.12	197.31	111.97	179.35

1－5　2004年外国过夜旅游者人均天花费

	人均天花费	观光游览	休闲度假	探亲访友
日本	187.23	175.03	184.98	163.36
菲律宾	190.54	183.34	201.07	128.37
泰国	157.14	192.37	162.95	95.21
新加坡	170.97	164.73	168.43	135.49
印度尼西亚	161.68	143.72	147.51	167.72
马来西亚	170.25	169.57	171.70	164.22
韩国	182.13	167.19	169.29	153.61
朝鲜	206.32	209.00	169.90	173.01
蒙古	250.21	184.72	145.12	263.09
印度	163.60	163.22	77.72	320.00
英国	176.12	187.39	143.22	172.54
法国	124.60	103.30	125.17	127.43
德国	201.64	179.16	192.12	171.98
意大利	186.56	185.18	171.65	125.07
荷兰	179.54	170.52	170.25	122.68
瑞典	166.53	181.69	128.12	119.15
俄罗斯	164.94	146.68	168.25	159.91
瑞士	184.63	160.90	157.53	110.05
美国	159.08	157.56	153.65	114.23
加拿大	182.29	156.29	172.33	172.63
澳大利亚	168.34	152.54	139.00	168.35
非洲国家	196.53	184.62	204.70	214.62
南美国家	179.61	138.58	230.00	142.94
其他国家	186.02	156.42	142.62	149.98

（按国别、旅游目的分组）

单位：美元/人天

商　务	会　议	宗　教 朝　拜	文化/体育/ 科技交流	其　他
200.39	203.96	92.74	141.59	171.80
119.93	198.22	204.82	159.30	235.42
133.41	111.20	27.86	194.60	170.01
204.27	199.36	181.15	152.66	156.04
187.53	93.01	87.01	162.96	203.13
182.11	195.33	96.53	165.11	136.44
206.37	224.40	191.57	173.96	194.32
275.80	150.30	–	191.57	195.78
283.61	192.15	165.16	146.56	239.49
181.53	69.38	193.14	178.32	147.55
176.61	218.41	–	210.02	146.61
203.52	206.40	64.76	79.98	122.53
216.56	286.68	20.09	280.10	166.86
195.97	210.39	–	111.58	205.73
197.89	181.14	–	240.32	114.80
180.47	215.83	–	152.19	120.59
192.81	212.74	159.28	191.60	169.53
225.79	166.73	–	223.49	103.61
186.86	212.61	194.08	148.90	131.24
207.09	248.55	124.60	235.20	161.98
182.08	226.47	–	189.49	205.26
194.55	208.16	–	255.73	22.89
222.16	96.08	–	210.84	–
213.96	201.47	103.91	228.97	190.29

1-6 2004年外国过夜旅游者人均天花费
(按国别、性别、年龄分组)

单位:美元/人天

	人均天花费	男	女	14岁及以下	15~24岁	25~44岁	45~64岁	65岁及以上
日本	187.23	193.38	165.37	233.22	161.74	191.43	192.02	154.02
菲律宾	190.54	217.68	141.29	-	171.01	195.82	192.60	188.39
泰国	157.14	158.35	155.38	-	146.84	153.97	165.81	181.61
新加坡	170.97	176.41	165.20	136.75	143.53	179.10	173.97	146.23
印度尼西亚	161.68	164.40	156.68	100.75	165.02	156.02	176.89	120.51
马来西亚	170.25	177.03	158.99	320.00	145.24	188.52	160.08	139.36
韩国	182.13	187.44	171.17	137.84	169.32	187.85	181.73	175.59
朝鲜	206.32	199.96	214.29	-	193.41	218.56	200.53	166.50
蒙古	250.21	236.91	259.89	-	144.19	264.02	240.92	153.18
印度	163.60	161.74	180.82	-	146.24	175.98	161.07	101.98
英国	176.12	177.54	173.89	47.05	162.69	183.51	183.79	146.90
法国	124.60	135.31	110.39	320.00	104.40	153.62	118.80	98.98
德国	201.64	215.15	162.56	-	179.85	194.22	215.55	176.73
意大利	186.56	186.49	186.73	218.87	177.15	187.41	200.01	71.11
荷兰	179.54	186.74	162.64	-	159.16	194.84	170.33	104.33
瑞典	166.53	182.58	141.67	-	127.85	164.51	180.61	210.09
俄罗斯	164.94	161.33	167.91	103.09	124.29	177.51	177.05	102.49
瑞士	184.63	178.21	201.12	81.31	186.81	170.78	192.89	309.64
美国	159.08	163.46	152.84	100.78	137.15	178.63	155.36	137.84
加拿大	182.29	184.49	178.61	-	170.73	183.76	182.83	210.11
澳大利亚	168.34	166.79	170.78	190.33	179.26	179.94	154.27	145.84
非洲国家	196.53	193.49	207.77	-	142.30	182.57	242.81	240.88
南美国家	179.61	190.77	154.49	-	51.47	192.04	182.49	197.08
其他国家	186.02	185.38	187.08	133.13	142.98	192.61	201.28	195.11

1—7　2004年入境过夜旅游者在各省(区、市)人均天花费
(按团体及散客、外国人及港澳台胞分组)

单位:美元/人天

		人均天花费	外国人	香港同胞	澳门同胞	台湾同胞
北　京	小计	241.54	245.35	220.25	230.56	215.26
	团体	237.11	245.86	148.33	174.45	144.10
	散客	245.18	244.88	249.40	262.62	238.28
天　津	小计	173.62	173.07	178.70	176.40	170.09
	团体	149.43	150.00	150.00	150.00	145.58
	散客	179.73	178.06	188.06	186.96	182.84
河　北	小计	138.47	137.65	140.83	139.39	146.29
	团体	125.32	125.36	125.00	125.00	125.00
	散客	143.96	143.28	144.57	147.24	150.05
山　西	小计	169.93	167.93	203.53	140.41	166.31
	团体	168.84	164.45	220.00	103.78	169.31
	散客	171.25	172.04	163.26	182.27	163.98
内蒙古	小计	161.95	160.92	188.70	177.14	171.23
	团体	180.18	179.85	181.67	190.00	184.14
	散客	151.79	150.62	197.13	138.55	166.07
辽　宁	小计	189.26	188.54	192.81	190.00	192.35
	团体	184.82	182.44	210.00	–	204.35
	散客	190.67	190.73	191.47	190.00	187.65
吉　林	小计	159.94	160.11	157.61	160.50	159.60
	团体	168.13	166.72	180.00	–	180.00
	散客	157.76	158.32	152.01	160.50	154.16
黑龙江	小计	179.83	178.64	199.88	197.34	182.85
	团体	175.84	175.83	175.00	174.68	178.56
	散客	190.15	187.03	216.47	220.00	185.71
上　海	小计	228.62	228.18	234.71	231.67	228.86
	团体	210.23	210.07	213.29	210.00	210.00
	散客	233.28	232.97	239.00	234.38	231.47

1－7(续 1)　　单位:美元/人天

		人均天花费	外国人	香港同胞	澳门同胞	台湾同胞
江苏	小计	195.34	194.53	198.97	197.74	195.02
	团体	171.53	165.81	180.00	180.00	179.32
	散客	207.57	206.30	220.68	218.20	202.96
浙江	小计	190.19	190.01	193.01	202.32	185.91
	团体	177.87	178.03	178.53	176.83	176.02
	散客	196.15	196.28	196.67	218.55	190.38
安徽	小计	174.53	173.83	180.06	170.00	177.02
	团体	165.60	165.58	165.20	165.00	166.87
	散客	186.33	185.34	195.41	180.00	185.13
福建	小计	168.44	171.52	161.81	148.56	165.61
	团体	185.70	185.22	187.14	191.30	184.72
	散客	164.88	168.53	156.74	135.41	162.84
江西	小计	131.69	132.79	130.58	117.95	136.17
	团体	110.11	110.00	110.00	110.04	111.12
	散客	155.45	155.80	153.85	158.51	155.40
山东	小计	184.44	184.44	185.98	196.57	180.19
	团体	167.11	167.68	165.00	171.76	165.00
	散客	195.64	195.16	199.96	214.29	190.21
河南	小计	127.95	126.97	133.97	125.49	131.55
	团体	126.61	127.00	128.90	129.18	121.15
	散客	131.62	126.89	146.51	102.11	162.75
湖北	小计	169.92	178.92	155.59	159.13	139.32
	团体	161.67	179.78	119.31	119.51	106.68
	散客	175.99	178.24	176.09	174.29	164.25
湖南	小计	170.67	170.60	172.98	169.62	169.41
	团体	163.12	163.20	164.03	165.00	160.91
	散客	182.52	183.63	182.71	176.03	180.59
广东	小计	133.57	131.94	134.83	133.79	134.95
	团体	127.16	115.13	140.00	130.00	140.00
	散客	134.51	134.96	134.24	134.20	134.07
广西	小计	162.64	163.60	160.89	156.70	161.48
	团体	165.83	165.42	166.81	167.44	167.07
	散客	157.79	160.03	155.80	152.76	154.47

1-7(续2)　　单位:美元/人天

		人均天花费	外国人	香港同胞	澳门同胞	台湾同胞
海南	小计	146.49	145.41	149.37	148.83	151.87
	团体	144.29	144.20	144.21	145.73	144.44
	散客	148.87	146.50	159.17	161.24	166.72
重庆	小计	172.35	173.65	170.96	160.54	165.40
	团体	167.96	167.51	170.00	170.00	170.00
	散客	176.79	180.69	171.69	141.61	163.28
四川	小计	167.54	167.94	171.27	159.28	163.72
	团体	150.30	150.34	150.10	150.19	150.28
	散客	185.74	184.61	188.57	188.08	192.52
贵州	小计	159.73	159.73	160.26	151.33	160.57
	团体	164.97	165.00	164.87	165.00	165.00
	散客	146.64	146.56	149.35	132.19	146.59
云南	小计	171.76	169.81	176.54	185.02	180.79
	团体	180.02	176.95	190.13	200.00	187.01
	散客	165.07	164.49	167.22	164.05	169.09
西藏	小计	151.93	149.55	170.38	156.01	172.25
	团体	148.44	144.76	170.00	170.00	170.00
	散客	163.90	167.21	171.33	121.05	177.50
陕西	小计	173.66	173.50	174.38	173.15	177.91
	团体	179.12	178.89	183.44	185.00	185.00
	散客	161.48	160.10	165.33	167.23	174.87
甘肃	小计	149.49	149.30	138.30	157.21	155.00
	团体	154.34	154.66	149.59	155.00	153.00
	散客	125.48	120.42	112.65	166.77	163.69
青海	小计	125.87	125.79	125.00	125.00	129.47
	团体	125.49	125.38	125.00	125.00	129.47
	散客	130.84	130.84	-	-	-
宁夏	小计	125.42	125.29	128.56	124.22	124.16
	团体	-	-	-	-	-
	散客	125.42	125.29	128.56	124.22	124.16
新疆	小计	151.24	151.92	150.96	145.00	144.00
	团体	140.22	140.00	140.75	140.00	142.07
	散客	179.49	179.45	180.00	180.00	180.00

1－8　2004年入境过夜旅游者在各省(区、市)

		人均天花费	政府工作人员	专业技术人员	职员	技工工人
北京	小计	241.54	243.81	245.76	241.15	239.71
	团体	237.11	238.07	240.90	237.61	233.16
	散客	245.18	245.89	247.73	243.96	251.42
天津	小计	173.62	167.39	178.29	180.32	165.58
	团体	149.43	150.00	145.08	149.83	150.00
	散客	179.73	173.60	182.97	186.02	168.83
河北	小计	138.47	129.10	141.63	134.64	138.30
	团体	125.32	125.00	125.33	125.16	125.00
	散客	143.96	131.45	144.74	144.42	143.62
山西	小计	169.93	172.54	171.14	173.25	169.56
	团体	168.84	160.18	170.06	177.06	171.95
	散客	171.25	200.58	172.02	168.42	163.88
内蒙古	小计	161.95	158.43	163.12	166.43	171.57
	团体	180.18	185.81	180.12	180.06	188.55
	散客	151.79	144.01	159.34	153.67	161.58
辽宁	小计	189.26	191.03	189.29	193.13	178.75
	团体	184.82	192.92	188.14	181.60	169.91
	散客	190.67	190.00	189.41	196.70	179.93
吉林	小计	159.94	166.60	161.69	162.05	137.82
	团体	168.13	180.00	180.00	172.74	143.92
	散客	157.76	164.93	160.76	155.90	133.24
黑龙江	小计	179.83	168.45	189.58	181.33	174.97
	团体	175.84	174.33	177.36	175.20	175.30
	散客	190.15	150.83	196.64	199.48	174.16
上海	小计	228.62	220.51	230.74	230.86	229.78
	团体	210.23	211.18	209.67	210.07	210.00
	散客	233.28	225.00	233.30	237.17	232.38
江苏	小计	195.34	212.46	198.08	195.66	194.63
	团体	171.53	180.00	173.77	176.63	167.63
	散客	207.57	234.67	201.41	206.58	206.01

人均天花费(按团体及散客、职业分组)

单位:美元/人天

商贸人员	服务员推销员	退休人员	家庭妇女	军人	学生	其他
243.41	236.28	235.68	243.89	229.67	232.05	238.54
237.80	236.15	234.27	242.46	250.00	224.02	239.98
245.80	236.39	242.98	247.41	226.76	245.21	236.76
174.92	130.48	157.99	166.67	–	177.83	159.50
150.00	–	150.00	150.00	–	150.00	150.00
177.11	130.48	179.57	190.00	–	190.00	163.97
142.34	131.64	127.91	133.70	148.33	128.98	149.06
125.18	125.00	125.32	125.42	125.00	127.32	125.00
144.46	143.25	136.20	146.95	160.00	129.99	152.41
162.97	175.33	171.29	185.06	147.44	148.82	179.52
157.14	170.38	172.94	192.86	129.88	119.30	182.07
166.48	180.28	164.10	165.00	165.00	169.35	176.56
161.87	153.77	154.80	173.88	143.34	167.98	151.03
183.54	–	169.31	174.09	–	173.97	174.27
149.43	153.77	137.88	173.84	143.34	152.58	142.68
187.72	185.36	198.35	198.64	181.58	182.49	179.25
186.90	178.41	203.76	192.99	173.16	174.52	165.19
187.86	190.00	193.85	204.67	190.00	187.60	190.00
158.11	161.29	162.14	172.73	–	145.36	163.23
152.23	163.61	177.24	177.69	–	148.93	180.00
158.28	160.42	150.63	169.15	–	142.12	161.61
179.85	182.83	176.24	176.86	175.00	179.61	179.75
176.62	177.25	174.67	176.29	175.00	175.10	176.39
187.58	220.00	180.45	180.08	–	202.57	193.74
230.44	225.98	224.23	219.20	225.00	219.58	226.88
210.37	210.25	210.24	210.64	–	209.39	210.86
232.08	235.71	236.67	231.43	225.00	231.00	233.65
204.17	191.59	177.04	179.52	210.00	190.78	186.75
172.78	166.71	169.83	171.05	180.00	173.77	156.54
210.82	206.10	198.33	202.84	300.00	215.65	218.07

1－8(续1)

		人均天花费	政府工作人员	专业技术人员	职员	技工工人
浙江	小计	190.19	199.61	191.96	188.96	196.79
	团体	177.87	177.65	177.84	177.46	178.49
	散客	196.15	220.00	197.50	194.41	205.23
安徽	小计	174.53	170.47	177.37	175.08	173.47
	团体	165.60	165.00	167.22	165.53	163.52
	散客	186.33	178.00	184.22	187.44	179.28
福建	小计	168.44	173.95	170.55	168.80	178.11
	团体	185.70	190.00	182.51	189.79	186.01
	散客	164.88	169.27	168.51	164.55	175.34
江西	小计	131.69	128.43	140.97	126.51	144.92
	团体	110.11	110.00	110.00	110.46	110.00
	散客	155.45	156.07	157.37	151.68	164.56
山东	小计	184.44	181.23	191.15	181.32	187.07
	团体	167.11	167.52	166.62	167.55	167.20
	散客	195.64	194.40	198.10	193.85	198.00
河南	小计	127.95	119.99	132.02	129.57	104.09
	团体	126.61	127.00	127.42	127.90	125.88
	散客	131.62	107.72	141.07	134.68	57.77
湖北	小计	169.92	179.03	170.57	165.25	174.80
	团体	161.67	179.71	174.63	144.78	145.69
	散客	175.99	178.64	168.76	175.48	183.70
湖南	小计	170.67	172.95	168.77	173.11	168.90
	团体	163.12	163.47	161.50	164.59	160.22
	散客	182.52	194.15	178.58	188.11	178.59
广东	小计	133.57	134.89	133.94	133.81	132.98
	团体	127.16	134.20	128.23	129.74	115.35
	散客	134.51	135.04	134.38	134.43	134.46
广西	小计	162.64	158.66	158.26	160.73	156.25
	团体	165.83	166.36	165.47	166.01	165.22
	散客	157.79	141.82	148.36	154.44	142.78
海南	小计	146.49	144.27	149.73	149.08	144.34
	团体	144.29	142.36	144.81	144.96	144.47
	散客	148.87	145.98	155.06	154.64	143.82

单位:美元/人天

商贸人员	服务员推销员	退休人员	家庭妇女	军人	学生	其他
191.82	186.30	183.84	183.98	–	179.89	192.21
178.07	178.00	178.18	177.85	–	177.91	177.49
194.06	196.51	204.42	199.79	–	185.85	203.25
184.27	169.05	166.74	165.77	–	168.57	172.99
166.11	164.18	165.83	164.25	–	165.84	166.57
192.85	180.00	180.00	180.00	–	176.30	186.21
166.54	183.34	168.85	154.80	171.54	158.27	174.06
184.71	190.00	182.92	180.01	–	186.22	187.72
165.06	180.67	159.75	142.19	171.54	132.86	166.26
143.15	124.65	121.83	111.86	110.00	115.60	124.37
110.00	110.00	110.00	110.00	110.00	110.16	110.00
155.35	157.62	156.71	180.72	–	170.00	150.95
191.92	180.64	169.31	173.31	235.00	176.51	173.18
168.88	171.06	166.27	167.60	165.00	165.34	165.00
195.69	195.00	190.91	200.00	270.00	190.00	180.00
141.96	118.44	125.15	132.75	128.00	123.35	121.69
124.54	125.23	125.60	126.32	128.00	127.59	126.28
155.75	103.17	122.57	211.01	–	91.82	111.64
169.46	175.87	169.53	172.71	182.00	159.27	172.83
151.83	152.74	166.97	166.66	180.00	153.02	161.01
173.81	200.54	175.38	186.12	190.00	169.43	183.44
176.30	163.21	165.45	168.88	167.40	170.05	167.84
163.09	162.39	163.27	163.95	165.00	159.98	163.87
183.34	171.00	179.06	180.56	171.00	176.61	188.20
133.79	134.01	132.21	133.04	126.39	130.87	134.03
121.32	131.75	128.67	130.27	95.79	123.45	129.03
134.59	134.36	134.39	134.03	136.60	134.34	135.16
172.08	164.55	163.57	163.12	144.58	165.04	155.28
166.51	166.14	165.79	165.92	–	166.32	164.37
175.63	161.80	152.70	152.30	144.58	164.55	145.95
147.04	150.02	146.64	136.05	135.92	137.72	149.21
144.47	144.02	144.50	143.86	124.63	144.57	143.84
148.36	157.65	153.45	115.73	143.45	125.74	153.56

1-8(续2)

	人均天花费	政府工作人员	专业技术人员	职员	技工工人
重庆 小计	172.35	181.53	163.96	163.81	185.41
团体	167.96	167.73	166.78	169.11	168.88
散客	176.79	210.10	162.45	158.84	190.92
四川 小计	167.54	158.95	168.07	164.88	175.96
团体	150.30	150.60	150.05	149.86	150.48
散客	185.74	182.38	181.95	186.22	195.41
贵州 小计	159.73	160.99	159.08	159.65	153.22
团体	164.97	165.00	165.00	164.91	165.00
散客	146.64	153.98	150.98	141.59	133.57
云南 小计	171.76	169.13	171.70	168.85	169.44
团体	180.02	178.80	180.04	173.27	173.32
散客	165.07	161.45	164.54	164.04	166.97
西藏 小计	151.93	161.47	151.50	153.45	149.31
团体	148.44	150.45	146.45	147.77	146.00
散客	163.91	178.00	163.62	167.64	164.24
陕西 小计	173.66	169.76	176.10	170.99	165.66
团体	179.12	176.87	179.24	180.48	181.96
散客	161.48	158.00	172.63	148.83	143.53
甘肃 小计	149.49	155.84	153.52	147.13	148.80
团体	154.34	155.00	154.09	153.71	155.00
散客	125.48	165.51	149.74	115.07	113.69
青海 小计	125.87	129.16	125.58	124.66	126.83
团体	125.49	125.00	125.61	125.42	126.83
散客	130.84	143.02	125.38	102.41	-
宁夏 小计	125.42	124.24	125.36	129.76	118.59
团体	-	-	-	-	-
散客	125.42	124.24	125.36	129.76	118.59
新疆 小计	151.24	146.67	154.47	145.75	148.89
团体	140.22	140.16	140.97	140.00	140.00
散客	179.49	180.00	178.56	178.37	180.00

单位:美元/人天

商贸人员	服务员推销员	退休人员	家庭妇女	军人	学生	其他
179.91	178.13	168.25	166.51	197.22	183.28	164.48
169.07	169.64	167.83	166.68	151.67	167.75	168.76
184.57	184.93	170.22	166.09	220.00	204.63	153.96
176.62	164.54	158.61	157.84	159.67	172.31	169.66
150.52	150.95	150.06	150.30	152.54	150.63	150.60
187.31	191.07	191.49	180.00	179.28	182.38	188.73
159.88	165.00	162.21	159.39	165.00	155.90	159.11
165.00	165.00	165.00	165.00	165.00	165.00	165.00
154.34	–	125.37	122.37	–	139.11	147.86
170.31	165.95	175.25	184.39	180.00	168.55	175.16
183.97	171.08	180.93	186.24	200.00	167.25	190.28
165.69	163.89	158.55	170.00	170.00	169.41	165.64
152.29	149.50	147.44	151.36	–	161.95	159.41
147.51	151.32	147.44	149.61	–	158.13	148.41
164.64	137.91	–	168.86	–	173.41	175.91
173.10	160.43	178.99	175.68	196.67	171.37	168.30
179.53	175.32	180.01	178.71	185.00	178.75	176.75
167.02	129.00	172.76	146.43	220.00	130.26	139.13
151.02	142.49	151.72	153.07	155.00	123.16	147.48
155.00	155.00	154.44	154.05	155.00	154.89	154.11
134.09	61.15	131.78	117.47	–	110.47	109.38
126.91	125.54	125.50	125.00	–	125.88	125.99
125.95	125.54	125.34	125.00	–	125.88	125.00
132.17	–	132.53	–	–	–	131.45
122.48	–	131.05	–	–	–	–
–	–	–	–	–	–	–
122.48	–	131.05	–	–	–	–
166.67	150.00	144.85	143.13	145.00	145.85	144.37
140.00	140.00	140.00	140.73	140.00	140.00	140.00
180.00	180.00	179.11	180.00	180.00	180.00	174.12

1－9 2004年入境过夜旅游者在各省(区、市)

		人均天花费	观光游览	休闲度假	探亲访友
北　京	小计	241.54	237.82	242.59	244.96
	团体	237.11	235.42	239.60	239.61
	散客	245.18	245.09	247.60	248.28
天　津	小计	173.62	174.36	167.18	185.56
	团体	149.43	150.00	148.62	150.00
	散客	179.73	200.81	179.96	190.00
河　北	小计	138.47	132.19	135.24	139.69
	团体	125.32	125.39	125.20	125.00
	散客	143.96	145.24	146.84	141.79
山　西	小计	169.93	173.65	174.87	150.83
	团体	168.84	169.93	179.60	125.18
	散客	171.25	183.58	166.91	164.41
内蒙古	小计	161.95	166.75	168.71	151.19
	团体	180.18	180.55	179.25	－
	散客	151.79	142.60	152.47	151.19
辽　宁	小计	189.26	188.51	189.84	190.36
	团体	184.82	187.39	186.01	184.00
	散客	190.67	189.74	192.33	191.51
吉　林	小计	159.94	167.92	159.47	152.69
	团体	168.13	176.33	168.91	160.94
	散客	157.76	162.01	154.23	152.30
黑龙江	小计	179.83	177.15	177.93	186.56
	团体	175.84	175.61	175.20	173.82
	散客	190.15	194.34	187.75	196.87
上　海	小计	228.62	221.12	226.57	229.41
	团体	210.23	209.90	212.26	212.73
	散客	233.28	235.96	234.52	232.35
江　苏	小计	195.34	180.62	190.86	199.75
	团体	171.53	170.22	173.71	180.00
	散客	207.57	212.85	210.63	202.57

人均天花费(按团体及散客、旅游目的分组)

单位:美元/人天

商务	会议	宗教朝拜	文化/体育/科技交流	其他
245.57	238.17	262.50	242.29	242.63
239.59	224.82	250.00	232.32	246.18
246.96	239.96	300.00	249.89	240.15
173.42	179.45	150.00	170.18	167.14
149.09	150.00	150.00	150.00	150.00
175.23	183.13	–	173.28	168.57
142.98	140.46	139.00	136.96	144.32
125.56	125.00	125.00	125.00	125.00
144.51	142.11	160.00	138.48	146.35
160.58	149.26	171.69	174.46	172.87
136.96	128.23	168.06	189.77	181.04
165.82	165.04	189.12	169.36	171.32
169.95	164.30	–	157.69	159.78
183.79	190.00	–	149.95	177.05
157.92	153.28	–	169.31	151.56
188.94	193.86	196.67	187.09	180.74
172.77	196.58	210.00	210.00	145.17
189.50	193.50	190.00	185.66	197.33
150.85	157.57	180.00	164.68	162.36
136.78	–	180.00	180.00	149.41
152.12	157.57	–	163.93	164.57
177.92	199.45	147.74	186.04	177.70
176.26	174.29	175.00	176.29	177.76
181.53	209.12	120.48	204.15	177.58
231.87	230.96	225.00	226.32	230.58
208.03	207.81	–	207.90	210.00
233.08	231.59	225.00	232.26	232.69
203.36	210.88	208.00	198.31	205.91
171.88	176.51	–	168.89	179.08
205.38	215.79	208.00	202.08	216.95

1-9(续1)

		人均天花费	观光游览	休闲度假	探亲访友
浙江	小计	190.19	181.73	184.68	186.07
	团体	177.87	177.83	177.71	-
	散客	196.15	197.33	194.05	186.07
安徽	小计	174.53	168.67	169.59	186.05
	团体	165.60	165.85	164.78	167.33
	散客	186.33	188.52	178.24	193.33
福建	小计	168.44	181.13	173.26	153.88
	团体	185.70	188.20	185.53	184.00
	散客	164.88	177.91	160.98	147.31
江西	小计	131.69	113.81	119.54	148.80
	团体	110.11	110.07	110.34	110.00
	散客	155.45	151.14	155.21	158.11
山东	小计	184.44	173.63	180.04	179.06
	团体	167.11	167.18	168.84	165.00
	散客	195.64	191.20	194.33	185.45
河南	小计	127.95	126.76	125.95	125.47
	团体	126.61	127.13	126.21	126.17
	散客	131.62	123.89	123.53	124.88
湖北	小计	169.92	162.33	173.66	178.69
	团体	161.67	156.97	170.36	179.86
	散客	175.99	173.12	178.35	178.33
湖南	小计	170.67	166.43	166.43	172.61
	团体	163.12	163.45	161.70	163.00
	散客	182.52	188.32	174.08	176.41
广东	小计	133.57	132.77	133.98	133.68
	团体	127.16	129.21	132.65	115.35
	散客	134.51	134.43	134.30	134.31
广西	小计	162.64	162.47	161.70	164.57
	团体	165.83	165.75	166.03	166.03
	散客	157.79	149.56	154.98	164.05
海南	小计	146.49	145.88	146.35	143.42
	团体	144.29	143.89	144.68	143.62
	散客	148.87	149.85	148.63	143.00

单位:美元/人天

商务	会议	宗教朝拜	文化/体育/科技交流	其他
195.07	201.76	209.61	188.83	198.40
178.00	178.00	180.63	178.53	-
195.40	203.98	232.80	198.18	198.40
186.13	181.73	164.75	174.03	174.48
165.82	165.00	164.14	165.00	162.32
187.77	184.25	180.00	177.04	180.00
166.53	147.60	211.74	187.23	153.78
180.14	182.05	188.49	183.33	191.04
166.01	143.55	232.08	188.54	148.82
152.88	148.40	139.99	150.84	136.84
110.00	110.00	110.00	110.00	110.00
154.34	157.26	165.69	156.78	156.29
194.14	193.33	165.00	204.78	187.51
164.71	165.00	165.00	162.61	165.03
196.18	198.26	-	222.86	194.12
142.00	155.75	135.77	102.77	179.50
121.93	125.53	124.18	124.58	128.00
146.80	164.38	162.83	86.05	186.86
176.68	175.27	128.47	156.52	184.04
164.69	148.61	102.17	157.15	179.86
177.57	179.37	146.01	156.37	187.71
182.22	175.24	174.63	171.94	184.45
160.40	163.42	165.21	162.91	149.57
184.14	184.58	189.43	176.86	189.43
134.05	134.97	129.71	131.71	132.54
105.16	125.64	118.67	107.70	114.95
134.74	135.57	133.39	134.32	134.18
168.07	163.62	134.45	177.74	149.57
165.92	168.00	168.00	168.00	165.53
168.25	162.31	100.90	179.69	142.31
152.19	140.47	153.33	139.69	147.67
145.04	144.46	145.00	145.00	145.00
153.31	138.41	170.00	133.32	148.85

1－9(续2)

		人均天花费	观光游览	休闲度假	探亲访友
重　庆	小计	172.35	174.35	170.35	175.96
	团体	167.96	167.91	168.46	167.56
	散客	176.79	190.81	174.01	180.16
四　川	小计	167.54	161.51	164.28	177.23
	团体	150.30	150.38	150.09	150.53
	散客	185.74	185.11	185.66	186.29
贵　州	小计	159.73	161.44	160.80	148.47
	团体	164.97	164.97	165.00	165.00
	散客	146.64	140.83	140.76	143.51
云　南	小计	171.76	176.66	170.17	173.37
	团体	180.02	183.05	174.00	186.35
	散客	165.07	166.21	166.44	167.38
西　藏	小计	151.93	149.11	158.34	161.94
	团体	148.44	147.51	151.80	170.00
	散客	163.91	156.39	172.14	159.92
陕　西	小计	173.66	177.26	170.81	159.94
	团体	179.12	179.06	179.58	185.00
	散客	161.48	168.90	135.96	137.17
甘　肃	小计	149.49	147.77	149.33	152.57
	团体	154.34	154.42	154.48	151.32
	散客	125.48	119.68	119.78	170.00
青　海	小计	125.87	125.74	125.70	125.00
	团体	125.49	125.60	125.54	125.00
	散客	130.84	140.00	127.77	－
宁　夏	小计	125.42	130.40	107.05	123.15
	团体	－	－	－	－
	散客	125.42	130.40	107.05	123.15
新　疆	小计	151.24	143.38	143.81	162.03
	团体	140.22	140.20	140.19	140.00
	散客	179.49	179.57	178.16	178.97

单位:美元/人天

商务	会议	宗教朝拜	文化/体育/科技交流	其他
167.94	172.26	220.00	171.91	180.62
169.72	168.79	–	163.99	167.18
167.71	173.68	220.00	180.55	189.57
182.62	181.38	156.88	178.63	178.01
150.32	150.54	149.76	150.00	151.67
185.69	187.25	180.00	186.59	189.60
152.37	159.33	165.00	157.97	150.79
165.00	165.00	165.00	165.00	165.00
150.27	158.46	–	153.75	143.69
164.47	168.99	185.85	173.24	168.70
176.24	180.91	192.69	174.30	187.70
163.17	163.24	165.32	171.79	162.70
164.38	177.69	146.32	162.18	161.40
160.90	–	145.15	147.26	152.26
171.33	177.69	168.67	177.11	179.69
163.89	182.44	191.42	166.43	170.72
179.29	185.00	177.13	175.41	177.99
161.82	181.46	220.00	145.47	164.90
156.76	154.60	155.94	148.43	155.90
153.93	153.57	155.00	155.00	155.00
170.00	170.00	170.00	82.73	159.49
126.75	125.00	125.00	133.45	123.48
125.00	125.00	125.00	125.00	125.00
130.24	–	–	139.09	121.21
129.74	124.32	104.22	123.21	120.91
–	–	–	–	–
129.74	124.32	104.22	123.21	120.91
172.22	164.81	140.00	154.02	166.15
140.00	142.72	140.00	140.00	140.00
180.00	180.00	–	178.72	175.66

1-10 2004年入境过夜旅游者在各省(区、市)人均天花费

(按团体及散客、性别、年龄分组)

单位:美元/人天

		人均天花费	男	女	14岁及以下	15～24岁	25～44岁	45～64岁	65岁及以上
北京	小计	241.54	243.06	239.07	250.00	238.28	241.31	242.52	241.42
	团体	237.11	238.29	235.79	250.00	225.76	237.13	238.01	241.91
	散客	245.18	246.04	243.24	250.00	249.52	243.85	246.73	239.87
天津	小计	173.62	172.53	175.64	160.00	171.14	175.99	175.15	159.52
	团体	149.43	148.94	150.00	150.00	150.00	148.52	149.44	150.00
	散客	179.73	177.23	184.98	190.00	179.95	179.73	180.18	175.20
河北	小计	138.47	139.07	136.90	144.58	134.60	138.90	139.43	133.71
	团体	125.32	125.44	125.13	-	126.28	125.22	125.26	125.00
	散客	143.96	143.70	144.82	144.58	138.00	143.48	146.37	141.39
山西	小计	169.93	170.06	169.68	194.98	146.50	166.92	173.85	181.10
	团体	168.84	171.58	163.95	179.96	112.31	163.33	172.81	185.54
	散客	171.25	168.27	177.21	210.00	166.55	169.65	175.76	163.96
内蒙古	小计	161.95	161.15	162.72	140.72	164.73	161.98	162.90	150.94
	团体	180.18	179.68	180.59	-	176.88	181.54	182.07	161.79
	散客	151.79	152.11	151.45	140.72	153.10	151.62	153.72	138.54
辽宁	小计	189.26	189.25	189.29	199.62	187.67	189.53	188.82	191.48
	团体	184.82	183.87	185.89	163.86	178.86	182.69	192.16	188.54
	散客	190.67	190.52	191.04	217.50	191.38	191.65	187.99	193.01
吉林	小计	159.94	160.24	159.16	119.81	143.90	161.46	160.30	163.79
	团体	168.13	165.01	172.18	-	151.05	167.83	176.78	177.83
	散客	157.76	159.30	152.74	119.81	130.39	160.04	156.83	160.28
黑龙江	小计	179.83	180.45	179.22	179.15	177.75	179.35	181.77	178.00
	团体	175.84	175.77	175.91	175.00	175.20	176.09	175.78	175.94
	散客	190.15	188.79	192.52	189.52	189.24	187.76	196.92	181.24
上海	小计	228.62	230.53	223.68	225.00	221.69	228.63	230.16	224.60
	团体	210.23	210.23	210.23	-	210.32	210.89	209.70	209.56
	散客	233.28	233.64	231.98	225.00	232.81	232.00	234.67	235.98
江苏	小计	195.34	195.95	194.17	182.87	194.77	200.46	191.65	171.00
	团体	171.53	170.02	173.29	170.31	174.87	172.48	170.03	170.42
	散客	207.57	205.96	211.63	208.00	207.71	212.05	202.82	172.49

1－10(续1) 单位:美元/人天

		人均天花费	男	女	14岁及以下	15～24岁	25～44岁	45～64岁	65岁及以上
浙 江	小计	190.19	191.62	187.82	181.33	187.27	191.78	188.53	190.22
	团体	177.87	178.10	177.68	178.00	177.71	177.92	177.75	178.16
	散客	196.15	195.82	196.94	188.00	195.16	197.04	193.57	214.35
安 徽	小计	174.53	176.24	171.71	171.73	173.94	176.95	174.25	166.36
	团体	165.60	165.80	165.37	171.73	164.58	165.08	166.08	165.04
	散客	186.33	185.87	187.72	－	189.05	185.57	187.46	180.00
福 建	小计	168.44	167.66	170.27	123.45	153.19	170.84	171.48	156.36
	团体	185.70	184.82	186.83	190.00	187.45	186.43	184.65	183.03
	散客	164.88	164.94	164.72	106.81	135.58	168.15	169.25	145.05
江 西	小计	131.69	136.28	121.22	155.00	126.35	136.02	129.63	121.76
	团体	110.11	110.09	110.13	110.00	110.07	110.13	110.13	110.00
	散客	155.45	155.59	154.69	170.00	157.56	157.09	152.78	152.76
山 东	小计	184.44	187.46	178.72	171.00	180.34	188.22	184.09	170.31
	团体	167.11	167.21	166.99	165.00	165.32	168.06	166.84	166.92
	散客	195.64	196.89	192.16	180.00	191.16	196.10	196.34	192.00
河 南	小计	127.95	129.85	125.31	130.73	124.73	130.40	125.09	130.27
	团体	126.61	126.67	126.54	130.73	127.51	127.55	125.52	126.77
	散客	131.62	137.11	120.79	－	113.41	134.47	122.97	150.81
湖 北	小计	169.92	168.91	171.38	151.39	163.22	171.64	170.35	169.17
	团体	161.67	154.65	167.66	177.67	155.72	153.00	165.87	167.64
	散客	175.99	175.92	176.15	125.12	170.85	178.64	174.34	173.04
湖 南	小计	170.67	171.10	169.96	167.00	168.52	175.48	166.69	167.38
	团体	163.12	162.81	163.56	165.00	161.62	163.29	163.31	162.50
	散客	182.52	182.11	183.44	171.00	174.54	186.69	176.12	188.20
广 东	小计	133.57	133.57	133.56	126.54	132.37	133.60	134.40	130.07
	团体	127.16	124.56	130.14	105.39	124.89	123.79	134.20	126.02
	散客	134.51	134.55	134.43	135.00	134.54	134.60	134.43	133.38
广 西	小计	162.64	162.15	163.39	182.86	165.43	160.33	163.20	164.45
	团体	165.83	166.05	165.52	168.00	165.60	166.12	165.50	166.09
	散客	157.79	156.86	159.47	220.00	165.28	155.43	158.69	155.09
海 南	小计	146.49	148.17	143.69	125.06	146.77	146.12	147.64	145.43
	团体	144.29	144.51	143.96	142.72	143.98	144.04	144.79	144.19
	散客	148.87	151.87	143.36	113.28	150.91	147.78	151.27	148.76

1－10(续 2) 单位:美元/人天

		人均天花费	男	女	14 岁及以下	15～24 岁	25～44 岁	45～64 岁	65 岁及以上
重　庆	小计	172.35	170.92	174.68	203.33	182.24	172.01	171.22	168.28
	团体	167.96	168.22	167.64	170.00	167.08	168.84	167.60	167.48
	散客	176.79	173.12	184.93	220.00	211.63	174.09	175.28	170.81
四　川	小计	167.54	170.50	163.42	162.37	171.87	170.33	165.13	159.39
	团体	150.30	150.28	150.33	151.05	151.01	150.34	150.13	150.26
	散客	185.74	185.85	185.51	179.35	186.05	186.23	184.24	192.53
贵　州	小计	159.73	159.87	159.54	156.45	160.27	157.21	161.07	164.50
	团体	164.97	165.00	164.94	165.00	165.00	164.93	165.00	165.00
	散客	146.64	146.86	146.36	147.89	150.40	145.55	147.68	149.27
云　南	小计	171.76	170.04	174.66	128.83	170.59	171.20	173.78	171.09
	团体	180.02	178.87	181.22	125.64	173.62	180.72	182.67	179.09
	散客	165.07	165.00	165.25	141.57	168.56	165.17	164.77	159.57
西　藏	小计	151.93	151.32	154.22	170.00	157.61	153.18	149.91	146.97
	团体	148.44	148.01	150.03	170.00	153.41	150.13	145.94	146.97
	散客	163.91	162.57	169.10	－	166.01	162.16	165.18	－
陕　西	小计	173.66	170.58	178.57	176.91	175.51	171.25	174.42	174.89
	团体	179.12	178.75	179.55	184.11	179.38	179.23	178.78	179.38
	散客	161.48	158.16	173.79	126.51	156.61	159.75	165.55	150.50
甘　肃	小计	149.49	149.30	149.70	－	131.18	143.43	153.60	155.41
	团体	154.34	154.58	154.10	－	154.23	154.45	154.23	154.66
	散客	125.48	128.94	119.48	－	109.56	112.51	147.26	163.14
青　海	小计	125.87	125.96	125.76	－	128.41	125.10	125.98	125.71
	团体	125.49	125.21	125.82	－	127.64	125.28	125.40	125.00
	散客	130.84	133.39	124.46	－	140.00	121.77	132.25	134.22
宁　夏	小计	125.42	124.60	128.53	－	96.42	129.66	125.24	111.47
	团体	－	－	－	－	－	－	－	－
	散客	125.42	124.60	128.53	－	96.42	129.66	125.24	111.47
新　疆	小计	151.24	153.07	149.09	140.00	147.68	152.83	151.27	145.71
	团体	140.22	140.34	140.09	140.00	140.00	140.50	140.00	140.00
	散客	179.49	179.64	179.24	－	180.00	179.12	179.86	180.00

1－11 2004年入境过夜旅游者在各城市人均天花费
（按外国人、港澳台胞分组）

单位:美元/人天

	人均天花费	外国人	香港同胞	澳门同胞	台湾同胞
北京	241.54	245.35	220.25	230.56	215.26
天津	173.62	173.07	178.70	176.40	170.09
石家庄	145.24	145.31	144.79	136.84	151.25
唐山	149.90	148.33	154.58	160.00	156.07
秦皇岛	139.12	138.49	140.75	136.45	144.84
保定	131.39	130.56	126.56	142.50	144.76
承德	126.45	126.61	125.58	125.00	125.00
太原	175.24	172.53	200.31	170.19	162.95
大同	191.10	189.41	204.81	197.37	197.05
阳泉	164.38	164.32	165.00	165.00	165.00
长治	167.29	161.07	189.44	139.69	173.73
晋城	119.19	119.68	192.50	13.39	100.36
朔州	166.24	165.00	185.18	156.00	165.00
忻州	199.83	204.58	206.25	120.42	201.61
吕梁	165.22	165.22	－	－	－
晋中	154.08	148.29	213.13	165.00	160.91
临汾	188.63	184.26	220.00	141.95	177.43
运城	110.31	102.84	201.67	36.14	150.75
呼和浩特	162.31	160.58	172.24	164.28	168.25
满州里	173.52	173.52	－	－	－
二连浩特	148.18	148.18	－	－	－
包头	172.51	169.83	217.50	190.00	182.19
沈阳	194.32	194.86	193.95	190.00	191.73
大连	186.65	185.90	191.33	190.00	192.89
长春	166.42	166.93	166.19	154.16	156.00
吉林	143.11	139.78	156.84	170.00	155.24
延吉	159.80	160.17	148.48	170.00	175.00
哈尔滨	182.90	181.18	201.23	208.75	176.78
牡丹江	176.32	176.34	175.00	173.72	－
佳木斯	182.25	179.83	197.50	190.00	237.50
上海	228.62	228.18	234.71	231.67	228.86
南京	198.06	200.65	193.40	192.75	192.61
无锡	206.90	205.58	215.43	190.88	204.26
苏州	190.29	189.19	192.91	218.67	189.68
南通	186.41	185.97	202.52	－	181.11
扬州	187.88	182.09	195.35	189.33	201.99

	人均天花费	外国人	香港同胞	澳门同胞	台湾同胞
杭　州	186.88	186.89	190.42	184.67	183.08
宁　波	191.15	191.36	190.50	213.11	183.84
温　州	194.95	195.50	187.23	239.00	192.65
绍　兴	196.22	195.43	198.36	188.00	200.65
金　华	193.96	193.10	217.01	188.00	183.03
合　肥	185.44	184.77	191.67	175.00	185.59
芜　湖	179.05	178.95	180.00	－	180.00
马鞍山	178.27	177.97	180.00	－	180.00
铜　陵	179.43	179.43	－	－	－
安　庆	176.25	176.25	－	－	－
黄　山	168.14	167.36	174.70	165.00	170.99
滁　州	187.03	190.77	180.00	0.00	176.25
池　州	165.78	165.71	165.00	165.00	167.50
宣　城	184.88	185.74	180.00	－	0.00
福　州	174.85	174.57	174.41	146.07	181.67
厦　门	168.75	169.75	170.28	165.95	161.94
泉　州	150.52	174.07	133.71	157.43	127.95
漳　州	152.89	161.56	162.42	110.44	84.12
南　昌	135.43	135.13	137.56	140.00	134.91
景德镇	122.10	119.47	128.65	115.00	135.88
九　江	134.19	134.90	134.96	110.00	139.07
鹰　潭	127.81	128.80	129.74	110.00	132.07
赣　州	141.06	145.49	134.05	132.14	138.99
吉　安	127.47	129.93	125.46	112.96	134.41
济　南	172.78	172.50	173.23	－	175.59
青　岛	188.49	187.20	197.34	203.13	184.29
烟　台	196.90	198.80	197.21	－	192.14
泰　安	169.62	169.76	165.68	190.00	166.88
威　海	206.18	208.56	240.00	－	178.50
郑　州	124.42	123.57	132.44	129.86	121.99
开　封	127.96	127.49	145.11	128.00	121.95
洛　阳	131.55	128.55	135.70	－	168.26
三门峡	128.28	131.68	124.80	112.47	123.73
武　汉	179.30	184.22	160.31	173.97	170.22
十　堰	135.85	159.46	161.40	159.96	99.14
宜　昌	167.32	184.69	147.67	115.33	130.86
襄　樊	153.51	146.69	170.38	181.55	155.95
荆　州	165.16	177.89	142.28	160.49	150.82
湖北游船	166.51	176.21	36.14	114.57	98.82
长　沙	170.05	170.47	171.39	166.57	169.00
湘　潭	187.38	188.71	193.23	171.00	171.00
衡　阳	176.10	176.31	173.23	176.93	177.64

单位:美元/人天

	人均天花费	外国人	香港同胞	澳门同胞	台湾同胞
岳阳	170.29	167.39	182.13	169.29	172.10
张家界	163.91	164.76	162.96	165.00	154.51
广州	133.60	133.29	134.36	134.01	134.46
深圳	133.29	129.63	134.20	136.48	134.08
珠海	134.70	129.82	137.26	133.18	136.34
汕头	131.80	129.90	136.19	132.50	132.87
佛山	133.60	131.65	136.37	130.99	135.93
江门	135.00	135.00	135.00	-	-
中山	133.80	132.10	134.62	134.19	134.83
南宁	159.81	158.63	167.22	167.05	156.17
桂林	166.26	165.34	174.84	168.73	163.27
梧州	159.86	162.64	155.55	158.00	155.55
北海	155.21	153.82	139.26	151.57	181.22
玉林	161.66	176.06	140.45	154.59	157.17
百色	158.68	173.85	126.18	150.13	148.35
凭祥	152.66	148.49	157.21	148.99	158.35
海口	148.32	147.66	148.79	147.71	151.69
三亚	143.82	142.93	150.84	170.00	154.16
重庆	171.64	172.94	171.11	155.80	164.60
重庆游船	175.15	176.23	170.00	170.00	170.00
成都	175.29	174.59	180.74	172.45	175.37
绵阳	169.09	172.38	165.52	154.29	158.64
乐山	158.51	158.41	163.95	150.00	156.06
阿坝州	153.53	153.43	154.40	151.30	154.14
贵阳	160.36	160.01	161.19	162.02	160.37
黔东南	157.38	158.86	153.96	119.26	161.69
昆明	172.39	171.00	174.97	183.66	179.38
景洪	170.42	163.02	200.00	200.00	200.00
大理	164.46	160.44	182.00	-	179.05
拉萨	151.93	149.55	170.38	156.01	172.25
西安	174.99	174.36	181.43	173.15	197.84
咸阳	154.46	156.78	137.15	-	155.14
兰州	155.79	156.01	153.06	157.31	155.29
敦煌	143.06	143.97	94.01	156.77	153.32
西宁	125.87	125.79	125.00	125.00	129.47
银川	125.42	125.29	128.56	124.22	124.16
乌鲁木齐	155.23	155.66	158.39	143.64	148.52
吐鲁番	140.00	140.00	140.00	-	140.00
库尔勒	156.76	156.27	165.00	150.00	153.33
喀什	141.35	140.89	150.72	140.00	140.00

1－12　2004年入境过夜旅游者在各城市

	人均天花费	政府工作人员	专业技术人员	职员	技工工人
北京	241.54	243.81	245.76	241.15	239.71
天津	173.62	167.39	178.29	180.32	165.58
石家庄	145.24	160.00	145.47	142.31	145.27
唐山	149.90	153.00	153.39	154.79	148.65
秦皇岛	139.12	134.34	137.89	138.54	136.82
保定	131.39	110.79	138.35	121.60	128.04
承德	126.45	128.50	123.97	125.70	125.00
太原	175.24	160.15	174.10	173.50	220.00
大同	191.10	187.72	191.73	189.96	196.01
阳泉	164.38	－	165.00	165.00	－
长治	167.29	183.33	169.11	167.62	165.00
晋城	119.19	136.78	126.59	99.01	96.57
朔州	166.24	165.00	159.00	176.00	165.00
忻州	199.83	191.90	195.46	202.07	199.63
吕梁	165.22	231.29	192.50	72.77	－
晋中	154.08	219.00	147.22	141.16	148.72
临汾	188.63	175.50	182.04	190.17	161.93
运城	110.31	95.82	73.13	135.96	73.38
呼和浩特	162.31	157.05	139.94	160.97	178.61
满州里	173.52	177.91	147.71	165.56	189.90
二连浩特	148.18	140.05	163.38	153.81	153.39
包头	172.51	166.73	175.48	178.66	163.20
沈阳	194.32	198.89	184.06	200.30	164.82
大连	186.65	187.82	191.26	183.61	186.35
长春	166.42	167.97	168.11	170.21	170.00
吉林	143.11	168.88	156.08	155.63	121.01
延吉	159.80	164.93	140.67	160.18	172.50

人均天花费(按职业分组)

单位:美元/人天

商贸人员	服务员推销员	退休人员	家庭妇女	军人	学生	其他
243.41	236.28	235.68	243.89	229.67	232.05	238.54
174.92	130.48	157.99	166.67	–	177.83	159.50
145.48	–	134.79	142.50	–	131.24	160.00
150.61	125.00	140.77	150.62	160.00	160.00	140.58
139.33	142.50	135.16	143.25	142.50	136.23	149.45
133.01	126.51	120.21	126.84	–	103.63	156.30
130.87	132.00	125.00	125.56	–	126.89	160.00
170.46	–	183.98	164.51	–	–	176.73
174.46	300.00	181.14	197.84	165.00	186.40	199.52
163.84	–	–	–	–	–	165.00
181.98	–	220.00	–	–	138.57	81.81
98.61	144.37	130.43	–	165.00	61.92	–
160.12	165.00	165.00	–	165.00	165.00	165.00
193.64	220.00	206.06	206.18	220.00	–	220.00
144.49	–	165.00	–	99.88	–	111.93
149.73	152.39	156.92	192.50	–	150.28	165.00
165.00	209.53	189.31	212.24	–	171.00	220.00
128.11	165.00	108.88	131.24	69.77	101.59	–
162.18	161.27	164.71	176.58	80.32	172.94	165.19
181.17	92.47	166.83	128.05	–	171.59	150.47
145.97	112.65	113.19	174.02	174.85	140.08	140.33
167.26	190.00	168.82	189.14	–	169.20	171.07
185.15	198.00	205.28	213.09	190.00	190.00	198.57
188.64	179.04	192.58	186.73	173.16	181.45	173.37
164.13	172.86	169.86	172.92	–	148.98	165.86
143.07	130.82	130.47	170.00	–	128.68	154.10
154.75	144.46	171.96	172.74	–	144.56	161.15

1－12(续1)

	人均天花费	政府工作人员	专业技术人员	职员	技工工人
哈尔滨	182.90	169.37	192.63	183.07	174.93
牡丹江	176.32	172.42	175.09	177.26	175.03
佳木斯	182.25	158.88	198.83	184.67	175.00
上海	228.62	220.51	230.74	230.86	229.78
南京	198.06	215.20	209.43	192.30	201.79
无锡	206.90	232.00	212.30	199.88	198.00
苏州	190.29	191.20	200.84	197.75	193.68
南通	186.41	240.00	160.74	187.85	182.84
扬州	187.88	139.39	173.55	201.53	182.49
杭州	186.88	189.03	191.68	188.92	188.00
宁波	191.15	183.00	194.82	189.12	218.67
温州	194.95	244.00	198.81	184.84	178.00
绍兴	196.22	262.67	186.18	198.06	184.62
金华	193.96	178.00	189.07	188.00	216.00
合肥	185.44	176.53	180.67	184.33	180.00
芜湖	179.05	－	180.00	180.00	180.00
马鞍山	178.27	－	180.00	175.00	177.11
铜陵	179.43	－	179.29	－	180.00
安庆	176.25	－	180.00	－	180.00
黄山	168.14	166.58	177.07	167.45	164.47
滁州	187.03	177.35	180.00	240.00	－
池州	165.78	180.00	165.94	165.00	165.00
宣城	184.88	165.00	175.69	180.00	180.00
福州	174.85	170.34	180.21	184.05	157.53
厦门	168.75	185.52	168.96	175.33	184.07
泉州	150.52	－	134.75	123.79	－
漳州	152.89	171.78	100.40	131.44	210.00
南昌	135.43	107.71	141.86	127.24	110.00
景德镇	122.10	110.00	124.35	129.23	130.00
九江	134.19	110.00	155.98	125.35	148.99
鹰潭	127.81	140.00	142.47	125.96	170.00
赣州	141.06	148.00	149.86	131.79	158.00
吉安	127.47	127.59	136.11	121.61	140.00

单位:美元/人天

商贸人员	服务员推销员	退休人员	家庭妇女	军人	学生	其他
187.90	191.88	173.76	179.61	175.00	181.64	183.31
175.90	178.46	174.57	176.84	175.00	177.72	177.86
176.49	175.00	202.94	168.70	–	175.00	175.00
230.44	225.98	224.23	219.20	225.00	219.58	226.88
210.11	173.51	180.91	184.86	–	188.00	190.67
220.35	184.63	172.90	188.76	180.00	185.66	215.20
193.46	196.51	173.50	168.14	–	195.06	160.50
201.27	–	92.37	180.17	300.00	208.00	198.67
189.35	208.00	186.02	184.67	180.00	194.00	204.03
188.49	181.85	180.16	180.66	–	181.17	182.70
191.38	167.65	178.59	202.00	–	181.85	196.81
197.87	183.00	161.29	176.28	–	162.16	208.40
191.18	214.15	218.67	183.00	–	183.00	241.50
194.97	–	239.00	178.00	–	178.00	177.54
192.82	180.00	180.00	173.57	–	179.24	187.70
180.00	–	–	–	–	160.07	–
177.14	–	–	–	–	–	180.00
180.00	–	–	–	–	–	–
165.00	–	–	–	–	–	–
167.88	164.08	166.99	165.18	–	167.96	168.10
185.00	180.00	–	–	–	–	180.00
167.50	172.50	166.11	164.62	–	165.00	165.00
216.71	–	151.60	–	–	165.00	180.00
170.96	236.67	177.60	153.28	142.57	156.41	183.09
163.32	191.25	181.70	174.79	152.05	205.00	152.07
166.57	99.73	131.41	137.06	220.00	134.94	220.00
165.68	205.00	140.77	120.40	–	148.87	–
152.33	110.00	122.75	118.84	110.00	110.00	123.90
121.31	110.00	112.38	110.00	110.00	110.00	118.65
143.96	145.24	120.32	110.00	–	140.00	130.54
144.52	170.00	116.16	110.00	–	110.00	110.00
146.22	130.00	130.69	110.00	–	110.00	138.32
132.52	110.00	137.35	110.00	–	110.32	122.08

1－12(续2)

	人均天花费	政府工作人员	专业技术人员	职员	技工工人
济南	172.78	177.30	176.01	172.76	172.50
青岛	188.49	188.18	192.58	188.17	197.50
烟台	196.90	180.00	200.40	193.93	201.00
泰安	169.62	167.14	169.09	175.89	184.62
威海	206.18	197.14	210.65	200.00	240.00
郑州	124.42	126.92	136.11	138.48	61.30
开封	127.96	126.69	123.85	127.62	121.15
洛阳	131.55	112.55	139.51	122.24	128.00
三门峡	128.28	88.10	119.98	135.86	120.51
武汉	179.30	189.83	176.11	181.36	191.60
十堰	135.85	144.89	173.33	101.99	143.88
宜昌	167.32	180.86	180.22	150.78	166.71
襄樊	153.51	－	151.80	161.76	159.56
荆州	165.16	151.81	158.22	154.13	183.04
湖北游船	166.51	148.38	179.41	151.23	120.12
长沙	170.05	165.73	170.27	178.46	161.04
湘潭	187.38	214.00	179.06	197.67	187.13
衡阳	176.10	167.18	168.80	192.18	166.68
岳阳	170.29	182.00	170.08	166.24	163.17
张家界	163.91	164.02	161.70	164.64	165.00
广州	133.60	135.81	134.85	134.51	135.25
深圳	133.29	134.94	133.16	133.03	131.85
珠海	134.70	134.99	135.14	134.35	134.98
汕头	131.80	137.00	132.45	134.56	125.93
佛山	133.60	130.63	134.91	134.03	135.22
江门	135.00	－	135.00	－	－
中山	133.80	133.72	131.38	136.06	133.98
南宁	159.81	169.07	152.95	179.29	160.19
桂林	166.26	158.22	167.29	166.80	160.02
梧州	159.86	159.32	102.00	163.24	128.69
北海	155.21	－	135.06	136.30	132.92
玉林	161.66	－	160.18	151.49	176.86
百色	158.68	144.30	175.99	145.10	132.20
凭祥	152.66	168.00	145.69	127.30	154.93

单位:美元/人天

商贸人员	服务员推销员	退休人员	家庭妇女	军人	学生	其他
177.54	172.13	168.02	169.13	170.00	170.00	170.77
189.38	195.00	168.62	170.42	300.00	187.93	180.00
196.32	0.00	187.50	300.00	300.00	180.00	176.67
172.50	177.12	166.20	168.75	–	167.31	165.00
207.56	–	180.00	–	–	–	180.00
137.26	113.32	120.00	124.71	128.00	128.67	107.35
131.38	121.23	126.62	153.24	–	133.85	122.83
146.57	123.01	126.05	135.90	128.00	116.72	144.95
152.89	114.46	126.31	124.57	–	110.21	128.00
179.28	171.23	176.35	177.71	183.33	174.89	180.30
118.06	190.00	125.42	125.20	–	–	149.73
178.86	180.00	160.61	172.81	–	108.23	189.04
152.43	157.77	130.92	205.50	–	94.73	214.62
149.16	185.08	187.71	174.52	180.00	155.18	166.54
179.63	180.00	166.12	162.53	0.00	197.14	143.27
172.52	162.93	165.62	166.51	166.00	161.73	181.09
185.52	–	–	171.00	–	203.25	166.63
182.16	168.00	166.85	183.63	171.00	168.43	185.63
174.03	160.30	174.30	163.87	168.00	171.00	165.00
167.94	165.00	162.96	163.85	–	165.00	163.75
134.13	135.30	129.70	130.97	135.00	130.49	132.81
133.27	134.56	134.52	134.48	135.92	130.77	133.34
135.70	133.09	136.73	135.70	98.29	130.88	136.19
132.46	135.00	130.06	124.76	–	126.41	131.86
131.58	135.00	135.63	134.30	–	137.00	136.88
135.00	–	–	–	–	–	–
133.69	131.50	135.24	133.46	–	135.00	134.58
166.15	160.95	169.04	151.75	–	122.52	139.70
175.30	160.12	166.15	165.59	–	182.12	154.22
162.66	–	164.21	145.75	144.58	199.87	194.00
167.08	220.00	148.16	138.43	–	–	197.28
–	178.53	180.17	170.78	–	–	147.70
200.64	161.64	126.17	170.83	–	177.57	131.59
159.91	–	152.54	220.00	–	173.64	154.89

1－12(续 3)

	人均天花费	政府工作人员	专业技术人员	职员	技工工人
海口	148.32	143.00	150.53	149.30	141.31
三亚	143.82	145.89	148.42	148.78	150.88
重庆	171.64	181.63	163.37	159.33	186.73
重庆游船	175.15	181.33	169.74	179.82	165.53
成都	175.29	166.17	173.64	171.97	187.04
绵阳	169.09	164.72	171.18	165.39	171.43
乐山	158.51	154.92	159.89	155.02	161.68
阿坝州	153.53	152.83	154.68	154.71	153.33
贵阳	160.36	160.49	158.75	160.19	153.22
黔东南	157.38	162.86	160.67	157.43	－
昆明	172.39	169.25	171.58	171.31	175.39
景洪	170.42	166.80	170.59	157.85	123.19
大理	164.46	－	182.07	156.34	161.66
拉萨	151.93	161.47	151.50	153.45	149.31
西安	174.99	169.31	176.98	175.40	170.99
咸阳	154.46	182.89	166.57	127.58	145.86
兰州	155.79	155.83	156.84	153.57	155.00
敦煌	143.06	155.86	144.75	142.57	142.61
西宁	125.87	129.16	125.58	124.66	126.83
银川	125.42	124.24	125.36	129.76	118.59
乌鲁木齐	155.20	158.52	155.05	148.18	149.52
吐鲁番	140.00	140.00	140.00	140.00	140.00
库尔勒	156.76	180.00	170.59	146.00	170.00
喀什	141.35	140.00	141.24	142.35	140.00

单位:美元/人天

商贸人员	服务员推销员	退休人员	家庭妇女	军人	学生	其他
148.76	155.00	148.15	140.62	–	147.16	151.61
144.62	144.61	142.82	126.91	135.92	129.86	144.59
180.82	164.93	167.67	167.30	185.84	183.70	167.19
175.39	194.64	170.35	163.81	220.00	182.63	150.00
183.67	168.03	168.74	160.43	171.78	177.17	177.50
181.52	168.00	152.51	156.16	150.00	171.22	171.40
158.87	157.50	158.26	159.98	–	162.00	157.50
155.17	158.33	150.82	151.99	155.80	152.19	151.49
159.11	165.00	164.28	159.08	–	161.51	163.08
165.00	165.00	157.88	165.00	165.00	131.89	156.39
171.03	166.11	171.99	184.03	180.00	169.92	175.66
158.28	–	200.00	–	–	–	177.50
167.89	165.72	169.42	200.00	–	160.32	167.12
152.29	149.50	147.44	151.36	–	161.95	159.41
176.41	160.43	179.24	175.50	185.00	171.37	169.26
141.19	–	173.34	185.85	220.00	–	152.20
156.58	155.00	156.07	149.33	155.00	158.00	154.64
142.56	128.18	150.72	153.79	–	118.46	140.84
126.91	125.54	125.50	125.00	–	125.88	125.99
122.48	–	131.05	–	–	–	–
169.78	156.00	146.67	145.03	145.00	145.90	145.88
140.00	140.00	140.00	140.00	–	140.00	140.00
172.00	140.00	148.00	143.33	–	180.00	–
140.00	180.00	140.00	140.00	–	153.33	140.00

1-13 2004年入境过夜旅游者在各城市

	人均天花费	观光游览	休闲度假	探亲访友
北京	241.54	237.82	242.59	244.96
天津	173.62	174.36	167.18	185.56
石家庄	145.24	142.80	151.25	150.00
唐山	149.90	145.17	146.31	152.33
秦皇岛	139.12	138.26	140.92	125.00
保定	131.39	127.31	130.52	121.08
承德	126.45	126.04	127.56	-
太原	175.24	179.68	157.74	172.49
大同	191.10	188.78	200.93	165.00
阳泉	164.38	-	-	-
长治	167.29	163.68	193.42	165.00
晋城	119.19	110.27	124.27	77.75
朔州	166.24	192.50	-	165.00
忻州	199.83	200.76	195.50	220.00
吕梁	165.22	220.00	-	0.00
晋中	154.08	152.42	152.64	121.40
临汾	188.63	193.74	188.33	-
运城	110.31	89.86	121.94	165.00
呼和浩特	162.31	164.94	160.73	162.34
满州里	173.52	178.86	162.44	0.00
二连浩特	148.18	132.26	155.66	150.03
包头	172.51	171.91	180.16	190.00
沈阳	194.32	199.75	199.09	202.50
大连	186.65	182.83	185.21	184.96
长春	166.42	172.17	167.99	161.46
吉林	143.11	163.46	151.58	150.20
延吉	159.80	167.21	162.14	150.01

人均天花费(按旅游目的分组)

单位:美元/人天

商务	会议	宗教朝拜	文化/体育/科技交流	其他
245.57	238.17	262.50	242.29	242.63
173.42	179.45	150.00	170.18	167.14
145.56	139.42	–	155.63	145.08
151.58	148.74	–	146.31	150.89
140.90	130.57	–	150.34	129.92
132.02	137.10	136.67	130.63	148.33
127.40	108.24	142.50	122.23	–
174.17	158.93	193.50	184.82	164.54
182.67	165.00	206.39	178.05	–
164.12	–	–	165.00	165.00
162.05	165.00	–	153.18	165.00
104.59	114.11	–	0.00	152.39
161.34	–	–	162.00	165.00
–	220.00	204.22	178.19	220.00
141.29	–	115.41	205.97	300.00
153.51	165.99	158.67	172.26	220.00
165.00	–	199.84	170.59	165.00
146.55	–	101.98	–	165.00
166.44	133.53	–	143.85	174.53
173.92	190.00	–	–	167.59
–	157.65	–	–	140.40
165.70	184.27	–	190.00	159.80
188.15	195.55	–	180.07	190.00
189.34	192.38	196.67	192.00	179.27
164.76	162.31	180.00	166.65	166.02
114.25	170.00	–	149.48	170.00
149.27	139.05	–	162.52	104.86

1－13(续1)

	人均天花费	观光游览	休闲度假	探亲访友
哈尔滨	182.90	177.41	177.94	190.16
牡丹江	176.32	176.92	177.10	179.15
佳木斯	182.25	176.54	184.95	182.03
上海	228.62	221.12	226.57	229.41
南京	198.06	179.97	185.34	209.73
无锡	206.90	184.69	196.62	209.33
苏州	190.29	171.45	188.24	192.80
南通	186.41	192.15	187.07	200.12
扬州	187.88	198.94	207.34	183.58
杭州	186.88	181.67	184.39	181.62
宁波	191.15	179.53	183.26	195.33
温州	194.95	180.38	178.69	151.02
绍兴	196.22	188.40	198.25	244.00
金华	193.96	178.53	182.29	188.00
合肥	185.44	177.04	173.72	195.10
芜湖	179.05	－	170.04	180.00
马鞍山	178.27	180.00	180.00	180.00
铜陵	179.43	－	－	－
安庆	176.25	－	－	－
黄山	168.14	168.06	167.48	180.00
滁州	187.03	300.00	180.00	180.00
池州	165.78	165.03	165.94	170.00
宣城	184.88	175.00	180.00	165.00
福州	174.85	179.76	171.76	171.92
厦门	168.75	184.09	174.20	178.15
泉州	150.52	180.50	162.71	81.44
漳州	152.89	170.93	185.17	98.31
南昌	135.43	115.04	117.78	123.01
景德镇	122.10	111.90	113.75	153.61
九江	134.19	114.38	136.80	158.80
鹰潭	127.81	112.85	122.00	126.96
赣州	141.06	112.13	123.85	155.31
吉安	127.47	117.11	117.27	170.00

单位:美元/人天

商　务	会　议	宗教朝拜	文化/体育/科技交流	其　他
179.70	208.91	120.48	187.70	189.64
176.26	174.79	–	178.61	173.62
179.74	189.48	175.00	189.24	183.11
231.87	230.96	225.00	226.32	230.58
210.31	216.56	–	219.15	212.32
221.07	231.73	–	193.28	186.86
201.96	203.61	208.00	241.49	189.33
181.18	196.11	–	213.51	208.00
181.05	201.58	–	133.84	208.00
194.16	186.82	183.71	180.30	188.00
192.97	223.93	244.98	–	200.57
200.99	186.00	–	184.67	216.69
191.80	225.33	239.00	206.67	210.40
197.52	244.00	–	188.00	–
190.57	174.96	–	175.80	175.00
180.00	–	–	–	–
177.89	180.00	165.00	–	180.00
179.40	–	–	–	180.00
176.25	–	–	–	–
180.00	180.00	–	165.00	165.00
184.41	–	–	177.35	180.00
–	175.00	164.74	170.00	–
187.96	200.05	–	180.00	165.80
177.16	144.97	232.40	180.80	166.73
162.92	141.38	185.09	195.21	120.48
155.85	220.00	205.00	220.00	–
172.51	–	178.88	–	39.16
161.56	155.53	136.14	136.56	134.06
146.71	152.01	–	154.13	124.01
155.67	140.00	140.00	158.90	142.42
154.23	170.00	110.00	147.69	127.14
151.60	144.34	156.36	167.34	139.09
134.84	125.48	140.00	138.53	142.11

1-13(续2)

	人均天花费	观光游览	休闲度假	探亲访友
济　　南	172.78	169.72	172.22	171.67
青　　岛	188.49	183.11	193.00	177.00
烟　　台	196.90	193.70	175.91	197.50
泰　　安	169.62	166.79	182.20	172.50
威　　海	206.18	178.50	218.82	180.00
郑　　州	124.42	128.13	124.66	112.47
开　　封	127.96	128.33	127.20	152.67
洛　　阳	131.55	126.75	127.59	171.50
三门峡	128.28	120.46	123.20	122.44
武　　汉	179.30	170.48	180.22	184.15
十　　堰	135.85	113.61	153.82	184.16
宜　　昌	167.32	165.40	142.17	187.81
襄　　樊	153.51	141.99	163.48	137.68
荆　　州	165.16	171.09	170.41	150.79
湖北游船	166.51	160.88	180.12	180.00
长　　沙	170.05	166.64	166.13	167.16
湘　　潭	187.38	200.77	170.46	-
衡　　阳	176.10	173.83	171.58	176.23
岳　　阳	170.29	166.19	163.03	181.25
张家界	163.91	163.63	162.24	151.77
广　　州	133.60	128.36	134.66	133.71
深　　圳	133.29	133.41	133.52	133.55
珠　　海	134.70	135.33	135.09	134.39
汕　　头	131.80	124.83	131.11	133.89
佛　　山	133.60	133.35	131.18	134.19
江　　门	135.00	135.00	-	-
中　　山	133.80	134.87	133.63	134.31
南　　宁	159.81	160.32	163.03	149.64
桂　　林	166.26	164.78	163.67	179.42
梧　　州	159.86	138.46	180.17	207.00
北　　海	155.21	148.40	134.13	209.09
玉　　林	161.66	129.13	162.71	156.50
百　　色	158.68	161.66	163.24	-
凭　　祥	152.66	162.63	144.59	115.97

单位:美元/人天

商务	会议	宗教朝拜	文化/体育/科技交流	其他
181.29	176.25	165.00	190.71	175.71
190.32	186.67	165.00	205.81	175.02
201.54	203.33	–	240.00	175.00
177.50	180.00	165.00	180.00	–
206.67	220.00	–	220.00	220.00
139.47	161.61	128.00	91.99	93.67
102.34	118.11	215.00	128.00	–
157.35	–	128.00	119.68	232.67
159.84	140.93	124.91	134.27	159.01
187.50	180.42	185.00	149.94	183.33
151.60	119.08	127.04	159.26	–
179.75	190.00	–	170.83	–
154.05	161.27	97.59	149.85	189.40
155.03	–	94.58	190.00	180.00
–	–	–	–	–
178.32	178.68	165.28	169.80	169.00
188.48	169.50	–	170.03	196.80
178.50	165.00	186.38	168.85	192.50
179.42	162.08	165.00	185.56	152.57
232.50	–	–	165.00	–
134.42	134.88	137.50	134.43	134.52
128.17	135.58	131.37	126.43	131.16
134.43	135.65	76.00	134.96	130.95
133.31	133.99	136.67	122.14	133.81
134.51	134.41	135.00	133.91	–
–	135.00	–	–	–
133.20	133.03	135.00	133.30	131.81
171.67	152.97	0.00	176.60	146.07
194.25	202.46	168.00	–	112.65
145.32	220.00	100.90	–	173.72
161.46	75.18	–	220.00	163.20
171.50	–	–	–	162.67
176.74	132.53	–	140.06	124.63
119.13	–	–	–	64.26

	人均天花费	观光游览	休闲度假	探亲访友
海口	148.32	147.57	147.40	147.10
三亚	143.82	143.64	145.36	118.39
重庆	171.64	174.57	170.69	169.75
重庆游船	175.15	173.67	169.37	190.07
成都	175.29	170.12	173.36	176.71
绵阳	169.09	160.88	160.19	178.64
乐山	158.51	155.88	156.71	180.00
阿坝州	153.53	152.62	153.42	170.00
贵阳	160.36	162.92	161.87	148.47
黔东南	157.38	156.41	158.65	－
昆明	172.39	177.92	171.26	173.37
景洪	170.42	185.11	163.88	－
大理	164.46	164.43	161.98	－
拉萨	151.93	149.11	158.34	161.94
西安	174.99	177.61	171.25	159.94
咸阳	154.46	165.24	98.39	－
兰州	155.79	155.98	155.21	152.40
敦煌	143.06	143.96	136.22	155.00
西宁	125.87	125.74	125.70	125.00
银川	125.42	130.40	107.05	123.15
乌鲁木齐	155.23	144.45	144.80	163.03
吐鲁番	140.00	140.00	140.00	－
库尔勒	156.76	151.61	147.27	－
喀什	141.35	141.65	140.00	140.00

单位:美元/人天

商　　务	会　　议	宗教朝拜	文化/体育/科技交流	其　　他
153.41	143.10	153.33	133.23	144.24
145.93	137.62	–	145.08	149.81
167.05	177.30	–	168.38	179.88
184.29	160.00	220.00	181.90	187.19
183.76	183.20	158.12	181.23	181.86
181.29	174.00	150.00	188.57	175.71
179.59	167.30	159.33	170.00	–
171.80	168.87	150.00	154.29	150.00
152.37	159.33	165.00	154.72	147.95
–	–	–	162.14	165.00
164.69	170.74	190.09	170.10	168.59
156.88	100.40	156.12	200.00	–
165.68	–	–	–	170.00
164.38	177.69	146.32	162.18	161.40
169.68	182.44	191.42	166.43	172.18
150.95	–	–	–	163.42
157.00	156.11	156.36	155.00	157.50
155.00	146.45	155.00	136.93	117.47
126.75	125.00	125.00	133.45	123.48
129.74	124.32	104.22	123.21	120.91
172.10	164.81	–	158.73	172.69
140.00	–	140.00	140.00	–
177.50	–	–	164.00	–
140.00	–	–	–	140.00

1－14　2004 年入境过夜旅游者在各城市人均天花费

（按性别、年龄分组）

单位：美元/人天

	人均天花费	男	女	14 岁及以下	15～24 岁	25～44 岁	45～64 岁	65 岁及以上
北　京	241.54	243.06	239.07	250.00	238.28	241.31	242.52	241.42
天　津	173.62	172.53	175.64	160.00	171.14	175.99	175.15	159.52
石家庄	145.24	145.37	144.63	－	147.42	144.79	147.34	120.95
唐　山	149.90	150.43	148.03	－	149.50	152.19	146.72	151.53
秦皇岛	139.12	140.03	137.65	144.58	138.78	139.02	138.89	145.10
保　定	131.39	129.26	138.02	－	92.82	126.18	140.85	127.79
承　德	126.45	127.19	125.18	－	126.03	125.23	127.59	125.00
太　原	175.24	177.51	170.19	－	165.00	170.28	182.28	172.80
大　同	191.10	188.87	196.04	300.00	161.77	187.69	198.17	180.10
阳　泉	164.38	164.36	165.00	－	－	165.00	163.32	－
长　治	167.29	176.27	153.81	165.00	149.38	168.29	184.56	－
晋　城	119.19	106.21	130.88	－	100.40	115.50	121.05	145.95
朔　州	166.24	167.88	160.50	165.00	－	161.40	168.67	165.00
忻　州	199.83	197.54	204.82	－	220.00	193.98	199.59	216.52
吕　梁	165.22	141.11	194.16	－	－	210.32	97.62	165.00
晋　中	154.08	148.45	160.59	179.96	151.48	145.51	159.99	173.53
临　汾	188.63	187.92	190.29	－	－	184.49	189.13	189.67
运　城	110.31	103.01	120.29	－	122.52	105.26	103.77	128.12
呼和浩特	162.31	165.11	159.51	－	168.83	157.02	176.89	152.14
满州里	173.52	175.10	172.73	190.00	178.49	173.87	167.54	－
二连浩特	148.18	144.89	150.88	116.09	137.14	150.99	145.44	109.41
包　头	172.51	168.84	182.44	－	178.45	173.13	172.20	161.77
沈　阳	194.32	192.87	196.76	190.00	200.15	192.41	193.38	199.01
大　连	186.65	187.56	184.59	201.54	180.32	188.22	186.17	187.03
长　春	166.42	165.85	168.57	－	148.98	167.05	168.34	164.79
吉　林	143.11	143.83	140.79	－	125.16	146.87	142.39	143.65
延　吉	159.80	161.07	157.93	119.81	147.67	158.75	161.13	169.83
哈尔滨	182.90	183.12	182.62	220.00	179.10	181.43	190.38	173.18
牡丹江	176.32	175.89	176.61	172.34	174.70	176.25	176.74	177.85
佳木斯	182.25	183.25	180.57	－	186.25	182.10	176.64	244.85
上　海	228.62	230.53	223.68	225.00	221.69	228.63	230.16	224.60
南　京	198.06	199.70	194.14	－	184.54	208.93	191.32	176.54
无　锡	206.90	206.37	207.55	180.00	200.43	206.96	210.28	197.14
苏　州	190.29	191.18	188.27	160.61	204.04	193.49	188.86	158.84

1－14(续 1)

	人均天花费	男	女	14岁及以下	15～24岁	25～44岁	45～64岁	65岁及以上
南通	186.41	188.34	183.13	208.00	208.00	188.77	182.51	120.48
扬州	187.88	187.81	188.00	－	177.20	194.65	183.34	174.33
杭州	186.88	189.05	184.02	178.00	185.77	187.20	187.44	183.87
宁波	191.15	193.66	186.89	－	178.09	194.28	187.81	204.40
温州	194.95	196.76	190.93	－	178.25	195.07	199.88	188.00
绍兴	196.22	194.08	199.86	188.00	204.92	194.60	195.14	201.67
金华	193.96	191.19	205.77	－	208.40	199.53	180.10	239.00
合肥	185.44	186.35	182.77	－	178.27	185.72	186.32	180.00
芜湖	179.05	178.95	180.00	－	－	178.83	180.00	－
马鞍山	178.27	178.49	177.50	－	－	177.57	179.29	－
铜陵	179.43	179.43	－	－	－	178.58	180.00	－
安庆	176.25	176.25	－	－	－	－	176.25	－
黄山	168.14	168.16	168.11	176.22	165.35	167.29	169.73	165.95
滁州	187.03	189.29	179.12	－	180.00	192.04	178.13	－
池州	165.78	165.93	165.69	－	165.00	165.87	165.38	166.76
宣城	184.88	172.50	222.00	165.00	300.00	196.71	173.57	151.60
福州	174.85	173.24	178.37	164.78	141.45	177.74	180.32	163.92
厦门	168.75	167.23	173.64	45.18	180.90	167.23	172.50	156.63
泉州	150.52	149.17	153.20	－	158.58	157.93	144.02	131.71
漳州	152.89	163.13	145.44	77.73	112.28	168.76	142.99	182.20
南昌	135.43	141.55	125.05	－	122.65	139.47	135.37	120.13
景德镇	122.10	122.27	121.81	140.00	134.00	125.58	115.91	113.17
九江	134.19	140.00	117.96	－	140.00	138.02	132.75	119.22
鹰潭	127.81	132.68	115.90	170.00	116.17	138.71	125.30	112.22
赣州	141.06	145.82	127.07	170.00	130.00	144.72	140.04	130.08
吉安	127.47	131.63	117.02	－	128.15	129.61	122.09	132.96
济南	172.78	173.61	171.86	170.00	172.50	175.99	170.18	169.46
青岛	188.49	190.65	184.29	165.00	190.58	189.75	187.25	171.43
烟台	196.90	196.33	198.75	180.00	189.00	201.76	194.51	186.43
泰安	169.62	170.82	167.41	－	167.18	169.77	173.01	165.79
威海	206.18	207.02	200.00	－	180.00	212.22	202.64	－
郑州	124.42	129.14	118.43	130.73	124.34	124.02	122.87	128.74
开封	127.96	126.61	130.03	－	123.41	132.56	123.07	130.08
洛阳	131.55	130.46	133.11	－	120.46	137.18	129.71	129.31
三门峡	128.28	135.57	118.33	－	134.91	132.83	121.21	142.16
武汉	179.30	179.33	179.26	182.67	175.27	181.99	178.60	172.57
十堰	135.85	143.34	121.39	－	119.42	134.92	139.46	190.00
宜昌	167.32	170.99	162.90	－	133.97	166.78	178.23	171.88
襄樊	153.51	151.83	158.54	60.24	152.40	152.01	159.16	－
荆州	165.16	157.00	182.12	－	156.21	163.23	174.14	159.80
湖北游船	166.51	159.54	171.96	180.00	195.00	180.76	162.01	164.40
长沙	170.05	170.52	169.43	165.00	171.68	171.56	167.22	172.82

1－14(续2)

	人均天花费	男	女	14岁及以下	15～24岁	25～44岁	45～64岁	65岁及以上
湘潭	187.38	184.92	202.52	－	171.00	194.70	175.60	171.00
衡阳	176.10	176.39	175.65	171.00	168.33	179.59	171.08	184.88
岳阳	170.29	170.26	170.34	－	166.41	174.47	167.48	162.87
张家界	163.91	163.75	164.15	165.00	163.77	165.59	163.57	162.29
广州	133.60	133.79	133.03	135.00	132.41	134.17	134.23	127.83
深圳	133.28	133.07	133.79	－	132.70	133.15	134.06	131.45
珠海	134.70	135.01	134.18	140.00	131.55	134.65	136.74	135.48
汕头	131.80	132.38	130.16	70.77	137.12	131.28	132.09	132.14
佛山	133.60	133.04	134.62	－	132.01	133.93	133.51	136.25
江门	135.00	135.00	－	－	－	135.00	135.00	－
中山	133.80	133.31	134.45	135.00	130.87	133.14	134.91	135.84
南宁	159.81	158.43	161.70	－	140.14	163.13	160.38	170.20
桂林	166.26	165.93	166.75	168.00	171.48	166.60	164.90	167.79
梧州	159.86	154.18	168.37	168.00	191.59	157.41	142.77	148.89
北海	155.21	158.97	139.76	220.00	122.92	146.21	171.67	146.73
玉林	161.66	162.36	161.11	－	220.00	161.58	153.13	180.17
百色	158.68	148.12	173.16	168.00	174.20	165.07	155.38	99.71
凭祥	152.66	161.52	141.96	－	172.51	130.61	168.47	151.71
海口	148.32	148.52	147.98	170.00	149.42	148.25	148.46	146.12
三亚	143.82	147.63	138.20	113.82	144.27	143.52	145.91	143.34
重庆	171.64	170.36	173.97	－	182.06	171.41	171.90	163.57
重庆游船	175.15	173.67	176.75	203.33	182.63	175.08	168.21	179.64
成都	175.29	177.89	171.35	168.62	176.82	177.21	173.15	172.33
绵阳	169.09	170.81	165.25	172.34	168.57	174.42	165.28	150.81
乐山	158.51	159.44	157.28	150.00	163.64	160.13	156.66	153.40
阿坝州	153.53	155.57	151.72	149.48	159.24	154.31	152.76	151.26
贵阳	160.36	161.19	159.41	156.45	160.00	158.55	161.85	164.86
黔东南	157.38	156.21	160.29	－	163.33	149.02	158.84	163.98
昆明	172.39	170.43	175.74	128.83	171.42	172.58	174.21	168.22
景洪	170.42	172.05	167.25	－	－	161.47	175.00	188.65
大理	164.46	160.81	168.41	－	163.57	164.73	160.88	200.00
拉萨	151.93	151.32	154.22	170.00	157.61	153.18	149.91	146.97
西安	174.99	172.33	178.88	176.91	175.51	172.73	176.18	175.35
咸阳	154.46	154.17	157.43	－	－	153.61	152.42	164.86
兰州	155.79	156.70	154.92	－	154.65	155.31	155.95	156.97
敦煌	143.06	142.51	143.73	－	117.33	127.64	150.90	154.55
西宁	125.87	125.96	125.76	－	128.41	125.10	125.98	125.71
银川	125.42	124.60	128.53	－	96.42	129.66	125.24	111.47
乌鲁木齐	155.23	157.90	152.38	－	147.79	157.37	155.41	152.50
吐鲁番	140.00	140.00	140.00	140.00	140.00	140.00	140.00	140.00
库尔勒	156.76	162.22	148.28	－	157.14	160.00	151.03	170.00
喀什	141.35	141.19	141.48	－	146.67	143.74	140.00	140.00

1－15　2004年入境一日游游客人均花费及构成

（按外国人、港澳台胞、团体及散客分组）

		人均花费（美元/人）	花费构成（%）						
			交通	餐饮	景区游览	娱乐	购物	邮电通讯	其他
全　　国	**总计**	**42.54**	**16.2**	**11.0**	**6.0**	**10.0**	**38.2**	**5.3**	**13.3**
	团体	38.75	16.7	10.0	3.5	1.1	53.6	4.4	10.7
	散客	45.60	15.2	11.3	10.1	16.9	26.0	5.4	15.1
外 国 人	小计	45.27	18.9	10.8	3.6	8.2	43.2	4.9	10.4
	团体	37.62	16.4	8.9	2.7	0.9	56.0	4.3	10.8
	散客	56.60	19.2	10.8	8.1	19.1	28.3	5.0	9.5
香港同胞	小计	31.36	8.2	13.0	15.0	13.6	21.7	6.4	22.1
	团体	66.73	21.6	25.5	10.3	1.2	24.0	5.4	12.0
	散客	29.81	7.7	11.5	15.5	14.1	21.5	6.5	23.2
澳门同胞	小计	44.09	10.4	13.4	12.7	13.4	14.7	2.5	32.9
	团体	81.49	24.5	24.6	24.5	–	9.3	2.0	15.1
	散客	41.73	9.7	13.4	7.8	14.3	15.7	2.5	36.6
台湾同胞	小计	71.85	23.9	16.2	15.0	10.4	15.6	3.6	15.3
	团体	77.78	23.9	34.6	26.2	0.4	7.6	2.0	5.3
	散客	70.36	23.9	12.8	5.8	12.6	17.5	6.5	20.9

1－16　2004年入境过夜旅游者人均天花费构成

		人均天花费（美元/人天）	人均天花费构成（%）				
			长途交通	飞　机	火　车	汽　车	轮　船
全　　国	**总计**	**156.84**	**28.9**	**21.4**	**2.0**	**3.5**	**2.0**
	团体	144.12	16.5	8.8	1.6	4.9	1.2
	散客	164.38	38.2	26.6	3.2	2.7	5.7
外 国 人	小计	171.06	28.0	22.6	1.9	2.1	1.4
	团体	144.67	14.7	10.2	1.8	2.1	0.6
	散客	193.75	38.5	26.0	2.8	2.5	7.2
香港同胞	小计	119.83	33.2	20.4	2.9	5.3	4.6
	团体	137.05	22.4	7.5	1.2	8.9	4.8
	散客	116.22	39.4	27.7	4.1	3.1	4.5
澳门同胞	小计	115.79	32.8	15.3	4.2	10.4	2.9
	团体	117.77	27.4	3.7	0.7	23.0	0.0
	散客	115.46	38.0	25.7	5.2	3.6	3.5
台湾同胞	小计	152.15	32.6	16.7	2.1	11.7	2.1
	团体	150.84	26.4	2.9	1.0	21.9	0.6
	散客	152.61	35.2	24.0	2.7	2.5	6.0

(按外国人、港澳台胞、团体及散客分组)

住 宿	餐 饮	景区游览	娱 乐	购 物	市内交通	邮电通讯	其他
13.5	7.1	5.1	6.9	20.7	2.6	3.2	12.0
11.5	0.8	6.3	6.9	34.4	3.2	4.5	15.9
13.5	7.9	4.8	7.6	13.8	2.0	2.5	9.7
12.6	6.6	3.9	5.2	25.7	2.5	3.4	12.1
8.9	0.9	3.8	4.4	41.9	3.0	5.0	17.4
12.9	7.5	4.6	7.1	15.8	2.0	2.4	9.2
13.5	7.7	6.4	9.5	11.7	3.0	2.9	12.1
14.5	1.7	7.9	12.9	17.6	5.3	3.7	14.0
13.2	8.3	5.3	8.1	10.1	2.2	2.7	10.7
11.6	6.3	11.6	10.9	10.1	2.0	2.4	12.3
14.4	0.1	17.2	17.3	9.5	0.8	1.6	11.7
11.5	8.2	4.3	8.5	11.4	2.3	2.9	12.9
15.5	6.8	10.3	9.7	10.9	2.1	2.6	9.5
20.8	0.4	15.0	10.3	14.3	1.4	2.6	8.8
14.2	9.5	4.8	9.6	10.1	2.6	2.6	11.4

1－17　2004年外国过夜旅游者

	人均天花费(美元/人天)	人均天花费构成(%)				
		长途交通	飞　机	火　车	汽　车	轮　船
日　　本	187.23	25.6	20.2	2.3	1.8	1.3
菲 律 宾	190.54	27.6	21.6	3.3	1.9	0.8
泰　　国	157.14	28.1	21.6	2.1	2.6	1.8
新 加 坡	170.97	27.8	21.0	3.0	3.1	0.7
印度尼西亚	161.68	30.6	20.0	4.9	3.2	2.5
马来西亚	170.25	25.2	18.6	2.2	2.9	1.5
韩　　国	182.13	27.6	20.5	3.3	1.4	2.4
朝　　鲜	206.32	13.4	10.3	1.3	1.3	0.5
蒙　　古	250.21	34.7	28.2	3.0	1.5	2.0
印　　度	163.60	26.8	19.2	2.4	3.4	1.8
英　　国	176.12	20.7	16.5	1.4	1.6	1.2
法　　国	124.60	23.0	17.9	2.0	1.9	1.2
德　　国	201.64	31.7	22.0	2.6	5.4	1.7
意 大 利	186.56	29.4	18.0	2.6	5.7	3.1
荷　　兰	179.54	23.7	17.2	2.7	2.8	1.0
瑞　　典	166.53	23.7	17.7	2.4	2.8	0.8
俄 罗 斯	164.94	18.5	10.8	2.5	4.5	0.7
瑞　　士	184.63	25.2	20.5	2.4	1.7	0.6
美　　国	159.08	23.8	17.1	2.3	2.3	2.1
加 拿 大	182.29	23.7	18.8	1.7	2.3	0.9
澳大利亚	168.34	25.0	18.3	2.4	2.2	2.1
非洲国家	196.53	22.7	18.0	2.0	1.8	0.9
南美国家	179.61	21.8	17.0	2.0	2.0	0.8
其他国家	186.02	29.6	19.2	2.2	5.8	2.4

人均天花费构成(按国别分组)

住宿	餐饮	景区游览	娱乐	购物	市内交通	邮电通讯	其他
16.5	10.2	5.6	8.0	15.5	3.6	4.7	10.3
14.0	8.5	4.9	7.1	15.9	3.0	4.8	14.2
13.4	9.0	6.1	6.9	17.2	3.3	6.7	9.3
14.9	9.6	5.9	8.1	15.8	3.8	4.2	9.9
12.1	8.9	5.7	7.8	15.2	3.3	4.6	11.8
14.5	7.7	7.1	9.6	16.2	4.3	5.3	10.1
14.2	8.2	5.4	6.8	18.4	3.8	3.1	12.5
9.8	3.6	3.3	5.1	31.0	3.0	3.0	27.8
1.8	1.2	9.3	5.1	42.1	0.6	2.8	2.4
15.6	10.4	3.9	7.0	15.2	4.0	7.1	10.0
15.0	7.6	5.2	6.9	20.9	4.0	4.2	15.5
17.8	5.6	7.4	8.6	16.2	6.8	3.0	11.6
14.6	7.6	7.8	6.1	12.1	4.3	6.1	9.7
15.1	9.8	5.4	8.1	12.1	4.3	5.1	10.7
14.1	8.0	6.0	7.8	17.1	3.9	6.0	13.4
16.1	7.3	6.3	8.8	17.9	4.6	5.0	10.3
13.3	4.0	3.3	4.8	38.1	3.0	5.9	9.1
15.3	10.9	6.5	8.6	12.9	4.0	5.8	10.8
13.8	8.3	7.6	6.9	17.3	5.2	4.0	13.1
17.3	9.3	5.5	6.5	17.4	3.4	3.8	13.1
15.5	9.2	6.4	7.1	16.7	4.0	5.1	11.0
14.7	9.2	7.0	7.5	16.7	2.5	7.2	12.5
13.4	10.0	5.1	9.7	16.1	3.9	7.6	12.4
14.7	8.9	4.0	5.5	17.7	3.2	5.6	10.8

1－18　2004年入境过夜旅游者在各省(区、市)

	人均天花费(美元/人天)	人均天花费构成(%)				
		长途交通	飞　机	火　车	汽　车	轮　船
北　京	241.54	25.4	23.8	1.0	0.6	0.0
外国人	245.35	25.0	24.0	0.7	0.3	0.0
香港同胞	220.25	30.0	25.4	3.1	1.5	0.0
澳门同胞	230.56	29.7	25.1	3.5	1.1	0.0
台湾同胞	215.26	23.7	17.5	2.0	4.2	0.0
天　津	173.62	30.0	24.7	2.9	1.0	1.4
外国人	173.07	31.5	26.8	2.9	0.7	1.1
香港同胞	178.70	29.1	21.6	4.9	1.1	1.5
澳门同胞	176.40	25.1	20.3	3.9	0.9	0.0
台湾同胞	170.09	17.1	11.1	1.7	1.9	2.4
河　北	138.47	24.6	16.6	2.4	2.7	2.9
外国人	137.65	23.6	15.9	2.4	2.3	3.0
香港同胞	140.83	25.8	16.4	2.3	5.1	2.0
澳门同胞	139.39	14.3	8.5	2.5	3.3	0.0
台湾同胞	146.29	29.9	21.4	1.8	4.9	1.8
山　西	169.93	23.3	17.1	3.1	3.1	0.0
外国人	167.93	20.1	14.4	3.0	2.7	0.0
香港同胞	203.53	23.3	15.4	3.0	4.9	0.0
澳门同胞	140.41	19.9	9.0	8.7	2.2	0.0
台湾同胞	166.31	24.1	19.3	3.2	1.6	0.0
内蒙古	161.95	16.4	5.5	3.1	7.8	0.0
外国人	160.92	15.7	5.0	2.8	7.9	0.0
香港同胞	188.70	31.2	18.8	8.0	4.4	0.0
澳门同胞	177.14	22.9	10.0	7.1	5.8	0.0
台湾同胞	171.23	27.7	17.7	8.5	1.5	0.0

人均天花费构成(按外国人、港澳台胞分组)

住宿	餐饮	景区游览	娱乐	购物	市内交通	邮电通讯	其他
13.6	7.9	4.2	5.1	27.4	2.2	3.4	10.8
13.0	7.9	3.9	4.7	29.2	2.2	3.1	11.0
17.3	8.3	6.0	8.5	13.9	2.6	3.7	9.7
18.6	6.1	5.4	8.0	19.0	2.8	2.4	8.0
16.9	7.1	6.8	7.3	18.5	1.7	8.0	10.0
12.4	5.1	5.4	5.0	28.2	2.1	3.8	8.0
12.1	5.0	5.1	4.9	26.7	2.0	3.8	8.9
14.5	7.0	7.7	3.6	27.4	2.1	3.1	5.5
15.5	7.6	6.8	4.9	27.0	4.0	3.3	5.8
10.9	3.4	5.5	6.2	42.3	2.2	7.0	5.4
10.9	5.8	5.4	6.6	23.7	2.3	7.2	13.5
10.4	5.4	4.4	5.5	26.7	2.0	7.9	14.1
12.3	6.9	9.9	9.6	15.4	2.8	4.7	12.6
11.9	9.1	9.6	13.0	14.3	8.8	6.9	12.1
13.5	7.2	6.5	9.8	17.3	3.2	3.8	8.8
9.5	3.9	5.1	4.0	28.9	1.4	6.7	17.2
9.0	3.4	4.5	3.4	32.7	1.1	7.6	18.2
11.9	11.6	7.0	6.6	20.6	1.9	4.4	12.7
12.7	6.3	6.8	4.7	34.2	3.9	7.5	4.0
9.0	7.7	5.9	4.1	22.1	2.2	5.1	19.8
7.6	3.8	2.7	3.0	51.5	1.0	3.9	10.1
7.1	3.5	2.6	2.9	54.3	0.9	3.8	9.2
13.8	17.3	1.7	3.5	20.0	0.6	7.4	4.5
17.4	5.2	0.0	2.7	28.5	4.3	7.0	12.0
17.1	8.3	9.8	9.6	5.2	3.4	3.3	15.6

1-18(续1)

	人均天花费(美元/人天)	人均天花费构成(%)				
		长途交通	飞机	火车	汽车	轮船
辽宁	189.26	27.1	25.0	1.1	0.4	0.6
外国人	188.54	26.0	24.2	0.9	0.4	0.5
香港同胞	192.81	33.2	29.5	2.0	1.0	0.7
澳门同胞	190.00	27.5	27.5	0.0	0.0	0.0
台湾同胞	192.35	23.0	20.2	2.6	0.2	0.0
吉林	159.94	30.6	26.0	3.8	0.8	0.0
外国人	160.11	30.1	25.4	3.9	0.8	0.0
香港同胞	157.61	36.3	31.6	4.2	0.5	0.0
澳门同胞	160.50	33.1	31.9	0.0	1.2	0.0
台湾同胞	159.60	18.1	14.9	2.7	0.5	0.0
黑龙江	179.83	19.3	9.6	2.4	0.4	6.9
外国人	178.64	19.3	8.6	2.5	0.4	7.8
香港同胞	199.88	31.3	19.2	1.0	11.1	0.0
澳门同胞	197.34	11.3	9.7	1.6	0.0	0.0
台湾同胞	182.85	27.2	22.6	3.1	0.2	1.3
上海	228.62	15.1	9.9	0.9	3.1	1.2
外国人	228.18	13.6	9.5	0.8	2.0	1.3
香港同胞	234.71	12.7	8.9	2.6	0.5	0.7
澳门同胞	231.67	7.8	7.8	0.0	0.0	0.0
台湾同胞	228.86	25.1	11.1	2.7	11.3	0.0
江苏	195.34	19.6	13.3	2.1	3.4	0.8
外国人	194.53	19.2	13.8	2.4	2.3	0.7
香港同胞	198.97	19.2	11.9	1.6	4.6	1.1
澳门同胞	197.74	17.3	8.4	5.3	2.8	0.8
台湾同胞	195.02	20.8	14.0	1.0	5.0	0.8

住宿	餐饮	景区游览	娱乐	购物	市内交通	邮电通讯	其他
12.4	9.9	4.1	6.1	21.3	2.2	3.7	13.2
11.7	9.3	3.7	5.6	23.6	2.0	4.0	14.1
15.2	13.0	6.9	9.2	14.9	2.9	1.7	3.0
16.0	18.5	5.3	8.3	15.5	3.9	1.4	3.6
16.2	11.0	4.1	7.7	19.5	2.7	5.0	10.8
10.5	8.2	3.6	4.7	23.8	1.6	2.6	14.4
10.5	8.3	3.2	4.3	24.6	1.6	2.6	14.8
11.7	9.1	6.0	7.3	14.5	2.0	3.3	9.8
14.0	4.9	2.8	4.9	22.6	2.6	3.0	12.1
11.0	8.5	6.8	7.2	28.6	1.7	2.2	15.9
7.3	5.8	1.2	2.3	45.4	1.1	4.1	13.5
7.0	5.0	1.2	2.2	46.8	1.1	4.1	13.3
11.3	10.2	1.8	3.7	16.0	1.8	4.3	19.6
9.6	5.2	2.3	3.4	41.3	2.8	6.4	17.7
14.1	8.7	2.4	4.5	23.6	2.3	3.4	13.8
15.1	6.8	4.9	8.0	29.5	2.9	2.9	14.8
14.9	6.6	5.0	7.6	31.8	2.9	3.1	14.5
16.4	9.5	5.6	12.5	18.6	4.5	2.2	18.0
19.5	12.2	3.4	14.1	32.3	3.9	4.2	2.6
16.0	7.5	5.8	8.6	17.0	2.4	1.3	16.3
14.3	7.0	4.7	7.4	30.1	2.5	3.5	10.9
13.7	6.9	3.9	6.3	30.7	2.1	4.0	13.2
14.5	6.8	5.8	9.1	29.3	3.7	2.9	8.7
19.1	6.7	5.1	7.1	26.5	2.9	3.0	12.3
14.3	6.9	5.6	8.9	31.2	1.9	3.1	7.3

1－18(续2)

	人均天花费(美元/人天)	人均天花费构成(%)				
		长途交通	飞机	火车	汽车	轮船
浙江	190.19	16.7	14.0	0.5	2.0	0.2
外国人	190.01	14.5	12.2	0.4	1.7	0.2
香港同胞	193.01	23.1	19.4	1.2	2.1	0.4
澳门同胞	202.32	28.6	21.9	2.0	4.7	0.0
台湾同胞	185.91	19.4	16.2	0.7	2.5	0.0
安徽	174.53	17.8	13.8	3.4	0.6	0.0
外国人	173.83	17.0	12.2	4.2	0.6	0.0
香港同胞	180.06	39.1	31.6	6.4	1.1	0.0
澳门同胞	170.00	27.0	25.9	1.0	0.1	0.0
台湾同胞	177.02	25.5	23.1	1.2	1.2	0.0
福建	168.44	31.2	23.4	5.4	1.3	1.1
外国人	171.52	33.2	26.0	6.0	0.9	0.3
香港同胞	161.81	30.2	18.3	3.3	2.3	6.3
澳门同胞	148.56	29.5	20.3	6.6	2.6	0.0
台湾同胞	165.61	32.4	23.0	4.7	1.6	3.1
江西	131.69	28.3	13.1	2.9	4.6	7.7
外国人	132.79	29.7	14.0	2.3	5.7	7.7
香港同胞	130.58	16.9	9.0	4.8	3.1	0.0
澳门同胞	117.95	8.6	6.1	1.9	0.6	0.0
台湾同胞	136.17	25.2	18.7	3.5	3.0	0.0
山东	184.44	26.9	19.6	0.5	2.1	4.7
外国人	184.44	28.2	19.0	0.4	1.2	7.6
香港同胞	185.98	14.7	2.9	0.4	6.6	4.8
澳门同胞	196.57	34.6	28.0	3.4	3.2	0.0
台湾同胞	180.19	27.5	18.9	4.9	1.5	2.2

住宿	餐饮	景区游览	娱乐	购物	市内交通	邮电通讯	其他
11.2	6.1	3.3	5.2	38.7	1.4	4.3	13.1
10.3	5.3	2.9	4.7	43.5	1.3	4.2	13.3
12.6	7.5	3.6	7.1	29.0	1.8	4.8	10.5
10.8	6.5	6.5	6.7	25.9	1.9	2.3	10.8
11.6	7.2	4.1	5.1	34.9	1.3	3.9	12.5
13.9	6.5	7.3	5.4	27.3	2.2	3.2	16.4
14.6	6.4	7.6	5.5	26.3	2.4	3.1	17.1
13.1	9.0	7.5	6.4	6.7	1.8	3.5	12.9
10.9	8.6	5.5	7.1	30.5	3.2	3.7	3.5
8.0	4.8	4.7	3.7	33.9	1.4	3.9	14.1
11.5	9.2	3.7	7.3	19.7	2.0	3.6	11.8
11.7	7.8	3.3	6.4	19.2	2.1	4.3	12.0
11.4	8.2	5.1	8.0	21.8	1.7	2.9	10.7
14.5	10.7	2.3	11.3	16.6	1.9	3.8	9.4
10.9	10.2	4.0	7.5	18.7	2.2	2.1	12.0
13.2	9.1	4.7	5.8	19.0	4.8	3.1	12.0
15.0	8.6	5.0	6.6	19.1	2.3	3.0	10.7
9.5	10.4	7.0	4.3	17.2	13.7	3.4	17.6
23.8	14.3	2.7	2.6	25.8	7.4	3.4	11.4
12.3	7.1	4.5	9.4	17.7	2.5	3.2	18.1
11.4	4.3	4.7	4.2	21.9	2.4	3.9	20.3
10.7	3.9	3.4	3.7	23.4	1.7	4.0	21.0
13.4	7.9	8.5	4.8	19.7	4.6	4.0	22.4
16.1	7.0	2.8	5.2	17.6	3.1	3.7	9.9
13.6	4.3	6.8	6.5	18.3	3.9	3.0	16.1

1－18(续3)

	人均天花费(美元/人天)	人均天花费构成(%)				
		长途交通	飞　机	火　车	汽　车	轮　船
河　　南	127.95	19.1	12.5	2.4	4.2	0.0
外 国 人	126.97	18.5	11.7	2.5	4.3	0.0
香港同胞	133.97	27.6	23.8	3.2	0.6	0.0
澳门同胞	125.49	1.8	0.0	0.0	1.8	0.0
台湾同胞	131.55	49.5	38.5	11.0	0.0	0.0
湖　　北	169.92	37.8	20.6	3.6	2.6	11.0
外 国 人	178.92	37.0	20.4	3.0	2.6	11.0
香港同胞	155.59	33.4	22.5	5.8	3.3	1.8
澳门同胞	159.13	36.2	22.6	6.5	3.0	4.1
台湾同胞	139.32	40.2	21.8	3.2	3.8	11.4
湖　　南	170.67	20.0	11.0	0.8	1.6	6.6
外 国 人	170.60	19.6	11.1	0.5	1.6	6.4
香港同胞	172.98	39.2	22.4	4.8	3.5	8.5
澳门同胞	169.62	44.9	22.6	4.7	1.1	16.5
台湾同胞	169.41	16.4	8.9	0.7	3.5	3.3
广　　东	133.57	35.7	23.6	2.3	6.7	3.1
外 国 人	131.94	36.7	32.2	1.9	1.6	1.0
香港同胞	134.83	29.6	14.2	3.5	6.4	5.5
澳门同胞	133.79	31.7	23.0	0.8	5.0	2.9
台湾同胞	134.95	32.1	15.8	5.1	9.6	1.6
广　　西	162.64	32.8	21.5	6.6	3.3	1.4
外 国 人	163.60	37.9	24.7	7.6	4.1	1.5
香港同胞	160.89	22.4	12.2	7.7	2.0	0.5
澳门同胞	156.70	31.4	23.5	5.0	2.9	0.0
台湾同胞	161.48	33.2	11.2	4.3	5.8	11.9

住宿	餐饮	景区游览	娱乐	购物	市内交通	邮电通讯	其他
14.0	8.7	4.8	6.4	23.0	2.6	7.4	14.0
14.4	8.6	5.0	6.5	25.4	2.6	8.4	10.6
12.1	12.9	4.6	9.5	22.1	3.2	3.4	4.6
22.1	9.0	14.6	12.9	20.8	2.3	3.3	13.2
11.1	6.9	3.4	5.7	11.1	2.2	5.3	4.8
9.6	4.3	3.6	6.5	19.2	2.7	4.1	12.2
9.4	3.4	3.3	6.4	21.4	2.8	4.0	12.3
12.3	9.8	6.4	8.1	12.9	3.3	6.7	8.1
12.3	9.1	4.8	7.8	12.2	2.2	3.8	11.6
10.3	7.8	5.2	7.1	13.7	2.4	7.2	6.1
10.5	3.7	7.6	5.6	22.7	2.9	7.5	19.5
11.0	3.3	7.6	5.2	24.8	2.9	8.9	16.7
8.4	8.7	7.0	8.6	16.3	3.2	8.8	4.8
8.4	5.6	4.0	6.5	18.4	1.0	4.7	6.5
11.8	3.6	9.5	7.2	22.5	3.6	4.8	20.6
11.6	6.9	7.4	9.0	11.2	2.1	2.1	14.0
10.9	6.0	2.4	4.8	18.1	1.9	3.1	16.1
10.9	9.1	6.1	11.4	11.1	2.7	2.1	17.0
10.8	8.5	8.4	10.4	7.8	1.8	4.0	16.6
14.0	8.6	11.3	10.6	10.8	2.5	1.7	8.4
7.1	7.0	6.6	3.4	23.5	2.9	3.3	13.4
6.2	6.8	7.0	2.7	19.8	3.0	3.6	13.0
9.2	7.2	4.9	3.9	25.4	2.8	3.6	20.6
12.1	8.8	6.6	7.6	22.4	3.9	1.7	5.5
9.1	7.3	5.6	5.2	19.7	2.9	3.1	13.9

1－18(续4)

	人均天花费(美元/人天)	人均天花费构成(%)				
		长途交通	飞　机	火　车	汽　车	轮　船
海　　南	146.49	29.7	18.3	5.1	1.6	4.7
外 国 人	145.41	28.8	16.4	6.2	1.6	4.6
香港同胞	149.37	31.2	20.5	2.5	1.8	6.4
澳门同胞	148.83	31.4	31.4	0.0	0.0	0.0
台湾同胞	151.87	28.1	28.1	0.0	0.0	0.0
重　　庆	172.35	50.7	17.6	5.1	2.6	25.4
外 国 人	173.65	43.6	18.7	4.1	3.6	17.2
香港同胞	170.96	53.3	17.3	9.6	5.3	21.1
澳门同胞	160.54	14.2	14.2	0.0	0.0	0.0
台湾同胞	165.40	47.3	10.3	7.3	2.2	27.5
四　　川	167.54	34.3	25.1	1.8	7.2	0.2
外 国 人	167.94	33.2	23.9	1.7	7.4	0.2
香港同胞	171.27	36.2	15.6	13.4	2.8	4.4
澳门同胞	159.28	30.6	27.6	0.0	3.0	0.0
台湾同胞	163.72	42.0	29.4	4.4	3.8	4.4
贵　　州	159.73	25.3	19.5	2.7	3.1	0.0
外 国 人	159.73	24.8	20.4	1.0	3.4	0.0
香港同胞	160.26	22.0	16.2	3.6	2.2	0.0
澳门同胞	151.33	28.2	14.8	11.6	1.8	0.0
台湾同胞	160.57	20.9	16.7	1.3	2.9	0.0
云　　南	171.76	32.5	27.4	1.0	1.6	2.5
外 国 人	169.81	33.8	29.3	0.6	1.5	2.4
香港同胞	176.54	44.5	23.2	15.9	3.8	1.6
澳门同胞	185.02	27.8	19.7	0.0	8.1	0.0
台湾同胞	180.79	37.6	23.7	4.0	5.4	4.5

住宿	餐饮	景区游览	娱乐	购物	市内交通	邮电通讯	其他
12.9	5.6	3.8	3.8	21.9	1.8	5.5	15.0
12.1	4.6	2.7	3.0	24.7	1.3	4.4	18.4
15.3	7.4	8.8	7.1	11.3	2.7	9.0	7.2
14.1	8.3	5.2	2.3	23.0	3.8	6.7	5.2
16.6	11.8	6.0	6.8	10.5	4.3	10.8	5.1
5.1	6.0	2.4	3.0	13.1	1.1	2.0	16.6
4.8	5.9	2.8	3.3	18.0	0.9	2.6	18.1
5.7	6.8	2.0	4.3	11.8	1.7	1.8	12.6
7.5	6.1	3.0	23.0	30.4	6.7	0.7	8.4
12.0	6.7	5.2	4.5	11.4	3.3	1.5	8.1
12.0	4.4	4.3	6.1	25.6	1.5	3.6	8.2
11.7	4.1	4.2	6.0	28.0	1.4	3.4	8.0
13.4	6.8	4.7	5.6	19.1	2.2	6.2	5.8
17.5	6.4	7.5	8.1	14.0	3.3	6.6	6.0
12.8	6.2	4.2	5.4	13.0	3.0	4.9	8.5
14.7	4.1	3.7	6.6	32.1	1.1	3.0	9.4
16.5	2.7	3.8	6.3	32.4	1.0	3.5	9.0
11.3	2.5	3.3	5.7	40.2	1.3	2.1	11.6
11.7	5.3	3.3	12.9	17.9	5.1	4.3	11.3
12.9	16.6	4.6	7.7	23.8	1.9	1.2	10.4
8.4	5.5	4.0	4.1	24.6	2.2	4.2	14.5
8.0	5.4	3.8	4.0	25.0	2.3	3.0	14.7
10.6	5.5	5.8	5.7	13.2	1.7	5.0	8.0
11.5	5.9	3.8	9.4	17.8	3.1	9.8	10.9
11.8	6.5	8.1	6.5	11.9	1.6	6.5	9.5

1－18(续 5)

	人均天花费(美元/人天)	人均天花费构成(%)				
		长途交通	飞　机	火　车	汽　车	轮　船
西　　藏	151.93	21.6	18.2	0.0	3.4	0.0
外 国 人	149.55	19.4	16.9	0.0	2.5	0.0
香港同胞	170.38	29.7	11.1	0.0	18.6	0.0
澳门同胞	156.01	29.9	23.0	0.0	6.9	0.0
台湾同胞	172.25	25.4	17.6	0.0	7.8	0.0
陕　　西	173.66	26.9	24.3	0.8	1.8	0.0
外 国 人	173.50	25.7	23.0	0.8	1.9	0.0
香港同胞	174.38	43.5	43.0	0.5	0.0	0.0
澳门同胞	173.15	17.0	17.0	0.0	0.0	0.0
台湾同胞	177.91	39.0	39.0	0.0	0.0	0.0
甘　　肃	149.49	33.4	24.6	3.3	5.5	0.0
外 国 人	149.30	34.7	25.5	3.5	5.7	0.0
香港同胞	138.30	32.3	23.3	3.9	5.1	0.0
澳门同胞	157.21	25.1	18.1	3.3	3.7	0.0
台湾同胞	155.00	24.9	19.6	1.8	3.5	0.0
青　　海	125.87	32.9	16.8	1.6	14.5	0.0
外 国 人	125.79	33.3	17.0	1.6	14.7	0.0
香港同胞	125.00	34.9	11.4	0.0	23.5	0.0
澳门同胞	125.00	0.0	0.0	0.0	0.0	0.0
台湾同胞	129.47	4.4	0.0	1.7	2.7	0.0
宁　　夏	125.42	39.9	29.8	7.0	3.1	0.0
外 国 人	125.29	37.2	28.0	7.6	1.6	0.0
香港同胞	128.56	45.1	31.2	0.0	13.9	0.0
澳门同胞	124.22	49.8	44.0	1.9	3.9	0.0
台湾同胞	124.16	37.8	26.4	10.8	0.6	0.0
新　　疆	151.24	32.7	19.1	7.0	6.6	0.0
外 国 人	151.92	27.8	17.7	2.5	7.6	0.0
香港同胞	150.96	35.8	23.5	3.6	8.7	0.0
澳门同胞	145.00	53.2	19.8	22.1	11.3	0.0
台湾同胞	144.00	39.0	28.9	4.4	5.7	0.0

住宿	餐饮	景区游览	娱乐	购物	市内交通	邮电通讯	其他
16.0	2.8	5.3	8.9	23.5	3.3	9.9	8.7
16.9	2.5	4.6	8.7	25.2	2.7	10.4	9.6
5.4	10.7	12.4	5.7	22.3	4.8	5.4	3.6
6.9	9.4	6.2	9.4	20.2	6.9	6.7	4.4
9.3	8.7	6.0	9.3	24.3	4.5	7.3	5.2
14.0	2.6	3.7	3.2	34.5	2.4	2.8	9.9
14.1	1.9	3.4	2.9	36.7	2.2	2.7	10.4
11.5	13.4	2.7	4.9	11.5	5.5	3.0	4.0
23.2	9.1	7.4	15.7	20.6	4.7	1.7	0.6
14.2	6.5	13.1	6.9	5.7	2.1	6.9	5.6
14.6	8.1	2.4	3.7	23.8	0.9	4.3	8.8
14.5	8.1	2.3	3.7	22.9	0.8	4.2	8.8
15.7	7.9	4.1	4.4	18.3	1.8	5.3	10.2
15.9	8.2	2.7	3.4	32.4	1.2	4.2	6.9
14.3	8.4	2.5	3.2	31.8	1.1	5.2	8.6
16.3	8.9	5.4	2.5	12.2	4.9	4.3	12.6
16.8	8.9	5.5	2.5	10.7	5.0	4.0	13.3
7.2	0.0	5.1	4.1	23.2	0.0	15.2	10.3
0.0	0.0	0.0	0.0	62.7	0.0	21.9	15.4
16.7	0.0	6.9	3.8	34.5	3.3	7.3	23.1
12.8	7.2	8.0	7.2	12.4	2.2	2.1	8.2
13.2	7.5	8.6	7.7	13.3	2.1	2.3	8.1
11.9	6.3	5.4	6.0	9.5	2.4	1.3	12.1
17.0	5.8	8.1	1.9	9.7	5.8	1.9	0.0
15.2	7.9	7.8	6.5	10.2	2.9	1.3	10.4
7.9	8.6	1.5	3.0	36.3	1.0	2.4	6.6
7.7	9.5	1.7	3.2	38.3	0.9	3.0	7.9
18.5	9.6	8.3	5.4	8.1	6.5	1.8	6.0
15.4	7.2	0.8	6.3	10.6	2.5	1.0	3.0
10.2	13.7	1.8	4.8	26.0	2.1	2.2	0.2

1－19 2004年入境过夜旅游者在各城市

	人均天花费(美元/人天)	人均天花费构成(%)				
		长途交通	飞机	火车	汽车	轮船
北京	241.54	25.4	23.8	1.0	0.6	0.0
外国人	245.35	25.0	24.0	0.7	0.3	0.0
香港同胞	220.25	30.0	25.4	3.1	1.5	0.0
澳门同胞	230.56	29.7	25.1	3.5	1.1	0.0
台湾同胞	215.26	23.7	17.5	2.0	4.2	0.0
天津	173.62	30.0	24.7	2.9	1.0	1.4
外国人	173.07	31.5	26.8	2.9	0.7	1.1
香港同胞	178.70	29.1	21.6	4.9	1.1	1.5
澳门同胞	176.40	25.1	20.3	3.9	0.9	0.0
台湾同胞	170.09	17.1	11.1	1.7	1.9	2.4
石家庄	145.24	41.2	30.9	3.3	3.6	3.4
外国人	145.31	42.9	31.8	3.2	3.9	4.0
香港同胞	144.79	34.6	28.7	2.3	1.0	2.6
澳门同胞	136.84	15.2	2.3	6.5	6.4	0.0
台湾同胞	151.25	51.7	42.6	1.0	8.1	0.0
唐山	149.90	29.0	19.3	3.0	4.1	2.6
外国人	148.33	29.0	19.8	3.0	3.6	2.6
香港同胞	154.58	29.2	15.9	3.9	9.4	0.0
澳门同胞	160.00	22.2	19.3	2.9	0.0	0.0
台湾同胞	156.07	27.3	13.3	5.0	7.6	1.4
秦皇岛	139.12	10.3	1.1	3.4	2.5	3.3
外国人	138.49	10.4	1.0	3.4	2.7	3.3
香港同胞	140.75	9.7	2.1	4.7	2.9	0.0
澳门同胞	136.45	9.3	4.7	3.3	1.3	0.0
台湾同胞	144.84	3.8	0.0	3.8	0.0	0.0

人均天花费构成(按外国人、港澳台胞分组)

住宿	餐饮	景区游览	娱乐	购物	市内交通	邮电通讯	其他
13.6	7.9	4.2	5.1	27.4	2.2	3.4	10.8
13.0	7.9	3.9	4.7	29.2	2.2	3.1	11.0
17.3	8.3	6.0	8.5	13.9	2.6	3.7	9.7
18.6	6.1	5.4	8.0	19.0	2.8	2.4	8.0
16.9	7.1	6.8	7.3	18.5	1.7	8.0	10.0
12.4	5.1	5.4	5.0	28.2	2.1	3.8	8.0
12.1	5.0	5.1	4.9	26.7	2.0	3.8	8.9
14.5	7.0	7.7	3.6	27.4	2.1	3.1	5.5
15.5	7.6	6.8	4.9	27.0	4.0	3.3	5.8
10.9	3.4	5.5	6.2	42.3	2.2	7.0	5.4
11.7	8.4	6.0	5.6	13.1	2.6	2.7	8.7
11.2	8.1	6.0	5.3	13.5	2.3	2.5	8.2
17.1	9.1	4.1	3.4	9.4	3.1	4.9	14.3
17.9	7.1	6.7	16.3	14.0	8.5	4.1	10.2
6.7	7.4	0.0	6.9	13.9	1.2	0.2	12.0
11.5	6.6	5.3	6.7	23.2	3.4	5.5	8.8
11.3	6.6	4.6	6.0	24.1	3.5	5.7	9.2
13.0	5.8	9.6	10.5	21.3	2.1	4.0	4.5
10.4	14.5	21.8	18.8	12.3	0.0	0.0	0.0
12.1	10.7	7.1	5.3	20.3	3.5	1.2	12.5
13.5	10.6	8.4	9.3	22.3	2.6	7.2	15.8
13.4	10.2	7.0	8.9	25.0	2.1	7.5	15.5
13.8	12.4	13.4	9.6	18.1	3.0	5.1	14.9
13.2	13.9	13.1	9.1	11.7	8.0	10.6	11.1
15.1	12.3	8.2	12.1	12.8	6.6	8.8	20.3

1－19(续 1)

	人均天花费(美元/人天)	人均天花费构成(%)				
		长途交通	飞 机	火 车	汽 车	轮 船
保 定	131.39	31.8	22.9	1.6	2.9	4.4
外国人	130.56	32.6	23.8	1.5	2.7	4.6
香港同胞	126.56	32.5	25.9	4.1	2.5	0.0
澳门同胞	142.50	19.5	12.7	2.3	4.5	0.0
台湾同胞	144.76	31.8	22.3	5.0	1.4	3.1
承 德	126.45	14.2	10.7	1.7	1.8	0.0
外国人	126.61	4.2	0.7	1.8	1.7	0.0
香港同胞	125.58	10.2	6.5	0.1	3.6	0.0
澳门同胞	125.00	3.1	0.0	1.7	1.4	0.0
台湾同胞	125.00	15.3	12.5	0.4	2.4	0.0
太 原	175.24	30.0	25.3	2.2	2.5	0.0
外国人	172.53	30.2	26.2	2.0	2.0	0.0
香港同胞	200.31	24.9	18.3	2.6	4.0	0.0
澳门同胞	170.19	11.8	11.8	0.0	0.0	0.0
台湾同胞	162.95	25.9	22.3	2.1	1.5	0.0
大 同	191.10	21.1	14.8	3.6	2.7	0.0
外国人	189.41	8.9	2.9	3.5	2.5	0.0
香港同胞	204.81	20.9	13.3	3.2	4.4	0.0
澳门同胞	197.37	6.1	0.0	6.1	0.0	0.0
台湾同胞	197.05	17.8	11.8	4.8	1.2	0.0
阳 泉	164.38	30.7	20.7	7.5	2.5	0.0
外国人	164.32	30.2	20.4	7.3	2.5	0.0
香港同胞	165.00	29.1	0.0	1.3	27.8	0.0
澳门同胞	165.00	7.1	0.0	0.0	7.1	0.0
台湾同胞	165.00	35.1	35.1	0.0	0.0	0.0

住宿	餐饮	景区游览	娱乐	购物	市内交通	邮电通讯	其他
11.2	4.8	4.5	6.3	16.9	3.1	8.8	12.6
11.3	4.7	3.7	5.7	17.5	2.2	9.4	12.9
14.9	6.2	7.4	9.3	9.4	7.9	0.0	12.4
7.3	11.6	7.3	14.9	19.8	11.7	0.0	7.9
13.9	7.7	0.0	19.5	7.6	5.6	7.7	6.2
10.0	10.7	4.5	6.6	21.9	1.6	11.2	19.3
7.9	1.3	3.2	4.7	45.5	0.9	12.2	20.1
11.2	11.5	15.6	17.3	6.1	1.7	7.1	19.3
12.7	16.6	8.9	14.4	5.8	12.1	6.9	19.5
31.0	10.6	7.7	14.9	5.5	3.3	4.0	7.7
10.0	6.4	4.8	3.9	25.0	1.7	5.1	13.1
9.9	5.9	4.3	3.2	25.6	1.7	6.1	13.1
10.4	18.8	6.6	8.1	11.4	1.6	2.3	15.9
22.6	9.2	10.6	7.0	32.1	4.7	1.8	0.2
11.2	8.8	9.6	3.7	19.6	4.8	2.3	14.1
10.5	3.3	8.1	3.2	29.2	1.7	5.8	17.1
9.8	3.0	7.8	2.9	32.4	1.4	6.1	27.7
16.4	10.8	6.9	4.0	25.4	1.8	4.6	9.2
16.4	6.6	9.4	3.2	27.8	6.7	1.4	22.4
11.8	7.1	5.0	2.9	24.8	3.1	2.0	25.5
11.0	6.3	2.0	9.5	16.6	1.9	6.9	15.1
10.9	6.2	2.0	9.4	17.0	1.9	6.8	15.6
46.3	13.9	0.0	0.0	0.0	1.9	3.6	5.2
39.7	17.7	0.0	0.0	26.6	0.0	0.0	8.9
29.2	13.0	0.0	0.0	6.5	0.0	16.2	0.0

1－19(续2)

	人均天花费(美元/人天)	人均天花费构成(%)				
		长途交通	飞机	火车	汽车	轮船
长治	167.29	31.7	25.5	3.3	2.9	0.0
外国人	161.07	32.0	25.9	3.7	2.4	0.0
香港同胞	189.44	32.8	24.2	3.3	5.3	0.0
澳门同胞	139.69	1.5	0.0	0.0	1.5	0.0
台湾同胞	173.73	27.9	23.5	2.7	1.7	0.0
晋城	119.19	29.3	18.2	4.8	6.3	0.0
外国人	119.68	30.6	19.6	4.8	6.2	0.0
香港同胞	192.50	22.7	8.9	5.6	8.2	0.0
澳门同胞	13.39	0.0	0.0	0.0	0.0	0.0
台湾同胞	100.36	21.9	11.2	7.2	3.5	0.0
朔州	166.24	31.1	24.4	4.7	2.0	0.0
外国人	165.00	5.7	0.0	4.9	0.8	0.0
香港同胞	185.18	36.3	24.4	6.1	5.8	0.0
澳门同胞	156.00	5.3	0.0	0.0	5.3	0.0
台湾同胞	165.00	4.4	0.0	4.4	0.0	0.0
忻州	199.83	18.3	3.8	2.1	12.4	0.0
外国人	204.58	7.0	2.7	2.0	2.3	0.0
香港同胞	206.25	33.5	17.0	2.5	14.0	0.0
澳门同胞	120.42	14.8	0.0	0.0	14.8	0.0
台湾同胞	201.61	14.8	1.8	1.8	11.2	0.0
吕梁	165.22	28.2	21.1	3.8	3.3	0.0
外国人	165.22	28.2	21.1	3.8	3.3	0.0
香港同胞	–	–	–	–	–	–
澳门同胞	–	–	–	–	–	–
台湾同胞	–	–	–	–	–	–

住宿	餐饮	景区游览	娱乐	购物	市内交通	邮电通讯	其他
12.5	5.2	4.4	4.5	24.2	1.7	2.6	13.2
12.7	5.1	3.8	3.7	28.8	1.8	3.2	8.9
13.5	6.8	5.1	6.0	21.1	1.7	2.3	10.7
18.5	4.6	4.1	0.0	26.3	2.1	4.7	38.2
9.1	3.8	4.8	3.4	26.4	0.7	5.2	18.7
13.9	3.6	7.3	6.0	17.4	1.7	8.0	12.8
12.9	3.2	6.7	5.8	19.0	1.7	8.8	11.3
30.1	16.4	11.5	7.1	4.5	3.2	2.1	2.4
0.0	0.0	0.0	0.0	45.0	0.0	25.0	30.0
18.3	4.9	11.9	8.4	10.2	2.6	7.3	14.5
7.3	6.1	3.3	8.6	17.8	1.1	8.9	15.8
7.5	7.0	1.4	9.5	51.1	0.8	2.0	15.0
11.6	1.6	9.0	5.7	0.0	2.3	29.5	4.0
15.8	7.9	0.0	0.0	0.0	0.0	0.0	71.0
7.3	6.2	0.0	0.0	25.0	1.9	4.7	50.5
14.9	11.2	3.3	3.1	23.1	0.8	10.1	15.2
6.4	0.8	3.0	2.4	43.3	0.7	10.4	26.0
18.6	3.8	5.7	11.3	11.9	1.6	7.7	5.9
19.4	16.5	3.2	7.9	15.6	0.0	13.2	9.4
13.8	0.0	3.5	2.5	35.1	0.2	7.4	22.7
10.7	4.2	4.4	4.0	29.3	1.1	5.5	12.6
10.7	4.2	4.4	4.0	29.3	1.1	5.5	12.6
–	–	–	–	–	–	–	–
–	–	–	–	–	–	–	–
–	–	–	–	–	–	–	–

1-19(续3)

	人均天花费（美元/人天）	人均天花费构成（%）				
		长途交通	飞　机	火　车	汽　车	轮　船
晋　　中	154.08	31.1	19.4	6.6	5.1	0.0
外国人	148.29	27.9	16.7	6.4	4.8	0.0
香港同胞	213.13	30.5	19.6	4.2	6.7	0.0
澳门同胞	165.00	50.0	0.0	50.0	0.0	0.0
台湾同胞	160.91	21.1	8.3	10.9	1.9	0.0
临　　汾	188.63	18.4	10.9	3.6	3.9	0.0
外国人	184.26	10.9	4.0	3.6	3.3	0.0
香港同胞	220.00	30.7	22.1	3.3	5.3	0.0
澳门同胞	141.95	19.1	0.0	13.4	5.7	0.0
台湾同胞	177.43	9.5	4.1	3.3	2.1	0.0
运　　城	110.31	26.8	14.6	5.4	6.8	0.0
外国人	102.84	23.4	10.7	5.8	6.9	0.0
香港同胞	201.67	27.3	15.5	4.2	7.6	0.0
澳门同胞	36.14	0.0	0.0	0.0	0.0	0.0
台湾同胞	150.75	25.6	17.2	5.2	3.2	0.0
呼和浩特	162.31	26.0	9.5	5.3	11.2	0.0
外国人	160.58	27.8	9.2	4.8	13.8	0.0
香港同胞	172.24	33.0	20.4	8.5	4.1	0.0
澳门同胞	164.28	18.2	0.0	10.9	7.3	0.0
台湾同胞	168.25	27.4	18.0	7.8	1.6	0.0
满洲里	173.52	13.5	0.4	2.6	10.5	0.0
外国人	173.52	13.5	0.4	2.6	10.5	0.0
香港同胞	–	–	–	–	–	–
澳门同胞	–	–	–	–	–	–
台湾同胞	–	–	–	–	–	–

住宿	餐饮	景区游览	娱乐	购物	市内交通	邮电通讯	其他
10.8	5.2	6.3	6.3	21.2	2.2	5.0	11.9
10.2	5.0	5.6	6.1	24.5	2.0	4.7	14.0
15.6	9.2	9.9	6.7	13.1	2.7	5.3	7.0
10.0	10.0	5.0	0.0	10.0	5.0	5.0	5.0
10.1	9.1	7.5	14.2	29.3	4.3	4.1	0.3
9.6	1.3	5.9	4.2	25.5	1.6	8.1	25.4
7.9	1.0	4.4	3.5	31.5	1.2	9.5	30.1
12.2	0.0	8.2	5.2	16.4	2.1	5.5	19.7
19.4	6.5	8.9	0.0	24.2	5.7	10.8	5.4
9.3	6.0	5.6	4.2	28.7	0.6	11.1	25.0
17.0	4.7	7.6	6.9	19.3	2.3	4.8	10.6
16.8	4.4	7.3	6.8	21.9	2.2	5.4	11.8
14.2	17.9	10.4	7.5	11.6	3.0	0.0	8.1
0.0	0.0	0.0	0.0	77.8	0.0	0.0	22.2
11.7	22.5	5.5	4.2	16.3	1.9	0.7	11.6
13.4	9.0	6.5	5.6	17.6	1.8	9.3	10.8
12.9	9.0	6.9	5.8	18.8	1.9	9.7	7.2
15.4	8.2	1.4	4.1	11.8	0.5	8.3	17.3
36.3	9.4	0.0	3.3	1.3	4.3	13.8	13.4
14.0	7.3	10.1	10.9	0.7	3.5	3.9	22.2
8.1	1.2	0.7	3.0	63.4	0.8	2.7	6.6
8.1	1.2	0.7	3.0	63.4	0.8	2.7	6.6
–	–	–	–	–	–	–	–
–	–	–	–	–	–	–	–
–	–	–	–	–	–	–	–

1－19(续4)

	人均天花费(美元/人天)	人均天花费构成(%)				
		长途交通	飞　机	火　车	汽　车	轮　船
二连浩特	148.18	11.4	1.9	6.2	3.3	0.0
外国人	148.18	11.4	1.9	6.2	3.3	0.0
香港同胞	－	－	－	－	－	－
澳门同胞	－	－	－	－	－	－
台湾同胞	－	－	－	－	－	－
包　头	172.51	29.7	17.5	1.9	10.3	0.0
外国人	169.83	19.6	7.0	1.7	10.9	0.0
香港同胞	217.50	33.9	20.0	8.9	5.0	0.0
澳门同胞	190.00	7.7	0.0	3.3	4.4	0.0
台湾同胞	182.19	25.0	15.6	9.4	0.0	0.0
沈　阳	194.32	28.1	25.8	1.1	0.6	0.6
外国人	194.86	25.9	24.2	0.8	0.5	0.4
香港同胞	193.95	33.6	29.8	2.0	1.2	0.6
澳门同胞	190.00	29.4	29.4	0.0	0.0	0.0
台湾同胞	191.73	25.7	23.6	2.0	0.1	0.0
大　连	186.65	26.5	24.5	1.1	0.3	0.6
外国人	185.90	26.1	24.4	0.9	0.3	0.5
香港同胞	191.33	29.4	27.1	1.0	0.4	0.9
澳门同胞	190.00	26.9	26.9	0.0	0.0	0.0
台湾同胞	192.89	21.0	17.4	3.4	0.2	0.0
长　春	166.42	31.1	26.7	4.1	0.3	0.0
外国人	166.93	30.7	26.3	4.1	0.3	0.0
香港同胞	166.19	30.4	30.4	0.0	0.0	0.0
澳门同胞	154.16	36.7	36.7	0.0	0.0	0.0
台湾同胞	156.00	23.4	23.4	0.0	0.0	0.0

住宿	餐饮	景区游览	娱乐	购物	市内交通	邮电通讯	其他
1.2	1.6	7.3	7.4	65.5	1.1	1.2	3.3
1.2	1.6	7.3	7.4	65.5	1.1	1.2	3.3
–	–	–	–	–	–	–	–
–	–	–	–	–	–	–	–
–	–	–	–	–	–	–	–
13.2	6.7	1.9	2.2	30.5	1.0	5.1	9.7
13.0	6.0	1.8	2.2	32.3	1.0	5.2	18.9
14.6	24.5	3.4	3.2	4.8	1.1	5.3	9.2
15.4	1.1	0.0	2.5	29.4	0.0	2.4	41.5
27.4	15.6	0.0	6.3	9.1	0.0	0.0	16.6
9.9	8.6	4.5	6.3	28.8	2.2	4.0	7.6
8.3	7.1	3.7	5.5	34.0	1.8	4.2	9.5
15.5	13.5	7.7	8.6	12.8	3.3	2.1	2.9
15.5	21.0	0.0	9.2	15.5	4.4	0.0	5.0
15.3	10.3	4.5	7.2	23.3	3.4	4.8	5.5
15.2	11.5	3.9	5.9	17.3	2.2	3.6	13.9
15.0	11.4	3.6	5.6	17.1	2.2	3.8	15.2
13.9	12.8	6.8	10.7	19.1	2.4	1.6	3.3
18.6	13.5	8.4	5.6	18.0	3.4	2.2	3.4
17.7	12.1	4.1	8.1	15.9	2.1	5.9	13.1
12.8	10.8	2.6	5.5	23.9	2.3	2.7	8.3
12.9	11.0	2.5	5.6	24.2	2.3	2.4	8.4
12.6	10.7	3.5	5.0	20.5	3.0	5.5	8.8
26.6	9.9	0.0	7.5	0.0	4.2	7.6	7.5
22.8	17.8	13.3	1.6	0.0	5.7	6.7	8.7

1-19(续5)

	人均天花费(美元/人天)	人均天花费构成(%)				
		长途交通	飞 机	火 车	汽 车	轮 船
吉 林	143.11	22.5	18.4	3.3	0.8	0.0
外国人	139.78	23.3	18.9	3.6	0.8	0.0
香港同胞	156.84	20.0	16.3	3.5	0.2	0.0
澳门同胞	170.00	22.8	22.2	0.0	0.6	0.0
台湾同胞	155.24	23.6	19.2	3.5	0.9	0.0
延 吉	159.80	26.6	21.4	4.1	1.1	0.0
外国人	160.17	25.1	20.1	4.0	1.0	0.0
香港同胞	148.48	40.3	33.1	6.4	0.8	0.0
澳门同胞	170.00	90.1	87.9	0.0	2.2	0.0
台湾同胞	175.00	12.0	9.9	1.9	0.2	0.0
哈尔滨	182.90	24.5	14.2	3.2	0.5	6.6
外国人	181.18	24.6	13.6	3.4	0.6	7.0
香港同胞	201.23	31.5	19.9	0.9	10.7	0.0
澳门同胞	208.75	17.0	13.4	3.6	0.0	0.0
台湾同胞	176.78	26.8	22.2	3.2	0.2	1.2
牡丹江	176.32	6.7	4.1	2.2	0.4	0.0
外国人	176.34	6.8	4.2	2.2	0.4	0.0
香港同胞	175.00	5.8	3.6	2.2	0.0	0.0
澳门同胞	173.72	1.1	0.0	1.1	0.0	0.0
台湾同胞	-	-	-	-	-	-
佳木斯	182.25	17.5	15.7	1.6	0.2	0.0
外国人	179.83	16.8	14.9	1.7	0.2	0.0
香港同胞	197.50	31.4	30.0	1.4	0.0	0.0
澳门同胞	190.00	3.3	1.8	1.5	0.0	0.0
台湾同胞	237.50	20.7	18.2	2.4	0.1	0.0

住宿	餐饮	景区游览	娱乐	购物	市内交通	邮电通讯	其他
12.0	7.8	3.6	5.7	27.8	1.5	2.3	16.8
12.2	8.3	2.8	4.5	28.0	1.6	2.4	16.9
17.7	17.2	10.6	6.7	17.1	1.1	3.1	6.5
11.1	2.8	2.8	0.0	32.2	2.8	0.6	24.9
11.4	9.3	7.0	11.0	23.4	1.6	2.3	10.4
8.3	5.3	4.2	3.8	28.6	1.2	2.5	19.5
8.1	5.1	3.9	3.4	30.6	1.2	2.5	20.1
11.2	9.0	7.1	6.9	9.8	2.1	2.7	10.9
0.0	0.0	0.0	6.6	0.0	3.3	0.0	0.0
8.6	5.2	6.9	5.7	36.3	0.3	1.4	23.6
9.1	6.7	1.6	2.9	33.2	1.4	3.5	17.1
9.1	6.1	1.6	2.8	34.0	1.4	3.5	16.9
11.4	10.4	1.8	3.5	15.6	1.7	3.9	20.2
13.7	6.5	5.3	7.9	24.8	5.0	5.9	13.9
14.3	9.1	2.4	4.3	22.9	2.3	2.2	15.7
6.3	4.6	1.2	2.2	60.4	0.9	4.7	13.0
6.3	4.6	1.2	2.2	60.3	0.9	4.7	13.0
16.7	0.0	2.7	7.2	50.2	2.6	4.0	10.8
6.4	0.0	1.6	2.3	69.3	1.7	2.3	15.3
–	–	–	–	–	–	–	–
6.5	4.4	0.9	1.5	55.9	0.9	3.2	9.2
6.4	4.5	0.9	1.5	56.9	0.9	3.1	9.0
13.1	5.8	1.7	4.6	18.3	1.7	9.6	13.8
9.5	3.9	2.3	3.3	45.4	2.5	10.1	19.7
13.1	4.0	2.8	6.3	30.5	1.6	18.9	2.1

1－19(续6)

	人均天花费(美元/人天)	人均天花费构成(%)				
		长途交通	飞　机	火　车	汽　车	轮　船
上　海	228.62	15.1	9.9	0.9	3.1	1.2
外国人	228.18	13.6	9.5	0.8	2.0	1.3
香港同胞	234.71	12.7	8.9	2.6	0.5	0.7
澳门同胞	231.67	7.8	7.8	0.0	0.0	0.0
台湾同胞	228.86	25.1	11.1	2.7	11.3	0.0
南　京	198.06	14.7	8.9	2.3	2.7	0.8
外国人	200.65	13.4	9.2	2.3	1.2	0.7
香港同胞	193.40	18.5	10.8	1.7	5.0	1.0
澳门同胞	192.75	12.0	3.4	6.1	1.7	0.8
台湾同胞	192.61	18.2	10.2	2.4	4.9	0.7
无　锡	206.90	12.5	6.8	1.4	3.5	0.8
外国人	205.58	11.1	6.9	1.7	1.9	0.6
香港同胞	215.43	12.6	6.5	1.3	3.9	0.9
澳门同胞	190.88	25.3	24.2	1.1	0.0	0.0
台湾同胞	204.26	12.2	5.1	0.7	5.6	0.8
苏　州	190.29	19.0	12.8	1.9	3.6	0.7
外国人	189.19	17.6	12.7	2.2	2.2	0.5
香港同胞	192.91	21.6	13.9	1.6	5.1	1.0
澳门同胞	218.67	35.6	17.9	5.1	11.5	1.1
台湾同胞	189.68	18.4	11.4	0.5	5.7	0.8
南　通	186.41	38.8	27.4	4.6	5.3	1.5
外国人	185.97	39.6	27.6	5.1	5.4	1.5
香港同胞	202.52	31.3	24.1	1.4	4.9	0.9
澳门同胞	–	–	–	–	–	–
台湾同胞	181.11	20.2	14.9	0.3	4.4	0.6

住宿	餐饮	景区游览	娱乐	购物	市内交通	邮电通讯	其他
15.1	6.8	4.9	8.0	29.5	2.9	2.9	14.8
14.9	6.6	5.0	7.6	31.8	2.9	3.1	14.5
16.4	9.5	5.6	12.5	18.6	4.5	2.2	18.0
19.5	12.2	3.4	14.1	32.3	3.9	4.2	2.6
16.0	7.5	5.8	8.6	17.0	2.4	1.3	16.3
13.4	6.2	4.6	7.0	33.3	2.8	3.8	14.2
12.1	6.1	3.6	5.6	33.7	2.3	4.8	18.4
14.7	6.2	6.1	9.2	29.3	4.1	2.3	9.6
20.6	5.9	5.3	7.2	29.7	2.9	3.3	13.1
13.2	7.4	6.4	6.8	29.7	2.7	4.4	11.2
16.8	8.8	5.7	9.0	30.3	2.6	3.9	10.4
16.1	8.8	5.1	8.1	33.6	2.3	3.3	11.6
16.6	7.6	5.9	9.6	28.8	3.3	6.7	8.9
16.6	8.6	3.4	8.6	17.2	2.8	2.0	15.5
16.4	7.6	6.1	10.8	31.4	2.1	4.0	9.4
15.9	6.3	4.7	6.7	32.6	2.2	3.4	9.2
14.9	6.0	4.0	5.5	36.0	2.0	3.9	10.1
17.2	7.5	5.9	9.0	25.6	3.4	1.9	7.9
17.3	7.1	6.0	8.5	9.2	2.7	2.6	11.0
15.6	6.5	5.7	10.4	34.0	1.7	2.0	5.7
11.7	5.9	3.6	7.0	16.2	1.9	2.6	12.3
11.5	5.9	3.2	6.6	16.1	1.7	2.6	12.8
17.9	7.7	5.8	9.2	8.5	3.8	3.0	12.8
–	–	–	–	–	–	–	–
21.1	6.6	3.7	11.4	24.2	2.0	3.0	7.8

1－19(续7)

	人均天花费(美元/人天)	人均天花费构成(%)				
		长途交通	飞　机	火　车	汽　车	轮　船
扬　　州	187.88	28.6	22.1	2.9	2.7	0.9
外 国 人	182.09	28.7	23.2	2.9	2.1	0.5
香港同胞	195.35	26.0	18.5	2.4	3.3	1.8
澳门同胞	189.33	25.2	17.4	5.6	1.5	0.7
台湾同胞	201.99	28.0	23.0	1.6	2.8	0.6
杭　　州	186.88	20.0	17.5	0.5	1.8	0.2
外 国 人	186.89	14.4	12.0	0.5	1.7	0.2
香港同胞	190.42	26.5	22.6	1.4	2.2	0.3
澳门同胞	184.67	28.3	21.3	2.1	4.9	0.0
台湾同胞	183.08	26.8	23.0	0.9	2.9	0.0
宁　　波	191.15	19.3	16.5	0.5	2.2	0.1
外 国 人	191.36	18.1	15.8	0.3	1.9	0.1
香港同胞	190.50	27.1	23.4	0.8	2.4	0.5
澳门同胞	213.11	25.9	19.1	2.0	4.8	0.0
台湾同胞	183.84	21.3	18.9	0.2	2.2	0.0
温　　州	194.95	18.3	16.5	0.3	1.4	0.1
外 国 人	195.50	17.7	16.3	0.2	1.2	0.0
香港同胞	187.23	21.2	19.3	0.5	1.2	0.2
澳门同胞	239.00	25.8	17.3	2.5	6.0	0.0
台湾同胞	192.65	16.6	12.8	0.3	3.5	0.0
绍　　兴	196.22	19.9	16.8	0.3	2.7	0.1
外 国 人	195.43	19.7	16.7	0.3	2.7	0.0
香港同胞	198.36	21.3	17.7	0.9	2.4	0.3
澳门同胞	188.00	5.3	0.0	0.0	5.3	0.0
台湾同胞	200.65	6.8	4.6	0.2	2.0	0.0

住宿	餐饮	景区游览	娱乐	购物	市内交通	邮电通讯	其他
9.9	8.9	4.3	8.5	26.5	2.2	2.9	8.2
9.2	8.9	4.1	8.5	26.9	1.8	3.4	8.5
10.2	9.2	5.2	10.2	25.8	4.6	0.6	8.2
19.8	10.5	4.0	6.3	20.5	2.3	1.4	10.0
9.1	8.2	5.6	7.8	32.4	1.3	3.8	3.8
10.6	9.8	3.2	4.2	34.4	1.3	4.2	12.3
10.5	4.8	3.0	3.9	45.4	1.3	4.2	12.5
13.6	11.7	3.7	6.1	18.7	1.8	4.7	13.2
12.7	9.3	6.6	7.5	18.2	2.8	3.0	11.6
12.8	11.6	3.6	3.9	28.0	1.2	3.9	8.2
14.1	8.1	3.3	6.7	27.8	1.8	4.3	14.6
14.2	8.3	3.0	6.5	27.5	1.8	4.6	16.0
14.9	8.9	3.0	6.4	28.3	1.9	2.7	6.8
11.6	7.2	7.0	7.3	24.9	1.4	2.2	12.5
10.9	7.7	3.2	4.8	29.2	1.1	6.2	15.6
14.8	7.6	4.2	9.0	24.2	2.5	2.8	16.6
15.3	7.7	3.8	8.2	24.1	2.5	3.0	17.7
13.4	7.5	6.0	14.1	20.3	2.3	2.0	13.2
15.1	7.8	8.8	9.1	25.5	3.0	3.0	1.9
11.0	6.3	5.7	9.6	27.3	2.4	3.5	17.6
12.2	9.2	3.8	6.2	28.6	1.5	7.3	11.3
11.9	8.7	3.8	6.0	30.6	1.4	6.4	11.5
13.7	10.6	4.0	7.3	17.4	1.9	13.7	10.1
21.1	52.5	5.3	0.0	15.8	0.0	0.0	0.0
19.0	17.5	8.9	9.4	31.5	2.6	2.4	1.9

1－19(续8)

	人均天花费(美元/人天)	人均天花费构成(%)				
		长途交通	飞机	火车	汽车	轮船
金华	193.96	20.8	17.8	0.9	2.1	0.0
外国人	193.10	19.9	17.0	0.9	2.0	0.0
香港同胞	217.01	22.7	22.7	0.0	0.0	0.0
澳门同胞	188.00	55.0	53.1	1.9	0.0	0.0
台湾同胞	183.03	22.6	18.5	1.4	2.7	0.0
合肥	185.44	33.7	26.2	6.2	1.3	0.0
外国人	184.77	38.9	29.8	8.3	0.8	0.0
香港同胞	191.67	39.1	25.1	9.4	4.6	0.0
澳门同胞	175.00	27.2	25.9	1.2	0.1	0.0
台湾同胞	185.59	13.3	12.6	0.3	0.4	0.0
芜湖	179.05	32.0	27.8	1.7	2.5	0.0
外国人	178.95	66.5	62.7	1.4	2.4	0.0
香港同胞	180.00	6.4	4.1	2.3	0.0	0.0
澳门同胞	–	–	–	–	–	–
台湾同胞	180.00	22.1	18.5	0.0	3.6	0.0
马鞍山	178.27	30.3	26.3	2.2	1.8	0.0
外国人	177.97	40.2	36.2	2.2	1.8	0.0
香港同胞	180.00	24.6	24.6	0.0	0.0	0.0
澳门同胞	–	–	–	–	–	–
台湾同胞	180.00	54.1	54.1	0.0	0.0	0.0
铜陵	179.43	35.5	23.6	9.0	2.9	0.0
外国人	179.43	35.5	23.6	9.0	2.9	0.0
香港同胞	–	–	–	–	–	–
澳门同胞	–	–	–	–	–	–
台湾同胞	–	–	–	–	–	–

住宿	餐饮	景区游览	娱乐	购物	市内交通	邮电通讯	其他
8.6	6.7	3.2	6.9	34.9	1.3	4.1	13.5
8.5	6.4	3.0	6.6	36.5	1.3	4.0	13.8
8.9	10.4	5.2	13.2	24.7	1.6	4.4	8.9
18.0	9.0	0.0	4.0	13.2	0.8	0.0	0.0
9.5	6.9	6.1	6.2	25.8	1.3	1.2	20.4
8.5	6.0	5.5	5.4	20.8	1.3	2.8	16.0
7.2	4.4	5.4	4.5	19.3	1.1	2.6	16.6
8.9	8.0	5.5	7.3	17.5	1.5	1.4	10.8
11.4	8.6	6.7	7.3	24.2	3.1	7.3	4.2
10.6	9.2	7.8	5.2	30.2	1.4	5.0	17.3
10.8	14.8	2.8	3.5	18.7	0.8	1.6	15.0
11.3	3.8	2.1	2.7	6.0	0.7	1.4	5.5
7.6	21.4	6.1	7.6	32.6	1.5	3.0	13.8
–	–	–	–	–	–	–	–
10.3	12.4	1.2	7.3	24.1	1.8	1.2	19.6
10.4	14.9	5.6	3.0	25.8	1.8	2.5	5.7
10.0	4.8	5.6	3.0	26.4	1.7	2.3	6.0
20.2	22.1	0.0	4.0	14.2	3.2	10.1	1.6
–	–	–	–	–	–	–	–
5.5	11.0	3.8	0.9	22.0	0.5	1.6	0.6
13.6	10.8	15.1	3.5	18.8	2.7	0.0	0.0
13.6	10.8	15.1	3.5	18.8	2.7	0.0	0.0
–	–	–	–	–	–	–	–
–	–	–	–	–	–	–	–
–	–	–	–	–	–	–	–

1－19(续9)

	人均天花费(美元/人天)	人均天花费构成(%)				
		长途交通	飞　机	火　车	汽　车	轮　船
安　　庆	176.25	32.4	32.3	0.0	0.1	0.0
外 国 人	176.25	32.4	32.3	0.0	0.1	0.0
香港同胞	–	–	–	–	–	–
澳门同胞	–	–	–	–	–	–
台湾同胞	–	–	–	–	–	–
黄　　山	168.14	11.4	7.9	3.0	0.5	0.0
外 国 人	167.36	12.5	7.6	4.4	0.5	0.0
香港同胞	174.70	31.1	30.6	0.0	0.5	0.0
澳门同胞	165.00	0.8	0.0	0.7	0.1	0.0
台湾同胞	170.99	15.9	11.5	2.5	1.9	0.0
滁　　州	187.03	38.8	31.6	4.6	2.6	0.0
外 国 人	190.77	36.6	31.7	2.4	2.5	0.0
香港同胞	180.00	51.5	34.5	14.0	3.0	0.0
澳门同胞	–	–	–	–	–	–
台湾同胞	176.25	26.8	23.4	1.6	1.8	0.0
池　　州	165.78	13.8	7.4	5.7	0.7	0.0
外 国 人	165.71	18.4	7.2	10.6	0.6	0.0
香港同胞	165.00	0.7	0.0	0.0	0.7	0.0
澳门同胞	165.00	2.3	0.0	2.0	0.3	0.0
台湾同胞	167.50	10.4	7.5	1.2	1.7	0.0
宣　　城	184.88	16.5	6.1	8.1	2.3	0.0
外 国 人	185.74	17.3	6.1	8.9	2.3	0.0
香港同胞	180.00	9.8	0.0	7.1	2.7	0.0
澳门同胞	–	–	–	–	–	–
台湾同胞	–	–	–	–	–	–

住宿	餐饮	景区游览	娱乐	购物	市内交通	邮电通讯	其他
15.7	12.5	3.2	2.1	25.5	1.0	5.3	2.3
15.7	12.5	3.2	2.1	25.5	1.0	5.3	2.3
–	–	–	–	–	–	–	–
–	–	–	–	–	–	–	–
–	–	–	–	–	–	–	–
15.1	6.8	7.3	5.2	32.2	2.4	2.6	17.0
15.4	6.7	7.5	5.2	30.9	2.4	2.5	16.9
15.8	10.2	8.3	5.8	5.8	1.9	4.0	17.1
8.6	0.0	4.1	3.4	31.4	2.7	0.9	48.1
8.1	5.4	4.6	3.8	36.8	1.8	1.0	22.6
16.1	9.4	4.6	6.1	11.6	2.4	2.0	9.0
17.2	10.3	5.0	6.3	11.6	2.4	2.1	8.5
13.2	5.8	3.0	0.0	11.4	2.5	1.9	10.7
–	–	–	–	–	–	–	–
16.0	8.4	5.6	4.3	22.9	2.6	3.2	10.2
21.6	12.8	10.7	7.2	14.2	3.4	3.2	13.1
17.2	12.8	11.0	7.2	13.1	3.5	3.2	13.6
22.1	0.0	12.3	8.8	40.5	2.6	5.5	7.5
24.4	0.0	11.6	9.8	32.6	7.6	2.2	9.5
14.7	17.0	7.7	7.4	25.7	2.6	2.1	12.4
19.3	20.6	8.5	8.1	13.3	2.9	8.9	1.9
19.3	20.5	8.5	8.4	13.8	2.9	9.2	0.1
19.2	39.1	8.8	8.0	10.6	0.0	0.0	4.5
–	–	–	–	–	–	–	–
–	–	–	–	–	–	–	–

1－19(续10)

	人均天花费(美元/人天)	人均天花费构成(%)				
		长途交通	飞机	火车	汽车	轮船
福州	174.85	28.5	21.0	5.7	1.3	0.5
外国人	174.57	31.0	23.5	6.0	1.0	0.5
香港同胞	174.41	28.4	23.5	1.5	2.4	1.0
澳门同胞	146.07	27.0	24.2	0.0	2.8	0.0
台湾同胞	181.67	28.6	17.8	7.3	1.7	1.8
厦门	168.75	32.7	25.1	4.9	1.1	1.6
外国人	169.75	34.1	26.8	5.3	0.8	1.2
香港同胞	170.28	27.6	14.9	3.1	1.7	7.9
澳门同胞	165.95	20.1	15.9	0.0	4.2	0.0
台湾同胞	161.94	34.8	27.2	1.0	1.9	4.7
泉州	150.52	25.5	21.3	2.1	2.0	0.1
外国人	174.07	21.7	16.8	4.4	0.5	0.0
香港同胞	133.71	29.1	24.7	0.0	4.4	0.0
澳门同胞	157.43	36.9	36.9	0.0	0.0	0.0
台湾同胞	127.95	24.1	23.4	0.0	0.6	0.1
漳州	152.89	36.0	23.3	8.5	2.6	1.6
外国人	161.56	35.2	25.7	8.0	1.5	0.0
香港同胞	162.42	40.4	14.2	13.5	2.6	10.1
澳门同胞	110.44	42.5	21.3	18.2	3.0	0.0
台湾同胞	84.12	31.6	21.8	0.0	9.5	0.3
南昌	135.43	19.1	12.3	1.7	5.1	0.0
外国人	135.13	18.1	10.5	1.5	6.1	0.0
香港同胞	137.56	17.3	12.2	5.1	0.0	0.0
澳门同胞	140.00	21.4	19.6	1.4	0.4	0.0
台湾同胞	134.91	32.2	31.3	0.9	0.0	0.0

住宿	餐饮	景区游览	娱乐	购物	市内交通	邮电通讯	其他
9.5	10.4	3.3	5.4	21.3	2.1	3.7	15.8
9.0	9.6	3.2	5.5	21.6	2.1	4.0	14.0
11.3	13.0	4.5	5.3	18.9	2.1	3.3	13.2
11.0	14.2	2.2	5.9	22.4	1.9	2.4	13.0
8.6	9.7	3.8	7.0	22.2	1.6	3.2	15.3
12.5	6.5	3.8	7.8	19.6	1.8	3.6	11.7
13.2	7.1	3.6	7.3	17.1	1.9	4.0	11.7
10.5	4.7	5.3	10.5	23.1	1.5	2.6	14.2
17.2	3.3	3.2	17.2	22.3	2.6	2.4	11.7
12.6	9.6	4.4	8.0	18.3	2.1	2.0	8.2
17.5	11.0	4.9	11.2	14.0	4.2	2.8	8.9
16.5	9.1	4.2	11.5	18.1	4.7	2.8	11.4
18.3	10.8	7.5	12.5	10.6	2.8	3.1	5.3
16.5	17.7	0.0	18.4	3.9	0.2	6.4	0.0
19.2	17.4	0.7	2.2	11.4	8.8	0.7	15.5
13.8	8.6	4.7	6.7	14.9	2.4	5.7	7.2
13.2	6.9	5.0	7.8	15.7	2.3	6.7	7.2
14.0	9.8	3.7	2.8	13.5	1.9	4.6	9.3
15.1	19.7	4.5	0.0	9.1	6.1	0.0	3.0
17.4	13.8	4.7	7.8	14.4	2.4	2.7	5.2
17.7	11.6	5.5	6.6	17.3	3.0	2.7	16.5
18.2	11.3	5.4	6.8	18.7	2.5	2.7	16.3
16.0	14.8	9.2	5.4	14.3	8.3	2.9	11.8
20.1	27.2	2.1	2.1	3.8	6.2	3.9	13.2
11.8	5.4	3.8	7.6	10.3	1.9	2.1	24.9

1－19(续 11)

	人均天花费(美元/人天)	人均天花费构成(%)				
		长途交通	飞　机	火　车	汽　车	轮　船
景 德 镇	122.10	15.6	10.3	1.5	3.8	0.0
外 国 人	119.47	18.4	13.3	1.2	3.9	0.0
香港同胞	128.65	12.2	0.6	3.9	7.7	0.0
澳门同胞	115.00	3.4	1.3	1.5	0.6	0.0
台湾同胞	135.88	29.8	25.2	2.0	2.6	0.0
九　江	134.19	21.5	12.8	3.5	5.3	0.0
外 国 人	134.90	23.8	14.1	2.4	7.3	0.0
香港同胞	134.96	16.9	6.9	9.0	1.0	0.0
澳门同胞	110.00	5.7	2.3	2.6	0.8	0.0
台湾同胞	139.07	19.4	17.1	2.3	0.0	0.0
鹰　潭	127.81	28.9	12.8	3.8	5.6	6.7
外 国 人	128.80	33.6	17.2	3.5	6.3	6.6
香港同胞	129.74	11.9	5.4	6.2	0.3	0.0
澳门同胞	110.00	3.5	1.4	1.6	0.5	0.0
台湾同胞	132.07	35.0	22.7	7.1	5.2	0.0
赣　州	141.06	30.3	14.3	3.8	4.2	8.0
外 国 人	145.49	32.0	12.3	3.5	6.1	8.0
香港同胞	134.05	18.8	13.4	3.8	1.6	0.0
澳门同胞	132.14	27.6	24.0	2.9	0.7	0.0
台湾同胞	138.99	26.1	18.7	5.2	2.2	0.0
吉　安	127.47	23.8	15.2	3.6	5.0	0.0
外 国 人	129.93	26.6	16.9	3.6	6.1	0.0
香港同胞	125.46	13.1	7.2	4.5	1.4	0.0
澳门同胞	112.96	7.6	4.4	2.4	0.8	0.0
台湾同胞	134.41	17.0	14.9	2.1	0.0	0.0

住宿	餐饮	景区游览	娱乐	购物	市内交通	邮电通讯	其他
11.1	7.8	3.9	4.3	44.1	3.4	2.2	7.6
11.3	6.2	3.8	4.8	45.7	1.5	1.9	6.4
9.1	20.1	6.4	3.4	17.3	12.1	3.7	15.7
21.1	4.5	2.3	2.5	47.7	6.1	3.1	9.3
8.4	5.5	2.8	7.7	38.5	1.6	3.1	2.6
17.6	9.3	6.7	8.1	15.1	6.0	2.9	12.7
18.9	8.9	6.7	8.2	14.1	3.1	2.8	13.5
15.0	11.4	6.9	5.2	14.2	18.3	3.2	8.9
36.2	0.0	3.9	3.7	25.8	11.4	1.6	11.7
5.9	11.7	7.2	13.8	19.5	4.1	3.3	15.1
13.1	5.5	5.8	6.4	16.4	5.2	2.8	15.9
13.7	5.5	6.0	7.4	14.5	2.4	2.7	14.2
8.3	5.9	8.0	4.3	20.1	15.2	3.4	22.9
22.6	0.0	2.4	2.3	41.9	7.1	2.7	17.5
12.7	7.5	5.8	10.0	5.2	2.8	2.9	18.1
14.2	9.7	5.5	6.9	13.2	5.0	3.9	11.3
14.2	9.1	5.0	7.1	13.5	2.7	3.5	15.0
10.7	11.0	7.6	4.6	16.0	12.4	3.8	15.1
23.1	10.0	3.3	3.2	5.9	6.9	6.2	13.8
15.3	9.9	5.7	10.3	18.1	3.4	4.6	6.6
13.8	9.5	5.4	6.4	15.6	7.1	4.0	14.4
14.4	9.6	5.2	7.2	13.1	2.3	4.4	17.2
9.0	11.3	7.0	5.0	19.0	17.3	3.4	14.9
31.8	0.0	4.0	3.4	28.1	10.1	4.2	10.8
11.9	5.9	3.8	11.7	22.2	2.7	3.9	20.9

1-19(续12)

	人均天花费(美元/人天)	人均天花费构成(%)				
		长途交通	飞机	火车	汽车	轮船
济南	172.78	20.3	12.5	0.3	1.8	5.7
外国人	172.50	24.5	11.6	0.3	1.3	11.3
香港同胞	173.23	19.6	13.0	0.1	6.5	0.0
澳门同胞	–	–	–	–	–	–
台湾同胞	175.59	27.9	15.8	8.9	1.8	1.4
青岛	188.49	26.5	22.2	0.9	1.4	2.0
外国人	187.20	25.9	20.9	0.8	1.0	3.2
香港同胞	197.34	30.0	23.5	0.9	5.5	0.1
澳门同胞	203.13	8.0	2.1	3.1	2.8	0.0
台湾同胞	184.29	28.2	25.3	0.0	1.4	1.5
烟台	196.90	26.9	19.7	0.8	3.5	2.9
外国人	198.80	24.7	19.3	0.4	1.5	3.5
香港同胞	197.21	22.5	5.4	1.0	6.3	9.8
澳门同胞	–	–	–	–	–	–
台湾同胞	192.14	27.9	22.1	2.1	1.8	1.9
泰安	169.62	13.9	9.1	0.3	2.9	1.6
外国人	169.76	10.8	9.4	0.3	1.1	0.0
香港同胞	165.68	7.4	0.0	0.2	7.2	0.0
澳门同胞	190.00	56.3	56.3	0.0	0.0	0.0
台湾同胞	166.88	13.6	6.8	4.4	1.2	1.2
威海	206.18	43.0	22.6	6.1	2.3	12.0
外国人	208.56	43.3	24.0	4.6	2.3	12.4
香港同胞	240.00	19.9	19.9	0.0	0.0	0.0
澳门同胞	–	–	–	–	–	–
台湾同胞	178.50	30.8	15.5	0.0	1.8	13.5

住宿	餐饮	景区游览	娱乐	购物	市内交通	邮电通讯	其他
15.4	9.1	4.2	2.9	25.5	2.3	5.2	15.1
7.8	1.7	3.5	2.7	30.0	1.8	5.3	22.7
19.8	8.8	8.8	4.3	19.4	5.0	5.4	8.9
–	–	–	–	–	–	–	–
18.9	8.5	6.4	6.5	16.2	4.1	3.5	8.0
13.4	5.8	3.7	5.2	25.9	2.2	3.0	14.3
13.0	5.6	3.2	5.0	16.3	1.9	3.0	26.1
14.2	7.7	5.5	4.7	20.8	3.1	3.6	10.4
16.3	7.6	2.4	6.6	31.2	3.8	3.8	20.3
16.5	6.4	7.1	7.6	23.3	4.4	3.7	2.8
13.2	5.8	6.0	5.0	20.3	3.1	4.7	15.0
13.5	5.8	4.0	4.0	22.3	2.0	6.6	17.1
13.9	7.4	7.8	5.4	19.8	4.0	3.6	15.6
–	–	–	–	–	–	–	–
11.6	4.3	6.2	6.4	22.2	3.9	3.8	13.7
9.7	11.6	7.1	4.2	24.4	3.5	3.1	22.5
8.0	1.2	3.9	2.5	35.8	1.7	3.5	32.6
11.0	9.3	11.8	5.1	24.6	6.2	3.2	21.4
14.1	2.8	5.6	1.4	12.4	1.4	3.6	2.4
12.7	10.4	9.4	5.9	26.3	4.2	3.2	14.3
13.4	7.6	4.2	7.2	13.5	2.1	2.7	6.3
13.2	7.5	4.0	7.6	13.5	1.9	2.7	6.3
21.5	13.0	4.8	4.8	19.5	3.5	4.3	8.7
–	–	–	–	–	–	–	–
18.7	7.2	6.3	9.1	14.4	3.2	2.3	8.0

1－19(续13)

	人均天花费(美元/人天)	人均天花费构成(%)				
		长途交通	飞　机	火　车	汽　车	轮　船
郑　　州	124.42	19.3	14.0	1.8	3.5	0.0
外国人	123.57	18.1	12.6	1.9	3.6	0.0
香港同胞	132.44	15.6	15.6	0.0	0.0	0.0
澳门同胞	129.86	0.0	0.0	0.0	0.0	0.0
台湾同胞	121.99	36.6	36.6	0.0	0.0	0.0
开　　封	127.96	21.0	12.5	2.9	5.6	0.0
外国人	127.49	20.4	11.9	2.9	5.6	0.0
香港同胞	145.11	36.8	30.4	5.5	0.9	0.0
澳门同胞	128.00	0.0	0.0	0.0	0.0	0.0
台湾同胞	121.95	40.4	40.4	0.0	0.0	0.0
洛　　阳	131.55	19.3	12.3	2.6	4.4	0.0
外国人	128.55	18.8	11.9	2.5	4.4	0.0
香港同胞	135.70	15.4	15.4	0.0	0.0	0.0
澳门同胞	–	–	–	–	–	–
台湾同胞	168.26	52.9	41.9	11.0	0.0	0.0
三门峡	128.28	14.2	7.0	3.5	3.7	0.0
外国人	131.68	14.5	7.5	3.0	4.0	0.0
香港同胞	124.80	4.0	0.0	4.0	0.0	0.0
澳门同胞	112.47	1.8	0.0	0.0	1.8	0.0
台湾同胞	123.73	0.0	0.0	0.0	0.0	0.0
武　　汉	179.30	33.8	19.0	2.6	2.5	9.7
外国人	184.22	32.4	18.5	1.8	2.4	9.7
香港同胞	160.31	33.1	20.0	4.2	7.3	1.6
澳门同胞	173.97	38.1	18.9	12.5	3.6	3.1
台湾同胞	170.22	35.2	25.1	2.1	8.0	0.0

住宿	餐饮	景区游览	娱乐	购物	市内交通	邮电通讯	其他
14.1	8.7	4.2	6.0	20.1	2.1	7.5	18.0
14.4	8.5	4.4	6.1	25.3	2.1	8.1	13.0
15.6	22.6	2.5	10.1	22.3	2.7	4.0	4.6
0.0	0.0	0.0	0.0	37.6	0.0	3.6	58.8
14.0	8.7	3.4	9.9	15.2	2.0	3.6	6.6
17.0	12.8	6.3	8.4	13.4	3.4	5.1	12.6
17.3	12.6	6.3	8.4	14.0	3.5	5.5	12.0
12.2	12.8	4.6	6.7	18.9	1.9	1.8	4.3
0.0	0.0	0.0	0.0	68.4	0.0	5.1	26.5
10.1	13.3	2.0	10.1	10.0	1.0	9.0	4.1
13.4	6.8	5.0	6.4	31.0	2.8	7.6	7.7
13.5	6.8	5.0	6.3	31.7	2.8	8.0	7.1
9.9	9.1	5.4	0.0	37.3	4.0	2.9	16.0
–	–	–	–	–	–	–	–
7.5	5.6	3.6	6.3	9.6	2.1	5.0	7.4
18.3	11.8	5.5	8.6	22.2	3.2	5.9	10.3
17.4	11.8	5.3	7.5	21.8	3.0	6.6	12.1
17.9	16.3	6.0	17.1	23.7	7.3	5.3	2.4
22.1	9.0	14.6	12.9	12.1	2.3	0.5	24.7
27.9	15.6	7.7	11.7	25.2	5.2	4.5	2.2
8.7	3.7	3.3	6.2	22.8	2.5	4.4	14.6
8.3	3.1	3.0	5.9	26.1	2.4	4.4	14.4
11.3	7.8	7.3	7.8	15.0	3.8	7.5	6.4
11.3	6.4	5.8	9.7	6.1	2.2	7.4	13.0
10.2	8.2	6.0	9.1	2.7	2.4	7.6	18.6

1－19(续14)

	人均天花费(美元/人天)	人均天花费构成(%)				
		长途交通	飞　机	火　车	汽　车	轮　船
十　　堰	135.85	34.0	13.9	5.1	1.9	13.1
外 国 人	159.46	39.0	18.5	4.3	3.0	13.2
香港同胞	161.40	26.1	18.3	6.8	1.0	0.0
澳门同胞	159.96	27.2	21.1	6.1	0.0	0.0
台湾同胞	99.14	35.4	27.2	7.0	1.2	0.0
宜　　昌	167.32	38.9	21.2	3.5	2.9	11.3
外 国 人	184.69	37.8	20.8	2.7	2.9	11.4
香港同胞	147.67	36.3	27.6	4.4	3.0	1.3
澳门同胞	115.33	36.6	29.8	0.0	0.0	6.8
台湾同胞	130.86	44.1	38.1	2.6	3.4	0.0
襄　　樊	153.51	37.7	16.4	6.0	2.2	13.1
外 国 人	146.69	38.5	16.6	6.9	2.3	12.7
香港同胞	170.38	27.7	26.4	1.3	0.0	0.0
澳门同胞	181.55	14.9	8.1	6.8	0.0	0.0
台湾同胞	155.95	30.3	26.9	1.7	1.7	0.0
荆　　州	165.16	45.7	22.6	12.2	2.6	8.3
外 国 人	177.89	45.2	22.2	11.9	2.6	8.5
香港同胞	142.28	46.3	24.3	18.7	3.3	0.0
澳门同胞	160.49	24.4	20.3	0.0	4.1	0.0
台湾同胞	150.82	25.3	18.4	0.0	3.2	3.7
湖北游船	166.51	42.2	19.0	3.5	3.5	16.2
外 国 人	176.21	42.1	19.7	3.5	3.6	15.3
香港同胞	36.14	0.0	0.0	0.0	0.0	0.0
澳门同胞	114.57	0.0	0.0	0.0	0.0	0.0
台湾同胞	98.82	48.7	6.9	0.0	0.0	41.8

住宿	餐饮	景区游览	娱乐	购物	市内交通	邮电通讯	其他
13.0	8.9	4.0	9.0	12.1	3.0	2.8	13.2
11.9	5.5	3.5	6.6	10.8	4.2	2.6	15.9
15.4	10.7	4.9	16.6	6.9	1.2	5.6	12.6
11.5	12.4	4.5	13.5	10.3	1.5	0.0	19.1
15.9	5.2	6.1	8.0	18.9	2.3	5.1	3.1
9.8	4.7	6.1	6.6	21.1	2.6	3.4	6.8
9.2	3.0	5.2	7.1	24.3	2.7	3.9	6.8
9.2	11.4	11.3	6.6	10.8	2.3	3.0	9.1
10.8	4.1	8.8	3.1	19.2	1.5	6.4	9.5
8.7	6.1	7.9	4.7	13.9	1.7	5.6	7.3
13.7	11.4	3.7	4.6	7.6	2.6	3.3	15.4
13.6	10.2	3.6	4.9	5.6	2.9	3.6	17.1
16.0	19.9	5.0	6.2	16.1	2.0	4.6	2.5
20.8	20.4	4.5	3.5	12.4	0.0	0.0	23.5
20.0	16.8	6.5	5.6	11.3	1.4	5.5	2.6
10.5	5.7	2.4	5.3	18.2	2.8	2.6	6.8
10.3	5.2	2.4	5.1	22.0	3.0	2.2	4.6
12.2	7.8	3.3	6.6	6.0	3.3	8.5	6.0
15.4	8.2	4.1	7.7	35.0	2.9	2.3	0.0
15.2	7.8	2.9	5.4	12.5	4.9	2.9	23.1
10.1	1.2	3.3	6.3	19.1	4.1	5.8	7.9
10.2	1.1	3.3	6.4	19.6	4.2	5.4	7.7
0.0	0.0	0.0	0.0	13.2	0.0	48.7	38.1
0.0	0.0	0.0	0.0	75.0	0.0	0.0	25.0
32.3	9.1	0.0	0.0	9.9	0.0	0.0	0.0

1-19(续15)

	人均天花费(美元/人天)	人均天花费构成(%)				
		长途交通	飞机	火车	汽车	轮船
长沙	170.05	28.5	19.3	1.2	1.2	6.8
外国人	170.47	22.5	14.6	1.0	1.1	5.8
香港同胞	171.39	37.0	19.4	4.8	12.8	0.0
澳门同胞	166.57	55.0	31.2	5.0	1.3	17.5
台湾同胞	169.00	25.6	18.6	0.7	6.3	0.0
湘潭	187.38	20.0	6.1	0.1	5.7	8.1
外国人	188.71	20.0	6.1	0.1	5.7	8.1
香港同胞	193.23	6.4	0.0	0.0	6.4	0.0
澳门同胞	171.00	0.0	0.0	0.0	0.0	0.0
台湾同胞	171.00	6.8	0.0	0.0	6.8	0.0
衡阳	176.10	18.9	2.0	2.5	2.8	11.6
外国人	176.31	6.8	2.9	1.0	2.9	0.0
香港同胞	173.23	24.4	0.0	10.3	0.9	13.2
澳门同胞	176.93	11.2	0.0	9.8	1.4	0.0
台湾同胞	177.64	3.8	0.4	0.4	3.0	0.0
岳阳	170.29	25.7	15.9	1.6	1.7	6.5
外国人	167.39	26.2	16.6	1.2	1.7	6.7
香港同胞	182.13	7.9	0.5	4.8	2.6	0.0
澳门同胞	169.29	35.1	29.1	6.0	0.0	0.0
台湾同胞	172.10	23.5	12.4	2.5	3.1	5.5
张家界	163.91	20.9	19.3	0.1	1.5	0.0
外国人	164.76	12.1	10.4	0.1	1.6	0.0
香港同胞	162.96	31.0	28.2	2.8	0.0	0.0
澳门同胞	165.00	0.0	0.0	0.0	0.0	0.0
台湾同胞	154.51	11.2	11.1	0.1	0.0	0.0

住宿	餐饮	景区游览	娱乐	购物	市内交通	邮电通讯	其他
10.0	4.1	6.8	4.6	22.7	2.5	6.2	14.6
9.6	3.5	5.9	4.1	23.2	2.1	7.1	22.0
7.5	9.5	9.3	7.1	17.3	4.8	8.2	4.3
8.8	7.1	2.7	2.8	15.9	0.8	4.7	2.2
11.1	2.3	9.1	5.4	17.3	2.9	4.9	21.4
10.7	16.3	5.7	13.9	13.5	5.1	8.2	6.6
10.5	16.3	5.8	14.0	13.6	5.0	8.3	6.5
22.8	17.6	4.8	12.8	13.9	7.1	7.9	6.7
34.1	22.7	5.7	11.9	8.5	5.7	0.0	11.4
14.9	13.7	5.3	23.8	14.9	5.6	10.5	4.5
16.5	6.4	5.5	8.9	17.3	2.4	6.1	18.0
8.9	7.1	5.3	8.8	25.7	2.9	6.2	28.3
17.3	8.7	7.9	11.8	14.3	1.7	9.9	4.0
17.9	7.2	6.5	12.0	26.4	1.2	4.9	12.7
18.5	9.9	6.8	10.8	20.7	4.9	3.2	21.4
13.6	3.6	10.9	6.8	12.9	3.6	8.2	14.7
13.5	3.1	10.4	5.9	12.2	3.6	9.1	16.0
10.4	8.3	9.3	12.4	22.7	1.9	8.9	18.2
16.4	5.9	8.0	7.6	15.4	2.2	5.4	4.0
8.7	5.8	13.0	8.5	14.9	4.7	5.8	15.1
15.5	0.4	12.6	6.3	31.6	4.4	5.1	3.2
14.5	0.3	11.7	5.9	33.4	4.1	5.6	12.4
23.2	7.0	8.5	2.8	13.9	2.8	8.6	2.2
0.0	0.0	0.0	0.0	65.2	0.0	5.2	29.6
23.4	0.1	20.0	9.4	19.0	6.6	4.0	6.3

1－19(续16)

	人均天花费(美元/人天)	人均天花费构成(%)				
		长途交通	飞机	火车	汽车	轮船
广　州	133.60	37.8	31.7	2.6	2.3	1.2
外国人	133.29	38.4	35.0	2.0	1.1	0.3
香港同胞	134.36	32.3	16.7	5.0	3.2	7.4
澳门同胞	134.01	4.4	0.0	1.3	3.1	0.0
台湾同胞	134.46	27.3	20.6	4.3	2.2	0.2
深　圳	133.29	35.8	25.6	2.1	5.2	2.9
外国人	129.63	35.6	31.4	2.0	1.6	0.6
香港同胞	134.20	25.6	11.1	2.7	5.1	6.7
澳门同胞	136.48	31.7	20.9	0.0	9.9	0.9
台湾同胞	134.08	36.1	20.3	7.2	8.4	0.2
珠　海	134.70	26.4	12.8	0.6	9.1	3.9
外国人	129.82	25.3	20.7	1.0	1.2	2.4
香港同胞	137.26	19.1	1.1	0.8	11.0	6.2
澳门同胞	133.18	27.2	6.5	0.0	17.6	3.1
台湾同胞	136.34	26.6	9.2	0.0	15.5	1.9
汕　头	131.80	27.2	14.2	2.0	6.8	4.2
外国人	129.90	27.0	19.7	2.3	4.4	0.6
香港同胞	136.19	21.9	6.1	1.5	7.4	6.9
澳门同胞	132.50	21.9	1.9	0.0	16.1	3.9
台湾同胞	132.87	34.8	25.6	3.0	6.2	0.0
佛　山	133.60	36.1	26.4	1.3	5.7	2.7
外国人	131.65	37.0	33.6	1.3	1.2	0.9
香港同胞	136.37	28.9	16.6	1.5	4.9	5.9
澳门同胞	130.99	34.6	27.4	0.0	4.0	3.2
台湾同胞	135.93	20.3	9.8	0.0	10.3	0.2

住宿	餐饮	景区游览	娱乐	购物	市内交通	邮电通讯	其他
11.7	6.8	3.2	7.1	15.0	1.8	2.0	14.6
11.8	6.2	2.1	4.2	17.7	1.8	2.3	15.5
11.9	11.2	4.2	12.4	8.7	1.9	1.7	15.7
20.6	19.9	3.5	11.9	13.8	4.2	1.2	20.5
14.5	11.9	6.4	9.1	15.3	2.7	2.5	10.3
9.7	7.4	7.1	9.2	13.4	2.2	2.1	13.1
9.5	7.2	3.0	7.1	19.7	2.2	3.6	12.1
11.2	9.5	6.8	11.6	15.0	2.9	1.9	15.5
7.1	5.7	7.7	11.3	8.8	2.3	1.5	23.9
10.9	8.5	9.4	9.1	12.9	2.5	1.3	9.3
14.7	6.4	10.4	11.5	12.2	2.5	2.5	13.4
9.4	5.1	2.7	6.3	20.7	2.0	4.9	23.6
13.2	8.2	7.4	14.3	11.6	4.2	2.9	19.1
11.8	8.2	11.5	12.1	9.1	1.6	2.3	16.2
18.1	7.6	13.6	12.3	8.9	2.4	2.0	8.5
12.2	7.2	6.1	10.2	11.7	2.8	3.5	19.1
11.9	6.7	3.1	6.4	17.5	2.2	5.4	19.8
11.7	9.5	7.8	13.1	7.9	3.6	2.7	21.8
19.5	0.0	13.9	18.6	7.1	4.6	1.9	12.5
13.8	7.5	1.6	8.1	8.2	2.3	1.4	22.3
13.1	7.6	8.0	8.8	10.2	3.0	1.8	11.4
12.5	7.2	4.0	5.6	14.7	2.7	2.3	14.0
8.7	7.7	7.1	10.8	11.0	4.0	1.7	20.1
19.3	14.2	7.0	9.2	7.3	1.9	3.2	3.3
19.6	13.3	12.1	9.6	14.3	5.3	1.4	4.1

1－19(续17)

	人均天花费(美元/人天)	人均天花费构成(%)				
		长途交通	飞　机	火　车	汽　车	轮　船
江　　门	135.00	48.3	47.1	0.0	0.0	1.2
外 国 人	135.00	41.5	41.5	0.0	0.0	0.0
香港同胞	135.00	3.2	0.0	0.0	0.0	3.2
澳门同胞	－	－	－	－	－	－
台湾同胞	－	－	－	－	－	－
中　　山	133.80	17.8	5.1	1.1	4.5	7.1
外 国 人	132.10	21.0	11.0	2.3	2.6	5.1
香港同胞	134.62	16.4	0.0	0.9	6.2	9.3
澳门同胞	134.19	11.8	1.4	0.0	3.7	6.7
台湾同胞	134.83	16.4	6.9	0.0	2.8	6.7
南　　宁	159.81	34.4	20.1	9.9	3.2	1.2
外 国 人	158.63	36.3	22.5	9.3	3.3	1.2
香港同胞	167.22	31.9	16.6	12.3	2.5	0.5
澳门同胞	167.05	40.8	19.9	15.7	5.2	0.0
台湾同胞	156.17	28.9	17.9	5.2	5.8	0.0
桂　　林	166.26	32.0	20.7	8.2	1.8	1.3
外 国 人	165.34	39.0	23.6	8.5	5.5	1.4
香港同胞	174.84	18.0	8.2	8.0	1.3	0.5
澳门同胞	168.73	29.9	25.4	3.2	1.3	0.0
台湾同胞	163.27	25.6	7.4	12.5	5.7	0.0
梧　　州	159.86	29.5	23.3	0.0	5.2	1.0
外 国 人	162.64	31.9	25.4	0.0	5.4	1.1
香港同胞	155.55	23.0	18.4	0.0	4.1	0.5
澳门同胞	158.00	25.1	19.5	0.0	5.6	0.0
台湾同胞	155.55	19.1	14.9	0.0	4.2	0.0

住宿	餐饮	景区游览	娱乐	购物	市内交通	邮电通讯	其他
10.8	9.0	1.2	7.5	7.3	3.5	2.2	10.2
8.6	12.5	0.0	6.2	9.4	4.2	3.1	14.5
32.0	10.6	3.2	21.3	10.6	6.4	2.1	10.6
–	–	–	–	–	–	–	–
–	–	–	–	–	–	–	–
24.1	15.1	5.5	11.4	8.5	3.1	4.6	9.9
21.6	15.0	4.4	9.4	9.1	2.8	2.6	14.1
16.8	18.6	5.6	14.1	10.5	3.7	3.2	11.1
18.3	13.5	7.1	12.2	8.8	3.3	19.5	5.5
19.6	15.8	5.0	10.8	10.8	2.9	3.7	15.0
7.9	5.4	4.7	4.3	19.5	2.4	4.3	17.1
7.0	4.7	4.6	3.9	18.6	2.4	4.4	18.1
9.5	6.7	4.8	4.5	25.7	2.5	3.7	10.7
10.4	10.8	6.6	7.4	16.8	2.3	1.6	3.3
11.3	5.5	4.1	5.2	25.3	2.5	3.4	13.8
14.4	7.4	7.7	2.7	25.0	3.2	3.3	4.3
5.2	7.3	8.2	2.2	19.1	3.2	3.5	12.3
15.9	7.5	5.1	3.4	28.9	2.9	3.5	14.8
19.4	12.7	7.9	6.2	13.8	5.8	1.0	3.3
18.9	8.9	6.3	4.9	22.4	3.0	3.3	6.7
8.3	7.1	5.3	4.3	23.0	2.7	3.5	16.3
7.5	6.3	5.2	4.0	23.1	2.4	3.9	15.7
8.2	6.8	5.3	3.1	21.0	2.4	3.1	27.1
11.7	11.9	6.3	9.2	18.2	9.0	1.6	7.0
8.2	6.1	5.3	5.0	26.5	2.1	3.7	24.0

1-19(续18)

	人均天花费(美元/人天)	人均天花费构成(%)				
		长途交通	飞　机	火　车	汽　车	轮　船
北　　海	155.21	33.7	19.6	5.3	3.9	4.9
外 国 人	153.82	35.9	20.8	6.3	4.5	4.3
香港同胞	139.26	21.0	14.2	3.7	3.1	0.0
澳门同胞	151.57	23.3	18.4	3.4	1.5	0.0
台湾同胞	181.22	36.5	11.8	5.6	7.2	11.9
玉　　林	161.66	34.9	23.4	4.4	5.6	1.5
外 国 人	176.06	37.4	25.2	4.7	5.8	1.7
香港同胞	140.45	24.9	13.3	4.3	6.8	0.5
澳门同胞	154.59	31.7	24.5	2.7	4.5	0.0
台湾同胞	157.17	33.9	24.1	2.5	7.3	0.0
百　　色	158.68	39.8	26.3	7.1	5.0	1.4
外 国 人	173.85	41.5	26.6	6.7	6.6	1.6
香港同胞	126.18	27.7	16.3	8.5	2.2	0.7
澳门同胞	150.13	34.7	23.5	9.5	1.7	0.0
台湾同胞	148.35	44.2	12.5	11.9	19.8	0.0
凭　　祥	152.66	30.0	20.7	4.5	3.1	1.7
外 国 人	148.49	33.8	25.4	3.6	3.0	1.8
香港同胞	157.21	28.2	16.3	7.4	3.8	0.7
澳门同胞	148.99	39.8	34.3	3.7	1.8	0.0
台湾同胞	158.35	24.6	17.1	3.8	3.7	0.0
海　　口	148.32	30.9	18.6	4.8	1.6	5.9
外 国 人	147.66	28.5	17.0	4.9	1.4	5.2
香港同胞	148.79	33.0	23.1	0.0	1.1	8.8
澳门同胞	147.71	31.4	31.4	0.0	0.0	0.0
台湾同胞	151.69	28.8	28.8	0.0	0.0	0.0

住宿	餐饮	景区游览	娱乐	购物	市内交通	邮电通讯	其他
9.4	6.8	6.0	7.2	24.6	2.7	3.3	6.3
9.4	6.5	7.1	7.9	22.2	2.9	3.1	5.0
8.3	8.3	3.7	4.7	36.1	2.3	5.8	9.8
9.4	6.3	2.6	1.8	51.7	1.9	1.0	2.0
7.6	6.3	7.1	9.8	20.1	3.5	3.7	5.4
13.6	9.4	4.6	4.5	19.0	3.1	2.3	8.6
13.0	9.8	4.9	3.7	17.8	3.2	2.5	7.7
13.2	7.5	2.8	3.0	27.6	1.8	2.1	17.1
15.0	9.0	6.2	9.3	20.2	3.1	1.3	4.2
13.4	7.9	4.6	4.0	23.6	2.7	2.3	7.6
9.1	5.9	6.0	4.4	18.8	3.5	2.9	9.6
8.6	6.5	5.9	3.7	18.2	3.3	2.8	9.5
7.8	4.2	5.4	3.7	28.7	3.7	3.1	15.7
12.8	4.4	7.5	8.7	19.3	5.1	2.9	4.6
8.6	4.6	6.0	5.8	15.3	4.1	2.8	8.6
10.3	4.9	7.4	5.2	21.1	3.7	3.2	14.2
9.1	4.4	8.5	4.0	20.0	3.8	3.0	13.4
11.5	6.3	6.2	7.9	10.9	4.6	5.5	18.9
9.2	6.7	4.8	4.5	21.8	2.5	1.5	9.2
12.4	5.5	7.3	6.8	20.3	4.0	3.2	15.9
10.7	4.2	2.6	3.3	23.0	1.5	5.3	18.5
10.2	3.6	2.2	2.8	26.6	1.3	4.6	20.2
14.5	6.6	8.3	9.8	12.8	3.0	5.9	6.1
13.7	7.9	6.9	2.3	23.1	4.0	6.7	4.0
16.4	12.1	6.0	6.4	10.2	4.3	10.7	5.1

1-19(续19)

	人均天花费(美元/人天)	人均天花费构成(%)				
		长途交通	飞　机	火　车	汽　车	轮　船
三　　亚	143.82	27.7	16.2	6.3	1.8	3.4
外 国 人	142.93	28.9	15.9	7.9	1.7	3.4
香港同胞	150.84	27.4	19.3	4.2	3.9	0.0
澳门同胞	170.00	32.3	32.3	0.0	0.0	0.0
台湾同胞	154.16	19.4	19.4	0.0	0.0	0.0
重　　庆	171.64	49.8	20.3	5.1	3.0	21.4
外 国 人	172.94	51.2	23.5	4.3	5.1	18.3
香港同胞	171.11	51.3	18.7	9.6	5.3	17.7
澳门同胞	155.80	14.2	14.2	0.0	0.0	0.0
台湾同胞	164.60	47.1	12.1	7.3	2.2	25.5
重庆游船	175.15	40.5	8.7	5.9	1.9	24.0
外 国 人	176.23	32.5	9.0	5.9	2.3	15.3
香港同胞	170.00	71.6	9.9	0.0	0.0	61.7
澳门同胞	170.00	0.0	0.0	0.0	0.0	0.0
台湾同胞	170.00	77.5	47.1	0.0	0.0	30.4
成　　都	175.29	33.1	24.8	2.1	5.8	0.4
外 国 人	174.59	33.2	25.0	1.9	6.0	0.3
香港同胞	180.74	25.4	2.8	15.1	3.5	4.0
澳门同胞	172.45	28.2	27.4	0.0	0.8	0.0
台湾同胞	175.37	43.8	32.0	4.0	3.4	4.4
绵　　阳	169.09	38.3	29.9	1.9	6.2	0.3
外 国 人	172.38	40.2	31.3	1.6	7.0	0.3
香港同胞	165.52	46.0	28.0	14.2	3.8	0.0
澳门同胞	154.29	0.0	0.0	0.0	0.0	0.0
台湾同胞	158.64	47.2	40.6	1.0	5.6	0.0

住宿	餐饮	景区游览	娱乐	购物	市内交通	邮电通讯	其他
16.2	6.7	4.1	3.8	20.6	1.3	4.6	15.0
16.2	6.3	3.6	3.8	20.6	1.2	4.3	15.1
17.1	10.7	6.6	6.2	8.4	2.3	7.0	14.3
22.3	16.1	3.2	0.0	22.9	3.2	0.0	0.0
18.7	10.2	5.4	12.2	14.5	3.2	11.7	4.7
5.8	6.2	2.8	3.5	14.5	1.2	1.9	14.3
6.1	6.1	4.0	4.6	22.3	1.2	2.8	1.7
6.4	6.8	2.4	5.1	12.3	1.7	1.8	12.2
7.5	6.1	2.7	22.7	28.5	6.5	0.7	11.1
12.0	6.7	6.6	5.0	11.3	3.2	1.6	6.5
10.3	3.9	1.3	1.6	10.8	0.8	3.0	27.8
2.1	3.9	1.7	1.8	13.2	0.6	3.7	40.5
11.5	0.0	0.9	1.4	8.0	1.5	1.9	3.2
0.0	0.0	3.5	24.6	52.7	11.2	0.0	8.0
0.0	0.0	1.2	3.3	11.8	4.0	0.4	1.8
12.6	5.5	4.5	5.7	24.6	2.0	3.4	8.6
12.0	5.0	4.2	5.6	26.7	1.8	3.3	8.2
13.3	6.6	4.6	5.7	22.9	2.4	4.1	15.0
16.9	13.2	7.5	7.8	12.5	3.3	6.2	4.4
12.0	6.1	4.5	5.3	11.4	3.4	5.1	8.4
14.5	5.0	3.7	5.7	20.6	1.3	3.3	7.6
14.0	4.4	3.8	5.9	20.1	1.2	3.3	7.1
15.7	7.4	4.0	6.0	7.8	1.7	7.6	3.8
39.6	21.1	0.0	0.0	24.8	4.3	0.0	10.2
13.2	9.2	3.1	7.6	11.6	1.7	3.1	3.3

1－19(续20)

	人均天花费(美元/人天)	人均天花费构成(%)				
		长途交通	飞　机	火　车	汽　车	轮　船
乐　山	158.51	28.6	19.1	1.4	8.0	0.1
外国人	158.41	29.4	19.5	1.3	8.5	0.1
香港同胞	163.95	7.9	0.0	0.0	7.9	0.0
澳门同胞	150.00	0.0	0.0	0.0	0.0	0.0
台湾同胞	156.06	6.0	0.0	0.0	6.0	0.0
阿坝州	153.53	34.4	22.5	1.5	10.2	0.2
外国人	153.43	34.6	22.5	1.5	10.4	0.2
香港同胞	154.40	23.3	23.3	0.0	0.0	0.0
澳门同胞	151.30	16.7	0.0	0.0	16.7	0.0
台湾同胞	154.14	37.2	25.0	9.0	3.2	0.0
贵　阳	160.36	28.4	21.3	3.5	3.6	0.0
外国人	160.01	27.1	21.6	1.2	4.3	0.0
香港同胞	161.19	25.0	18.6	3.9	2.5	0.0
澳门同胞	162.02	32.9	10.4	20.5	2.0	0.0
台湾同胞	160.37	22.2	17.6	1.4	3.2	0.0
黔东南	157.38	22.2	18.6	1.4	2.2	0.0
外国人	158.86	21.7	18.7	0.6	2.4	0.0
香港同胞	153.96	19.8	16.4	2.1	1.3	0.0
澳门同胞	119.26	43.9	13.0	27.6	3.3	0.0
台湾同胞	161.69	18.9	15.3	0.8	2.8	0.0
昆　明	172.39	31.0	26.5	1.0	1.5	2.0
外国人	171.00	31.7	27.5	0.6	1.4	2.2
香港同胞	174.97	44.6	23.6	15.9	3.5	1.6
澳门同胞	183.66	27.8	19.7	0.0	8.1	0.0
台湾同胞	179.38	34.3	23.7	4.0	6.6	0.0
景　洪	170.42	47.1	44.1	0.3	2.7	0.0
外国人	163.02	47.1	44.1	0.3	2.7	0.0
香港同胞	200.00	0.0	0.0	0.0	0.0	0.0
澳门同胞	200.00	0.0	0.0	0.0	0.0	0.0
台湾同胞	200.00	0.0	0.0	0.0	0.0	0.0

住宿	餐饮	景区游览	娱乐	购物	市内交通	邮电通讯	其他
12.1	3.3	4.9	6.6	32.2	0.9	2.7	8.7
11.8	2.9	4.7	6.8	32.5	0.9	2.7	8.3
18.6	15.4	11.2	5.6	19.7	3.1	5.8	12.7
0.0	0.0	0.0	0.0	69.4	0.0	0.0	30.6
24.7	11.2	13.0	11.5	10.6	2.9	5.0	15.1
11.3	2.2	4.5	7.2	28.6	0.7	4.2	6.9
11.1	2.0	4.5	7.2	29.4	0.7	3.8	6.7
11.0	9.6	9.6	2.7	16.4	1.4	12.5	13.5
16.7	4.2	0.0	15.4	20.8	0.0	13.1	13.1
13.4	7.8	6.5	5.7	16.1	2.8	4.9	5.6
16.4	4.7	4.0	7.7	30.5	1.0	2.3	5.0
19.7	3.2	4.3	7.7	30.7	1.1	2.5	3.7
12.1	2.6	3.6	6.4	40.7	1.3	2.3	6.0
12.1	4.8	3.2	14.3	19.8	3.9	5.4	3.6
13.9	17.8	4.9	8.5	24.8	2.0	1.3	4.6
15.2	9.8	3.1	4.7	29.1	1.0	4.0	10.9
10.7	0.9	3.1	4.7	36.5	0.8	4.4	17.2
13.3	9.4	2.0	3.4	26.2	2.6	2.3	21.0
7.9	5.0	1.8	10.6	6.2	10.4	1.8	12.4
15.9	20.6	3.1	5.0	19.4	1.1	0.9	15.1
8.4	5.3	3.9	4.2	25.6	2.1	4.2	15.3
7.9	5.3	3.7	3.8	25.6	2.3	4.2	15.5
10.6	5.5	5.8	5.7	13.5	1.7	5.7	6.9
11.5	5.9	3.8	9.4	16.8	3.1	9.8	11.9
11.8	6.9	8.3	7.4	15.2	1.6	5.3	9.2
9.9	11.3	6.7	4.9	7.1	5.2	2.9	4.9
9.9	11.3	6.7	4.9	7.1	5.2	2.9	4.9
0.0	0.0	0.0	0.0	100.0	0.0	0.0	0.0
0.0	0.0	0.0	0.0	100.0	0.0	0.0	0.0
0.0	0.0	0.0	0.0	67.0	0.0	0.0	33.0

1-19(续21)

	人均天花费(美元/人天)	人均天花费构成(%)				
		长途交通	飞 机	火 车	汽 车	轮 船
大 理	164.46	47.9	29.2	2.6	2.5	13.6
外 国 人	160.44	48.0	30.7	2.2	2.4	12.7
香港同胞	182.00	26.7	19.8	0.0	6.9	0.0
澳门同胞	–	–	–	–	–	–
台湾同胞	179.05	28.2	0.0	4.1	5.2	18.9
拉 萨	151.93	21.6	18.2	0.0	3.4	0.0
外 国 人	149.55	19.4	16.9	0.0	2.5	0.0
香港同胞	170.38	29.7	11.1	0.0	18.6	0.0
澳门同胞	156.01	29.9	23.0	0.0	6.9	0.0
台湾同胞	172.25	25.4	17.6	0.0	7.8	0.0
西 安	174.99	25.5	22.8	0.8	1.9	0.0
外 国 人	174.36	24.9	22.2	0.8	1.9	0.0
香港同胞	181.43	42.9	42.4	0.5	0.0	0.0
澳门同胞	173.15	17.0	17.0	0.0	0.0	0.0
台湾同胞	197.84	36.9	36.9	0.0	0.0	0.0
咸 阳	154.46	41.5	38.3	0.9	2.3	0.0
外 国 人	156.78	39.9	36.7	0.9	2.3	0.0
香港同胞	137.15	69.0	69.0	0.0	0.0	0.0
澳门同胞	–	–	–	–	–	–
台湾同胞	155.14	51.9	51.9	0.0	0.0	0.0
兰 州	155.79	44.2	37.1	2.7	4.8	0.0
外 国 人	156.01	27.6	19.6	2.9	5.1	0.0
香港同胞	153.06	45.1	35.9	3.6	5.6	0.0
澳门同胞	157.31	41.3	34.7	3.1	3.5	0.0
台湾同胞	155.29	44.7	39.9	1.4	3.4	0.0
敦 煌	143.06	42.4	31.4	4.4	6.6	0.0
外 国 人	143.97	41.0	30.0	4.4	6.6	0.0
香港同胞	94.01	44.1	35.1	5.0	4.0	0.0
澳门同胞	156.77	37.9	27.1	4.8	6.0	0.0
台湾同胞	153.32	30.5	21.8	4.8	3.9	0.0

住宿	餐饮	景区游览	娱乐	购物	市内交通	邮电通讯	其他
7.1	6.1	6.0	3.1	19.2	2.3	0.9	7.4
6.9	6.2	5.8	3.1	19.3	2.7	0.8	7.2
17.1	11.6	13.3	7.4	12.1	0.7	3.0	8.1
–	–	–	–	–	–	–	–
13.1	6.0	7.9	2.6	10.9	0.0	11.7	19.6
16.0	2.8	5.3	8.9	23.5	3.3	9.9	8.7
16.9	2.5	4.6	8.7	25.2	2.7	10.4	9.6
5.4	10.7	12.4	5.7	22.3	4.8	5.4	3.6
6.9	9.4	6.2	9.4	20.2	6.9	6.7	4.4
9.3	8.7	6.0	9.3	24.3	4.5	7.3	5.2
14.4	1.9	3.5	3.0	36.2	2.2	2.9	10.4
14.4	1.8	3.4	2.9	37.2	2.2	2.8	10.4
11.3	16.6	2.7	4.9	9.3	5.7	2.3	4.3
23.2	9.1	7.4	15.7	20.6	4.7	1.7	0.6
20.7	6.2	13.1	0.0	6.0	2.1	10.0	5.0
14.8	6.5	3.5	5.5	14.4	3.7	2.3	7.8
15.1	6.7	3.5	5.5	14.3	3.8	2.2	9.0
14.5	6.6	0.0	0.0	0.0	2.5	4.7	2.7
–	–	–	–	–	–	–	–
12.0	7.1	0.0	10.1	7.9	2.4	1.1	7.5
14.8	9.3	2.0	3.3	13.7	0.8	4.3	7.2
14.6	8.6	1.9	3.3	31.9	0.8	4.4	6.9
17.8	9.9	3.7	4.2	4.6	1.5	3.5	9.7
15.9	9.5	2.5	3.2	17.1	1.1	3.8	5.6
14.2	9.5	2.2	3.0	13.2	1.0	5.5	6.7
14.6	7.9	2.9	4.4	12.2	0.9	4.7	10.0
14.9	7.8	2.9	4.4	12.3	0.9	4.7	11.1
9.4	12.3	6.6	6.7	5.0	1.2	7.9	6.8
12.4	10.8	4.3	5.2	10.2	1.8	6.9	10.5
13.6	9.1	3.7	3.5	17.3	1.2	4.9	16.2

1－19(续22)

	人均天花费(美元/人天)	人均天花费构成(%)				
		长途交通	飞　机	火　车	汽　车	轮　船
西　　宁	125.87	32.9	16.8	1.6	14.5	0.0
外 国 人	125.79	33.4	17.0	1.6	14.8	0.0
香港同胞	125.00	34.9	11.4	0.0	23.5	0.0
澳门同胞	125.00	0.0	0.0	0.0	0.0	0.0
台湾同胞	129.47	4.4	0.0	1.7	2.7	0.0
银　　川	125.42	39.9	29.8	7.0	3.1	0.0
外 国 人	125.29	37.2	28.0	7.6	1.6	0.0
香港同胞	128.56	45.1	31.2	0.0	13.9	0.0
澳门同胞	124.22	49.8	44.0	1.9	3.9	0.0
台湾同胞	124.16	37.8	26.4	10.8	0.6	0.0
乌鲁木齐	155.23	31.6	16.3	8.0	7.3	0.0
外 国 人	155.66	25.4	16.0	2.6	6.8	0.0
香港同胞	158.39	28.3	16.7	3.6	8.0	0.0
澳门同胞	143.64	47.6	20.5	16.0	11.1	0.0
台湾同胞	148.52	40.9	30.0	3.7	7.2	0.0
吐 鲁 番	140.00	30.1	19.5	3.2	7.4	0.0
外 国 人	140.00	30.4	21.6	0.0	8.8	0.0
香港同胞	140.00	12.7	0.0	3.4	9.3	0.0
澳门同胞	–	–	–	–	–	–
台湾同胞	140.00	26.0	16.8	3.1	6.1	0.0
库 尔 勒	156.76	43.1	26.5	9.1	7.5	0.0
外 国 人	156.27	50.2	27.5	8.6	14.1	0.0
香港同胞	165.00	40.4	30.0	3.4	7.0	0.0
澳门同胞	150.00	45.3	19.6	13.8	11.9	0.0
台湾同胞	153.33	36.1	18.2	8.6	9.3	0.0
喀　　什	141.35	39.8	21.3	11.3	7.2	0.0
外 国 人	140.89	53.3	22.3	22.1	8.9	0.0
香港同胞	150.72	15.1	2.1	3.5	9.5	0.0
澳门同胞	140.00	71.2	19.5	39.9	11.8	0.0
台湾同胞	140.00	36.5	27.2	3.1	6.2	0.0

住宿	餐饮	景区游览	娱乐	购物	市内交通	邮电通讯	其他
16.3	8.9	5.4	2.5	12.2	4.9	4.3	12.6
16.8	8.9	5.5	2.5	10.6	5.0	4.0	13.3
7.2	0.0	5.1	4.1	23.2	0.0	15.2	10.3
0.0	0.0	0.0	0.0	62.7	0.0	21.9	15.4
16.7	0.0	6.9	3.8	34.5	3.3	7.3	23.1
12.8	7.2	8.0	7.2	12.4	2.2	2.1	8.2
13.2	7.5	8.6	7.7	13.3	2.1	2.3	8.1
11.9	6.3	5.4	6.0	9.5	2.4	1.3	12.1
17.0	5.8	8.1	1.9	9.7	5.8	1.9	0.0
15.2	7.9	7.8	6.5	10.2	2.9	1.3	10.4
7.6	8.0	1.2	2.9	39.1	1.0	2.3	6.3
7.3	7.8	1.5	2.8	43.0	0.8	3.1	8.3
14.7	8.8	7.0	4.8	22.1	5.0	3.1	6.2
15.2	13.2	0.7	6.2	10.5	2.4	0.7	3.5
11.4	14.0	2.0	5.3	15.9	2.3	5.7	2.5
12.1	11.5	2.6	4.1	27.4	2.7	1.2	8.3
12.3	11.2	2.0	3.9	29.4	1.0	1.3	8.5
23.1	10.6	10.3	6.3	21.6	7.9	1.1	6.4
—	—	—	—	—	—	—	—
9.3	13.7	1.5	4.6	33.5	1.9	1.3	8.2
19.8	11.0	2.6	4.2	10.8	3.9	2.5	2.1
17.8	10.6	2.9	5.1	5.5	2.0	1.9	4.0
14.5	11.3	3.8	3.7	16.7	4.6	2.4	2.6
18.4	4.9	1.6	6.9	14.3	3.1	2.4	3.1
24.0	14.1	2.3	6.5	9.8	2.9	3.3	1.0
10.4	11.0	1.7	4.4	19.7	1.0	8.2	3.8
12.4	11.2	2.0	4.0	0.3	1.0	11.1	4.7
22.6	10.6	9.1	6.4	18.8	8.1	5.1	4.2
16.3	0.0	0.5	6.8	0.0	2.5	0.0	2.7
9.5	13.8	1.5	4.7	26.7	1.9	0.7	4.7

二

入境游客停留时间

2－1　2004年入境过夜旅游者停留时间
（按外国人、港澳台胞、团体及散客分组）

		调查人数（人）	1～3天（%）	4～7天（%）	8～14天（%）	15天以上（%）
全　　国	**总计**	**12 771**	**47.8**	**34.3**	**10.1**	**7.8**
	团体	4 328	41.8	43.9	9.1	5.2
	散客	8 443	50.4	28.8	10.5	10.3
外 国 人	小计	8 207	43.0	35.9	12.1	9.0
	团体	3 444	43.6	40.4	10.1	5.9
	散客	4 763	42.1	31.9	13.3	12.7
香港同胞	小计	2 895	68.2	24.5	4.4	2.9
	团体	493	49.4	46.9	3.1	0.6
	散客	2 402	71.9	19.6	4.6	3.9
澳门同胞	小计	291	72.1	22.0	2.1	3.8
	团体	39	41.0	48.7	7.7	2.6
	散客	252	76.2	17.3	2.9	3.6
台湾同胞	小计	1 378	27.4	48.6	9.4	14.6
	团体	352	13.1	72.9	8.0	6.0
	散客	1 026	31.3	39.2	12.8	16.7

2-2　2004年入境过夜旅游者停留时间

（按性别、职业、团体及散客分组）

		调查人数（人）	1～3天（%）	4～7天（%）	8～14天（%）	15天以上（%）
全　　国	**总计**	**12 771**	**47.8**	**34.3**	**10.1**	**7.8**
	团体	4 328	41.8	43.9	9.1	5.2
	散客	8 443	50.4	28.8	10.5	10.3
男　　性	小计	8 112	46.9	34.5	10.5	8.1
	团体	2 224	40.6	45.2	8.8	5.4
	散客	5 888	48.7	29.8	10.8	10.7
女　　性	小计	4 659	49.4	34.0	9.6	7.0
	团体	2 104	43.0	42.6	9.4	5.0
	散客	2 555	54.2	26.4	9.6	9.8
政府工作人　　员	小计	489	46.2	40.0	9.5	4.3
	团体	232	43.1	43.5	9.1	4.3
	散客	257	48.6	35.6	9.9	5.9
专业技术人　　员	小计	1 862	45.4	31.0	13.0	10.6
	团体	432	38.8	40.5	13.0	7.7
	散客	1 430	47.1	27.7	12.8	12.4
职　　员	小计	1 528	50.8	37.0	7.5	4.7
	团体	641	44.6	45.1	7.2	3.1
	散客	887	55.0	30.8	7.7	6.5
技工/工人	小计	663	53.9	24.6	8.4	13.1
	团体	162	47.5	38.3	5.6	8.6
	散客	501	55.7	19.7	10.3	14.3
商贸人员	小计	3 756	51.6	33.6	9.6	5.2
	团体	704	54.4	37.6	6.2	1.8
	散客	3 052	50.1	32.0	10.0	7.9
服务员/推销员	小计	452	62.7	28.4	5.5	3.4
	团体	153	51.6	41.8	3.9	2.7
	散客	299	68.5	21.5	6.4	3.6
退休人员	小计	944	30.7	39.5	15.5	14.3
	团体	596	24.9	44.5	14.3	16.3
	散客	348	39.9	29.3	17.2	13.6
家庭妇女	小计	972	50.0	35.5	8.1	6.4
	团体	456	41.9	47.4	7.7	3.0
	散客	516	57.2	24.6	8.0	10.2
军　　人	小计	33	51.5	39.4	6.1	3.0
	团体	11	72.7	18.2	0.0	9.1
	散客	22	40.9	50.0	9.1	0.0
学　　生	小计	1 014	37.8	34.2	12.6	15.4
	团体	516	42.9	41.4	12.6	3.1
	散客	498	32.4	26.3	13.8	27.5
其　　他	小计	1 058	47.3	39.3	8.0	5.4
	团体	425	34.6	58.3	5.9	1.2
	散客	633	55.2	25.5	9.3	10.0

2-3 2004年入境过夜旅游者停留时间

（按年龄、旅游目的、团 体及散 客分组）

		调查人数（人）	1～3天（%）	4～7天（%）	8～14天（%）	15天以上（%）
全　国	**总计**	**12 771**	**47.8**	**34.3**	**10.1**	**7.8**
	团体	4 328	41.8	43.9	9.1	5.2
	散客	8 443	50.4	28.8	10.5	10.3
65岁及以上	小计	743	30.0	39.3	14.3	16.4
	团体	413	26.6	45.0	11.9	16.5
	散客	330	34.4	31.3	18.6	15.7
45～64岁	小计	4 260	43.5	37.4	11.6	7.5
	团体	1 535	36.7	45.9	11.2	6.2
	散客	2 725	46.5	31.6	11.5	10.4
25～44岁	小计	6 310	53.4	31.8	8.5	6.3
	团体	1 698	49.0	42.4	6.1	2.5
	散客	4 612	54.7	27.5	9.2	8.6
15～24岁	小计	1 389	45.0	33.6	9.9	11.5
	团体	644	44.9	42.4	9.2	3.5
	散客	745	44.7	25.6	11.7	18.0
14岁及以下	小计	69	43.3	38.8	13.4	4.5
	团体	38	34.2	44.7	21.1	0.0
	散客	31	55.2	24.1	3.5	17.2
观光游览	小计	3 991	43.4	41.8	9.8	5.0
	团体	2 837	40.8	45.3	8.6	5.3
	散客	1 154	49.3	32.1	12.3	6.3
休闲度假	小计	1 748	52.5	33.0	9.0	5.5
	团体	674	42.3	41.8	11.0	4.9
	散客	1 074	58.7	26.9	7.6	6.8
探亲访友	小计	1 499	55.9	23.8	8.1	12.2
	团体	103	50.5	32.3	7.1	10.1
	散客	1 396	56.0	22.4	9.6	12.0
商　务	小计	4 010	47.5	32.5	10.9	9.1
	团体	378	56.3	31.5	6.9	5.3
	散客	3 632	45.8	32.1	11.2	10.9
会　议	小计	512	59.3	30.1	8.5	2.1
	团体	71	58.6	32.9	2.8	5.7
	散客	441	59.4	29.2	8.9	2.5
宗教朝拜	小计	61	30.5	30.5	32.2	6.8
	团体	12	25.0	33.3	25.0	16.7
	散客	49	31.9	27.7	34.0	6.4
文体交流	小计	348	31.1	44.7	15.0	9.2
	团体	150	11.4	72.5	13.4	2.7
	散客	198	45.5	23.7	16.2	14.6
其　他	小计	602	46.2	25.0	7.6	21.2
	团体	103	37.9	42.7	15.5	3.9
	散客	499	48.0	21.1	6.5	24.4

2－4　2004 年外国过夜旅游者停留时间

(按国别分组)

	调查人数(人)	1～3天		4～7天		8～14天		15天以上	
		(人)	(%)	(人)	(%)	(人)	(%)	(人)	(%)
日　　本	1 575	690	43.8	591	37.5	158	10.0	141	8.7
菲 律 宾	75	49	65.3	14	18.7	5	5.3	8	10.7
泰　　国	97	49	50.5	32	33.0	9	9.3	8	7.2
新 加 坡	350	119	34.0	160	45.7	66	18.9	27	1.4
印度尼西亚	85	33	38.8	30	35.3	18	21.2	9	4.7
马来西亚	211	71	33.6	91	43.1	44	20.9	23	2.4
韩　　国	1 532	679	44.3	680	44.4	99	6.5	90	4.8
朝　　鲜	115	96	83.5	15	13.0	4	3.5	0	0.0
蒙　　古	265	255	96.2	6	2.3	3	1.1	1	0.4
印　　度	71	29	40.8	21	29.6	4	5.7	17	23.9
英　　国	334	106	31.7	154	46.1	49	14.7	25	7.5
法　　国	292	47	15.8	74	25.3	111	38.0	61	20.9
德　　国	144	68	47.2	26	18.1	34	23.6	16	11.1
意 大 利	103	28	27.2	46	44.7	15	14.6	14	13.5
荷　　兰	67	23	34.3	16	23.9	21	31.3	7	10.5
瑞　　典	79	20	25.3	33	41.8	20	25.3	6	7.6
俄 罗 斯	803	530	66.0	257	32.0	9	1.1	7	0.9
瑞　　士	50	15	30.0	25	50.0	7	14.0	3	6.0
美　　国	829	207	25.0	260	31.4	144	16.8	222	26.8
加 拿 大	229	62	27.1	96	41.9	50	21.8	22	9.2
澳大利亚	218	71	32.6	80	36.7	46	21.1	23	9.6
非洲国家	47	13	27.7	22	46.8	7	14.9	5	10.6
南美国家	26	4	15.4	9	34.6	7	26.9	6	23.1
其他国家	525	231	44.0	179	34.1	55	10.1	62	11.8

2－5　2004年入境过夜旅游者平均停留时间

单位:天/人

	平均停留	团　体	散　客
总平均	**5.8**	**5.1**	**6.2**
外国人	6.3	5.2	7.0
香港同胞	3.8	3.9	3.8
澳门同胞	3.9	4.9	3.6
台湾同胞	7.8	5.9	8.3
男　性	6.0	5.2	6.3
女　性	5.5	5.1	5.9
65岁及以上	7.7	7.2	8.2
45～64岁	6.1	5.5	6.4
25～44岁	5.3	4.4	5.6
15～24岁	6.6	4.8	8.1
14岁及以下	5.9	5.2	6.9
观光游览	5.2	5.1	5.4
休闲度假	5.0	5.2	4.8
探亲访友	6.1	6.0	6.1
商　务	6.4	4.7	6.5
会　议	4.2	4.6	4.2
宗教朝拜	7.5	9.4	7.0
文体交流	6.5	5.2	7.5
其　他	8.8	5.1	9.6
政府工作人员	5.0	4.8	5.1
专业技术人员	6.6	5.9	6.8
职　员	4.8	4.7	4.9
技工/工人	6.3	5.5	6.5
服务员/推销员	5.4	4.2	5.7
商贸人员	4.0	4.2	3.9
退休人员	7.4	7.3	7.4
家庭妇女	5.4	4.9	5.7
军　人	4.4	5.5	3.9
学　生	7.9	5.0	10.9
其　他	5.2	4.3	5.8

2－6 2004年入境过夜旅游者平均停留时间
（按外国人、港澳台胞、团体及散客、性别、年龄分组）

单位：天/人

		平均停留	性别		年龄				
			男	女	14岁及以下	15～24岁	25～44岁	45～64岁	65岁及以上
全国	**平均**	**5.8**	**6.0**	**5.5**	**5.9**	**6.6**	**5.3**	**6.1**	**7.7**
	团体	5.1	5.2	5.1	5.2	4.8	4.4	5.5	7.2
	散客	6.2	6.3	5.9	6.9	8.1	5.6	6.4	8.2
外国人	小计	6.3	6.5	6.0	6.5	6.7	5.8	6.4	8.0
	团体	5.2	5.3	5.2	5.4	5.0	4.4	5.6	7.5
	散客	7.0	7.1	6.9	8.4	8.8	6.6	7.0	8.8
香港同胞	小计	3.8	3.7	4.0	2.6	6.6	3.2	3.9	4.7
	团体	3.9	3.9	3.9	3.3	4.2	3.6	4.1	4.1
	散客	3.8	3.7	4.0	2.3	7.6	3.2	3.8	4.9
澳门同胞	小计	3.9	3.8	4.0	–	3.6	3.8	3.8	7.2
	团体	4.9	3.9	5.7	–	7.5	4.6	4.6	–
	散客	3.6	3.7	3.6	–	3.2	3.5	3.7	7.2
台湾同胞	小计	7.8	8.0	7.2	–	6.8	7.8	7.6	9.4
	团体	5.9	6.1	5.5	–	3.6	5.3	6.1	7.5
	散客	8.3	8.5	7.9	–	7.7	8.2	8.2	10.6

2-7 2004年入境过夜旅游者平均停留时间

		平均停留	职业				
			政府工作人员	专业技术人员	职员	技工工人	商贸人员
全国	**平均**	**5.8**	**5.0**	**6.6**	**4.8**	**6.3**	**5.4**
	团体	5.1	4.8	5.9	4.7	5.5	4.2
	散客	6.2	5.1	6.8	4.9	6.5	5.7
外国人	小计	6.3	5.5	7.5	5.4	7.9	5.6
	团体	5.2	5.1	6.3	4.8	5.7	4.1
	散客	7.0	5.9	8.0	6.2	9.1	6.1
香港同胞	小计	3.8	3.1	3.7	3.0	3.0	3.7
	团体	3.9	3.4	4.0	3.2	3.9	4.5
	散客	3.8	2.9	3.6	3.0	3.0	3.6
澳门同胞	小计	3.9	3.0	5.8	2.7	4.4	3.8
	团体	4.9	4.0	3.6	4.1	8.0	3.5
	散客	3.6	2.9	6.2	2.5	2.3	3.8
台湾同胞	小计	7.8	6.3	8.7	6.2	8.9	7.3
	团体	5.9	4.5	5.8	6.0	5.8	5.3
	散客	8.3	7.2	9.1	6.1	10.0	7.5

（按外国人、港澳台胞、团体及散客、职业分组）

单位：天/人

服务员推销员	退休人员	家庭妇女	军人	学生	其他
4.0	**7.4**	**5.4**	**4.4**	**7.9**	**5.2**
4.2	7.3	4.9	5.5	5.0	4.3
3.9	7.4	5.7	3.9	10.9	5.8
4.7	7.9	5.8	4.5	7.5	5.4
4.2	7.8	4.9	5.7	5.1	4.2
5.2	8.1	7.4	3.9	10.8	6.6
3.0	4.0	3.8	5.0	9.1	3.7
3.3	4.3	4.1	5.0	4.6	4.1
2.9	3.8	3.7	–	11.6	3.7
2.8	5.6	4.9	6.0	5.4	2.3
5.0	3.5	7.3	5.0	9.3	5.7
2.2	6.3	4.5	7.0	5.0	2.0
6.2	8.9	7.4	2.3	11.2	8.2
6.3	7.0	5.5	–	4.5	5.4
5.7	11.9	8.8	2.3	12.7	8.8

2－8　2004年入境过夜旅游者平均停留时间

		平均停留	旅游目的		
			观光游览	休闲度假	探访亲友
全国平均		**5.8**	**5.2**	**5.0**	**6.1**
	团体	5.1	5.1	5.2	6.0
	散客	6.2	5.4	4.8	6.1
外国人	小计	6.3	5.5	6.2	7.3
	团体	5.2	5.2	5.6	6.2
	散客	7.0	6.6	7.0	7.3
香港同胞	小计	3.8	3.5	2.9	3.5
	团体	3.9	4.0	3.4	3.3
	散客	3.8	2.9	2.7	3.5
澳门同胞	小计	3.9	3.1	2.9	4.8
	团体	4.9	4.3	5.1	22.0
	散客	3.6	2.4	2.4	4.5
台湾同胞	小计	7.8	6.3	5.8	8.8
	团体	5.9	6.1	4.8	6.2
	散客	8.3	6.2	6.1	8.9

(按外国人、港澳台胞、团体及散客、旅游目的分组)

单位:天/人

商务	会议	宗教朝拜	文化/体育/科技交流	其他
6.4	**4.2**	**7.6**	**6.5**	**8.8**
4.7	4.6	9.4	5.2	5.1
6.5	4.2	7.1	7.5	9.5
6.8	4.5	7.5	6.7	7.8
4.6	4.9	8.2	5.3	5.1
7.1	4.4	7.4	8.0	8.6
3.9	3.1	11.8	6.9	10.6
5.0	2.4	30.0	5.1	2.7
3.9	3.2	8.2	7.4	10.8
5.2	2.4	4.3	2.5	4.8
2.0	–	–	–	–
5.3	2.4	4.3	2.5	3.9
8.8	5.2	6.3	4.2	17.3
5.6	3.0	4.5	4.3	–
8.8	5.2	6.8	4.1	17.3

2－9 2004年外国过夜旅游者

	平均停留	职业				
		政府工作人员	专业技术人员	职员	技工人	商贸人员
日本	6.2	5.8	7.6	5.1	10.2	5.4
菲律宾	5.9	14.0	6.2	5.0	6.6	3.3
泰国	5.6	4.0	11.9	4.7	3.4	5.0
新加坡	6.5	7.5	6.2	5.7	6.4	6.2
印度尼西亚	7.0	3.8	3.8	5.6	3.7	7.9
马来西亚	7.2	8.7	7.0	4.7	13.8	6.2
韩国	5.2	4.0	6.7	4.4	4.5	5.3
朝鲜	3.5	3.5	3.0	3.3	3.3	3.4
蒙古	1.7	3.1	2.5	2.5	1.5	1.3
印度	7.9	4.0	11.4	6.8	2.2	7.2
英国	6.4	4.2	7.3	5.1	8.6	6.2
法国	9.3	11.9	7.6	8.3	15.8	6.6
德国	7.0	2.4	6.2	11.6	10.7	5.5
意大利	7.2	4.3	4.1	7.3	13.1	7.9
荷兰	7.6	7.5	8.6	2.9	2.0	9.3
瑞典	7.5	4.5	7.8	5.3	15.0	7.8
俄罗斯	3.3	3.3	4.4	4.0	2.9	3.1
瑞士	6.0	4.0	5.2	5.7	11.0	4.5
美国	10.0	7.3	11.0	8.5	13.7	8.7
加拿大	7.4	4.1	8.8	6.5	6.3	7.2
澳大利亚	7.3	7.6	6.8	7.7	11.1	5.9
非洲国家	7.1	–	7.4	5.5	–	5.6
南美国家	11.1	–	7.7	10.5	5.0	12.0
其他国家	6.8	4.7	6.7	6.0	6.4	6.1

平均停留时间(按国别、职业分组)

单位:天/人

服务员推销员	退休人员	家庭妇女	军人	学生	其他
4.4	6.3	6.5	–	8.4	5.2
3.4	3.8	3.8	–	12.0	8.8
5.0	8.0	4.0	–	5.2	6.9
5.7	8.0	7.4	5.0	8.4	5.2
8.0	15.8	7.7	4.0	5.4	5.8
3.0	9.5	4.7	–	7.0	5.2
4.9	4.2	4.3	2.6	5.8	5.7
3.1	4.4	3.7	–	3.4	3.7
–	1.9	1.9	1.0	3.0	1.5
–	9.3	4.0	5.0	10.8	3.0
3.4	7.4	5.8	–	8.4	5.5
4.7	11.2	8.6	4.0	9.5	10.3
4.7	7.2	7.0	–	4.0	8.7
9.2	3.0	2.0	–	9.2	3.8
3.0	11.3	7.0	2.0	12.2	3.8
5.0	8.0	6.5	–	7.1	8.4
2.7	3.3	2.5	2.0	3.5	2.8
3.0	10.0	12.0	–	6.3	13.0
5.6	15.7	11.8	3.8	10.9	6.3
9.8	7.1	7.4	–	7.3	8.3
5.8	8.7	8.1	–	7.8	7.3
–	9.0	8.7	2.0	7.0	20.0
3.0	6.0	0.0	30.0	30.0	5.0
5.2	4.8	9.6	5.1	13.1	5.7

2－10　2004年外国过夜旅游者平均停留时间

（按国别、旅游目的分组）

单位：天/人

	平均停留	旅游目的							
		观光游览	休闲度假	探亲访友	商务	会议	宗教朝拜	文体交流	其他
日　本	6.2	4.4	4.9	7.5	7.1	5.0	9.3	9.2	10.7
菲律宾	5.9	5.5	3.0	5.5	10.8	3.3	1.0	9.0	4.7
泰　国	5.6	4.3	3.8	5.6	8.6	9.6	8.0	10.8	3.6
新加坡	6.5	6.9	6.7	6.8	6.0	3.8	10.0	8.1	7.6
印度尼西亚	7.0	7.2	5.2	12.7	8.2	3.3	6.7	4.3	4.4
马来西亚	7.2	6.5	5.0	8.9	8.5	6.4	12.0	5.0	5.5
韩　国	5.2	4.2	4.2	8.4	6.1	4.4	10.0	5.2	8.0
朝　鲜	3.5	3.1	4.0	5.7	4.0	4.7	－	10.0	3.0
蒙　古	1.7	1.7	4.8	1.5	4.0	1.8	5.0	1.7	1.2
印　度	7.9	5.3	9.6	2.0	8.6	2.5	3.5	2.5	11.6
英　国	6.4	5.0	8.7	8.3	7.3	3.8	－	5.4	6.2
法　国	9.3	10.1	10.4	13.1	6.3	3.5	8.0	11.5	7.9
德　国	7.0	9.1	7.2	8.7	6.5	2.6	10.0	1.4	6.3
意大利	7.2	5.1	7.9	6.7	8.5	6.2	－	7.0	5.9
荷　兰	7.6	7.4	7.2	5.5	7.9	6.6	－	3.0	12.5
瑞　典	7.5	6.2	6.3	16.7	7.2	3.7	－	7.0	17.3
俄罗斯	3.3	3.2	3.2	4.8	3.4	2.8	1.0	4.4	3.5
瑞　士	6.0	8.3	8.6	7.0	4.6	5.0	－	3.0	5.0
美　国	10.0	9.6	11.1	16.4	9.6	3.1	8.4	6.1	12.0
加拿大	7.4	6.8	7.0	8.2	7.9	2.0	6.3	7.3	10.5
澳大利亚	7.3	7.1	8.2	9.4	6.5	4.9	－	11.8	6.4
非洲国家	7.1	8.0	2.0	9.1	6.5	3.0	－	2.5	30.0
南美国家	11.1	4.7	7.0	21.0	7.9	30.0	－	10.0	－
其他国家	6.8	5.9	8.0	8.3	6.3	5.9	4.5	4.6	9.0

2－11 2004年外国过夜旅游者平均停留时间
（按国别、性别、年龄分组）

单位：天/人

	平均停留	性别		年龄				
		男	女	14岁及以下	15～24岁	25～44岁	45～64岁	65岁及以上
日本	6.2	6.3	6.0	4.3	6.1	6.3	6.3	6.6
菲律宾	5.9	6.0	5.7	－	6.6	5.2	7.5	3.5
泰国	5.6	5.9	5.2	－	5.2	5.4	6.2	8.4
新加坡	6.5	6.6	6.5	7.0	6.2	6.1	8.7	7.5
印度尼西亚	7.0	7.2	6.7	3.5	7.0	5.6	7.9	11.6
马来西亚	7.2	7.8	6.3	－	6.7	7.2	8.1	7.7
韩国	5.2	5.4	4.7	5.2	5.2	5.2	5.3	4.2
朝鲜	3.5	3.6	3.3	－	3.3	3.3	3.4	5.1
蒙古	1.7	1.9	1.5	－	1.5	1.4	3.8	8.0
印度	7.9	7.9	8.1	－	5.5	7.9	9.4	11.8
英国	6.4	6.4	6.3	14.5	6.6	6.0	6.2	6.9
法国	9.3	9.5	9.1	1.0	9.8	7.4	9.5	12.0
德国	7.0	6.0	9.8	－	6.6	7.1	7.7	7.7
意大利	7.2	7.4	6.5	6.5	8.0	6.5	7.3	9.0
荷兰	7.6	8.2	6.2	－	7.3	7.1	7.0	16.7
瑞典	7.5	7.0	8.3	－	6.1	8.7	5.9	10.5
俄罗斯	3.3	3.5	3.1	2.6	3.2	3.4	3.4	3.1
瑞士	6.0	5.9	6.3	7.0	5.2	7.2	5.0	3.0
美国	10.0	10.1	10.0	11.7	10.7	9.0	8.0	14.5
加拿大	7.4	7.7	7.0	－	7.3	7.4	6.8	11.7
澳大利亚	7.3	7.2	7.4	5.0	8.0	6.7	6.8	8.7
非洲国家	7.1	6.5	9.4	－	7.1	7.0	10.2	2.0
南美国家	11.1	12.1	8.9	－	10.8	8.3	30.0	12.7
其他国家	6.8	6.7	6.9	3.0	5.1	6.5	9.9	7.5

2-12 2004年入境过夜旅游者在各城市平均停留时间

(按外国人、港澳台胞分组)

单位:天/人

	平均停留	外国人	香港同胞	澳门同胞	台湾同胞
北　京	3.9	4.0	3.3	3.0	3.9
天　津	3.2	3.4	2.5	2.5	2.4
石家庄	2.7	2.7	2.9	3.0	2.2
唐　山	2.1	2.1	1.9	2.7	2.0
秦皇岛	3.2	3.6	2.5	2.2	1.4
保　定	3.9	4.1	1.8	2.5	3.9
承　德	1.5	1.5	2.8	1.0	1.0
太　原	1.9	1.8	1.5	5.0	2.0
大　同	1.8	1.9	1.7	1.7	1.6
阳　泉	1.6	1.6	2.0	3.0	2.0
长　治	3.3	3.6	3.4	2.8	2.0
晋　城	3.3	3.2	4.5	3.0	4.0
朔　州	3.8	5.3	1.0	1.0	1.0
忻　州	1.3	1.3	1.0	1.8	1.3
吕　梁	1.5	1.5	-	-	-
晋　中	1.7	1.8	1.8	2.0	1.3
临　汾	1.3	1.1	1.0	1.3	2.3
运　城	2.7	2.7	2.0	2.0	3.4
呼和浩特	1.9	2.0	1.7	1.5	1.6
满州里	2.3	2.3	-	-	-
二连浩特	1.5	1.5	-	-	-
包　头	2.2	2.2	2.5	1.0	1.7
沈　阳	3.1	2.9	3.7	2.6	2.8
大　连	4.7	4.7	4.4	4.0	4.5
长　春	2.4	2.4	2.1	2.7	2.8
吉　林	4.9	5.6	1.8	5.0	2.3
延　吉	3.0	3.0	3.0	3.0	3.8

2－12(续1) 单位:天/人

	平均停留	外国人	香港同胞	澳门同胞	台湾同胞
哈尔滨	3.1	3.1	2.4	3.0	3.7
牡丹江	2.4	2.4	3.0	3.0	－
佳木斯	2.0	2.0	2.0	1.3	3.5
上　海	3.3	3.3	2.6	3.2	3.1
南　京	1.8	2.0	1.3	1.1	1.5
无　锡	2.3	2.4	2.2	1.3	2.1
苏　州	2.0	2.2	1.5	1.7	1.7
南　通	1.8	1.7	2.0	－	2.0
扬　州	1.8	2.0	1.4	1.3	1.6
杭　州	2.2	2.3	2.3	2.0	1.8
宁　波	2.3	2.4	2.1	2.6	2.0
温　州	2.5	2.7	1.9	1.5	1.8
绍　兴	2.3	2.6	1.6	1.0	1.7
金　华	3.0	3.0	3.1	2.0	3.0
合　肥	2.9	3.0	2.1	2.7	3.1
芜　湖	6.2	6.6	3.0	－	2.0
马鞍山	6.7	7.3	1.5	－	5.5
铜　陵	2.6	2.6	－	－	－
安　庆	2.5	2.5	－	－	－
黄　山	2.4	2.3	3.1	3.0	2.8
滁　州	5.4	5.7	2.8	－	6.5
池　州	2.2	2.2	2.0	2.0	2.3
宣　城	1.3	1.4	1.0	－	－
福　州	3.8	4.0	3.2	3.0	3.7
厦　门	4.2	4.7	3.3	2.0	2.7
泉　州	4.8	7.0	3.1	3.3	3.7
漳　州	2.3	2.1	2.0	3.0	3.7
南　昌	3.2	3.3	2.9	2.3	1.9
景德镇	1.9	1.9	1.8	2.2	1.6
九　江	2.8	2.9	2.8	2.2	2.5
鹰　潭	1.4	1.4	1.4	1.0	1.5
赣　州	2.5	2.7	2.4	1.6	2.1
吉　安	2.1	2.1	2.0	2.2	2.4

2-12(续2)　　单位:天/人

	平均停留	外国人	香港同胞	澳门同胞	台湾同胞
济　南	1.6	1.5	1.8	0.0	1.9
青　岛	3.1	3.3	2.6	2.0	2.1
烟　台	3.8	4.9	2.6	0.0	3.1
泰　安	1.6	1.8	1.3	1.7	1.6
威　海	2.8	2.9	2.5	0.0	2.2
郑　州	2.9	3.1	1.9	2.0	2.0
开　封	1.5	1.5	1.5	1.2	1.3
洛　阳	1.3	1.3	1.4	0.0	1.1
三门峡	1.3	1.3	1.6	1.8	1.3
武　汉	2.5	2.7	1.6	2.1	1.8
十　堰	2.2	3.4	1.8	1.7	1.8
宜　昌	1.7	1.8	1.9	1.5	1.3
襄　樊	2.6	2.9	1.9	2.0	2.0
荆　州	1.1	1.1	1.1	1.0	1.1
湖北游船	3.1	3.1	2.7	2.6	2.7
长　沙	4.3	4.5	3.5	3.5	4.5
湘　潭	2.3	2.3	2.7	2.0	1.4
衡　阳	4.3	6.2	2.0	2.4	3.3
岳　阳	2.1	1.9	2.8	1.7	2.0
张家界	2.3	2.3	2.6	2.8	2.3
广　州	5.6	5.8	3.8	4.9	9.0
深　圳	2.0	2.9	1.6	3.7	2.5
珠　海	2.7	3.4	2.1	2.4	3.0
汕　头	3.2	3.3	2.1	3.0	5.8
佛　山	3.5	4.4	2.6	2.5	2.7
江　门	3.5	1.0	6.0	-	-
中　山	2.6	3.8	2.3	1.4	2.9
南　宁	1.7	1.7	1.7	1.4	1.8
桂　林	2.3	2.2	2.7	2.2	2.6
梧　州	1.8	1.8	2.1	2.3	1.3
北　海	2.4	2.2	2.0	2.8	3.2
玉　林	3.6	2.9	5.0	4.2	3.6
百　色	3.0	3.5	2.5	2.4	2.5
凭　祥	1.2	1.1	1.1	1.2	1.4

2-12(续3)　　单位:天/人

	平均停留	外国人	香港同胞	澳门同胞	台湾同胞
海　　口	2.7	2.7	2.3	2.4	3.5
三　　亚	3.4	3.4	3.3	2.0	2.8
重　　庆	3.5	3.7	3.2	4.5	2.6
重庆游船	3.6	3.5	4.4	3.7	3.9
成　　都	3.0	3.0	2.7	3.1	2.5
绵　　阳	2.7	2.9	2.3	2.0	2.0
乐　　山	1.7	1.8	1.6	1.5	1.5
阿 坝 州	2.1	2.1	2.0	2.6	2.1
贵　　阳	2.7	2.8	2.5	2.6	2.6
黔 东 南	1.7	1.6	1.8	4.3	1.6
昆　　明	3.3	3.4	3.2	3.3	3.0
景　　洪	2.5	2.5	2.0	2.0	2.8
大　　理	2.3	2.3	2.6	–	2.4
拉　　萨	7.0	7.1	7.7	5.8	5.8
西　　安	2.9	2.9	2.5	3.3	2.3
咸　　阳	2.3	2.3	2.6	–	2.2
兰　　州	2.1	2.1	2.0	2.0	1.9
敦　　煌	1.7	1.7	1.8	1.2	1.6
西　　宁	2.6	2.5	4.0	2.0	2.2
银　　川	2.4	2.4	3.1	2.5	2.7
乌鲁木齐	4.8	4.8	5.4	4.4	5.3
吐 鲁 番	1.0	1.0	1.2	–	1.0
库 尔 勒	3.4	3.8	2.4	1.0	2.7
喀　　什	2.0	2.0	1.6	2.0	1.3

2－13 2004年入境过夜旅游者在各城市平均停留时间
（按性别、年龄分组）

单位：天/人

	平均停留	性别		年龄				
		男	女	14岁及以下	15～24岁	25～44岁	45～64岁	65岁及以上
北　京	3.9	4.1	3.7	4.3	4.0	3.9	3.9	4.1
天　津	3.2	3.5	2.7	1.8	3.6	3.3	3.3	2.0
石家庄	2.7	2.7	2.6	－	2.2	2.7	2.8	3.5
唐　山	2.1	2.1	2.1	－	2.1	2.0	2.2	2.5
秦皇岛	3.2	3.4	3.0	2.0	2.5	2.3	5.1	9.3
保　定	3.9	3.6	4.9	－	13.0	3.9	2.8	4.6
承　德	1.5	1.8	1.1	－	1.3	1.8	1.5	1.0
太　原	1.9	1.8	2.0	－	2.0	2.0	1.7	1.8
大　同	1.8	2.0	1.5	1.0	1.4	1.7	2.1	2.3
阳　泉	1.6	1.6	2.0	－	－	1.6	1.7	－
长　治	3.3	3.2	3.3	7.0	2.3	3.3	3.0	－
晋　城	3.3	3.7	2.9	－	3.3	3.3	3.3	3.0
朔　州	3.8	4.0	3.3	1.0	－	1.8	5.3	1.0
忻　州	1.3	1.3	1.4	－	1.0	1.4	1.4	1.1
吕　梁	1.5	1.8	1.2	－	－	1.5	1.3	3.0
晋　中	1.7	1.9	1.5	1.0	1.7	2.0	1.5	1.6
临　汾	1.3	1.4	1.1	－	－	1.4	1.5	1.0
运　城	2.7	2.4	3.1	－	2.3	2.7	2.9	2.6
呼和浩特	1.9	1.9	1.9	－	1.8	2.0	1.8	2.2
满州里	2.3	2.3	2.3	2.0	2.1	2.3	2.2	－
二连浩特	1.5	1.8	1.3	2.5	2.6	1.4	1.5	1.5
包　头	2.2	2.2	2.0	－	1.6	2.2	2.2	2.1
沈　阳	3.1	3.3	2.7	7.0	3.6	2.8	2.7	4.9
大　连	4.7	4.7	4.5	3.4	4.4	4.6	4.9	5.0
长　春	2.4	2.5	2.3	－	4.8	2.3	2.3	2.3
吉　林	4.9	5.3	3.8	－	4.6	6.0	4.2	4.2
延　吉	3.0	2.8	3.3	6.0	3.2	3.1	2.9	2.5

	平均停留	性别		年龄				
		男	女	14岁及以下	15～24岁	25～44岁	45～64岁	65岁及以上
哈尔滨	3.1	3.2	2.9	2.0	3.0	3.5	2.7	2.4
牡丹江	2.4	2.1	2.5	3.0	1.9	2.3	2.6	1.9
佳木斯	2.0	2.1	1.9	–	2.3	2.1	1.7	3.0
上海	3.3	3.4	3.1	3.0	3.0	3.3	3.3	3.0
南京	1.8	1.8	1.7	–	1.5	1.7	1.9	1.9
无锡	2.3	2.7	1.9	1.0	1.9	2.2	2.8	2.9
苏州	2.0	2.2	1.7	1.0	1.4	2.2	2.1	1.4
南通	1.8	1.8	1.8	2.0	1.3	1.9	1.7	1.0
扬州	1.8	2.0	1.4	–	1.4	1.9	1.8	1.8
杭州	2.2	2.3	2.1	3.0	2.0	2.3	2.2	2.1
宁波	2.3	2.5	2.1	–	2.6	2.2	2.5	2.2
温州	2.5	2.5	2.4	–	3.0	2.5	2.3	3.0
绍兴	2.3	2.5	2.1	4.0	3.7	2.1	2.3	2.3
金华	3.0	3.2	2.1	–	3.8	2.6	3.6	4.0
合肥	2.9	3.0	2.5	–	1.7	2.8	3.1	4.0
芜湖	6.2	6.7	1.5	–	–	7.2	2.0	–
马鞍山	6.7	7.7	3.2	–	–	8.9	3.5	–
铜陵	2.6	2.6	–	–	–	1.6	3.3	–
安庆	2.5	2.5	–	–	–	–	2.5	–
黄山	2.4	2.5	2.3	1.7	3.1	2.3	2.3	2.5
滁州	5.4	6.3	2.3	–	1.5	5.2	6.9	–
池州	2.2	2.0	2.3	–	2.0	2.0	2.4	2.2
宣城	1.3	1.3	1.2	1.0	1.0	1.2	1.5	1.0
福州	3.8	3.6	4.2	1.0	6.5	3.0	4.0	6.4
厦门	4.2	4.6	3.1	3.0	2.6	3.8	5.4	2.9
泉州	4.8	5.9	2.5	–	3.1	5.3	5.2	3.1
漳州	2.3	2.1	2.4	5.0	2.0	2.0	2.6	2.3
南昌	3.2	3.0	3.4	–	2.4	3.4	3.3	2.2
景德镇	1.9	2.0	1.7	1.0	2.0	2.2	1.7	1.2
九江	2.8	2.9	2.5	–	1.5	2.6	3.2	2.3
鹰潭	1.4	1.4	1.3	1.0	1.2	1.5	1.3	1.2
赣州	2.5	2.7	1.9	1.0	1.0	2.3	2.6	2.8
吉安	2.1	2.3	1.8	–	1.9	1.9	2.2	2.9

单位:天/人

	平均停留	性别		年龄				
		男	女	14岁及以下	15～24岁	25～44岁	45～64岁	65岁及以上
济南	1.6	1.7	1.4	1.0	2.6	1.7	1.4	1.3
青岛	3.1	3.2	2.9	5.0	3.2	3.1	3.2	2.7
烟台	3.8	3.6	4.2	2.0	4.9	3.3	4.4	3.1
泰安	1.6	1.7	1.6	－	1.7	1.6	1.8	1.5
威海	2.8	2.8	2.3	－	2.7	2.8	2.8	－
郑州	2.9	2.6	3.3	2.0	3.1	3.4	2.2	2.0
开封	1.5	1.6	1.3	－	1.8	1.5	1.4	1.5
洛阳	1.3	1.4	1.2	－	1.1	1.5	1.2	1.3
三门峡	1.3	1.4	1.3	－	1.0	1.5	1.3	1.0
武汉	2.5	2.9	1.8	2.5	1.9	2.7	2.5	1.8
十堰	2.2	2.0	2.6	－	3.1	2.1	2.2	1.0
宜昌	1.7	1.9	1.4	－	1.7	1.6	2.1	1.4
襄樊	2.6	2.8	2.1	2.0	2.0	2.5	3.1	－
荆州	1.1	1.1	1.1	－	1.0	1.1	1.1	1.2
湖北游船	3.1	3.1	3.1	4.0	3.5	3.3	3.0	3.1
长沙	4.3	4.6	4.0	2.0	4.8	4.2	4.5	3.2
湘潭	2.3	2.3	2.2	－	2.0	2.5	1.9	1.5
衡阳	4.3	4.1	4.7	30.0	8.3	4.0	2.2	2.4
岳阳	2.1	2.3	1.6	－	1.2	2.3	2.1	1.0
张家界	2.3	2.4	2.2	3.0	2.5	2.3	2.3	2.3
广州	5.6	5.6	5.6	2.5	7.6	5.4	5.5	5.5
深圳	2.0	2.0	1.8	－	1.9	2.0	1.9	2.6
珠海	2.7	2.9	2.4	1.0	2.6	2.8	2.7	2.7
汕头	3.2	3.3	2.8	3.0	2.6	3.3	3.2	2.6
佛山	3.5	3.8	3.1	－	1.8	3.9	3.8	2.8
江门	3.5	3.5	－	－	－	1.0	6.0	－
中山	2.6	3.0	2.1	3.0	2.1	2.4	3.0	2.9
南宁	1.7	1.6	1.8	－	1.5	1.7	1.7	1.7
桂林	2.3	2.4	2.1	3.0	3.0	2.4	2.2	2.2
梧州	1.8	1.9	1.6	1.3	1.4	2.3	1.7	1.8
北海	2.4	2.5	1.9	2.5	1.0	2.5	1.6	6.0
玉林	3.6	3.6	3.7	－	1.0	3.6	3.9	3.8
百色	3.0	3.7	2.2	4.0	2.9	2.7	3.5	2.5
凭祥	1.2	1.1	1.3	－	1.2	1.2	1.3	1.2

单位:天/人

	平均停留	性别		年龄				
		男	女	14岁及以下	15～24岁	25～44岁	45～64岁	65岁及以上
海　口	2.7	2.8	2.6	1.0	2.6	2.7	3.0	2.1
三　亚	3.4	3.3	3.5	3.5	3.3	3.5	3.1	3.8
重　庆	3.5	3.8	2.9	－	3.2	3.9	3.4	2.0
重庆游船	3.6	3.5	3.7	3.3	3.9	3.8	3.5	3.2
成　都	3.0	3.1	2.7	2.7	3.0	2.9	3.0	3.1
绵　阳	2.7	2.5	3.0	6.5	2.7	3.1	2.1	1.9
乐　山	1.7	1.8	1.7	1.3	1.5	1.9	1.7	1.2
阿坝州	2.1	2.1	2.1	1.8	2.1	2.1	2.1	2.2
贵　阳	2.7	2.7	2.6	2.8	2.7	2.8	2.6	2.5
黔东南	1.7	1.8	1.5	－	2.3	2.0	1.7	1.3
昆　明	3.3	3.4	3.1	2.4	3.7	3.3	3.2	3.4
景　洪	2.5	2.5	2.4	－	－	2.0	2.9	2.9
大　理	2.3	2.4	2.3	－	3.1	2.2	2.1	2.0
拉　萨	7.0	7.1	6.5	4.0	7.4	7.3	6.8	6.4
西　安	2.9	3.1	2.5	3.9	2.5	2.9	3.0	2.5
咸　阳	2.3	2.3	3.0	－	－	3.0	2.0	2.0
兰　州	2.1	2.0	2.1	－	2.1	2.1	2.0	2.0
敦　煌	1.7	1.6	1.8	－	2.0	2.0	1.6	1.4
西　宁	2.6	2.7	2.4	－	2.7	2.7	2.4	2.7
银　川	2.4	2.5	2.2	－	4.2	2.1	2.4	3.9
乌鲁木齐	4.8	4.6	5.1	－	4.9	4.7	4.9	5.8
吐鲁番	1.0	1.0	1.0	1.0	1.0	1.0	1.1	1.0
库尔勒	3.4	4.7	1.5	－	1.9	3.9	2.1	11.5
喀　什	2.0	2.1	1.9	－	2.7	1.6	2.1	2.1

2－14　2004年入境过夜旅游者在各城市

	平均停留	职业				
		政府工作人员	专业技术人员	职员	技工工人	商贸人员
北　京	3.9	4.1	4.2	3.3	4.0	4.3
天　津	3.2	2.7	4.6	2.4	3.5	3.6
石家庄	2.7	1.5	2.5	1.9	2.4	3.0
唐　山	2.1	3.0	2.6	2.4	3.4	1.5
秦皇岛	3.2	2.8	5.6	1.7	1.4	2.8
保　定	3.9	2.7	3.8	6.3	7.6	2.8
承　德	1.5	1.7	2.2	1.4	1.0	2.8
太　原	1.9	1.0	2.0	2.2	1.0	2.2
大　同	1.8	2.1	1.9	1.9	1.7	1.3
阳　泉	1.6	－	1.7	2.0	－	1.6
长　治	3.3	3.0	4.0	3.3	3.0	2.8
晋　城	3.3	3.3	2.3	2.9	2.5	4.5
朔　州	3.8	1.0	2.3	4.6	20.0	1.0
忻　州	1.3	1.3	1.4	1.3	1.3	1.4
吕　梁	1.5	1.3	1.0	2.0	－	2.0
晋　中	1.7	1.4	1.8	1.6	1.8	1.8
临　汾	1.3	1.0	1.5	1.0	1.5	10.0
运　城	2.7	2.1	2.3	3.7	3.0	2.0
呼和浩特	1.9	2.0	2.6	1.9	1.4	2.0
满州里	2.3	2.3	2.3	2.1	2.0	2.3
二连浩特	1.5	3.1	1.4	1.7	1.1	1.4
包　头	2.2	1.9	2.3	2.1	1.8	2.6
沈　阳	3.1	2.7	2.7	2.9	4.0	3.6
大　连	4.7	4.8	5.4	4.2	4.4	4.5
长　春	2.4	2.0	2.4	2.3	2.7	2.4
吉　林	4.9	2.3	6.6	2.2	12.6	3.5
延　吉	3.0	4.0	3.4	3.5	3.0	2.6

平均停留时间(按职业分组)

单位:天/人

服务员推销员	退休人员	家庭妇女	军人	学生	其他
3.5	3.6	3.6	5.8	3.9	4.2
2.3	1.4	2.1	–	3.3	3.9
–	2.5	3.0	–	2.0	2.0
1.0	1.3	2.3	1.0	1.0	1.6
1.5	2.0	5.0	4.0	3.0	2.1
2.0	5.6	2.2	–	10.2	2.3
1.4	1.0	1.2	–	1.2	2.0
–	1.3	1.7	–	–	1.6
1.5	2.1	1.7	2.0	1.5	2.0
–	–	–	–	–	1.0
–	3.0	–	–	3.5	2.0
2.6	5.5	–	4.0	3.0	–
4.0	8.0	–	1.0	1.0	1.0
1.0	1.5	1.3	1.0	–	1.0
–	3.0	–	1.0	–	1.0
2.1	1.9	1.0	–	1.4	2.0
1.0	1.0	1.0	–	1.5	1.0
5.5	2.2	4.7	2.0	2.0	–
1.5	2.3	1.0	3.0	1.7	2.0
2.0	1.7	3.0	–	2.0	2.4
2.0	1.0	1.2	1.5	2.0	1.7
1.5	1.9	2.0	–	1.6	2.3
1.6	3.2	3.0	3.0	3.8	2.7
3.5	4.1	5.2	4.0	4.6	4.7
1.9	1.9	1.9	–	4.8	2.3
1.0	2.8	1.0	–	2.0	2.3
2.7	2.6	2.5	–	3.0	2.6

2－14(续1)

	平均停留	职业				
		政府工作人员	专业技术人员	职员	技工人	商贸人员
哈尔滨	3.1	2.3	3.0	4.2	3.9	3.3
牡丹江	2.4	2.5	2.1	2.1	2.2	3.1
佳木斯	2.0	1.2	2.7	2.2	3.0	1.7
上海	3.3	2.8	3.9	3.0	3.7	3.3
南京	1.8	2.5	2.2	1.7	2.1	1.7
无锡	2.3	1.9	2.8	1.9	2.1	2.8
苏州	2.0	2.2	3.2	1.6	2.8	2.1
南通	1.8	1.0	2.0	1.6	1.3	1.9
扬州	1.8	1.5	2.1	1.9	1.4	2.2
杭州	2.2	1.9	2.5	2.2	2.7	2.4
宁波	2.3	1.5	2.8	2.3	2.7	2.3
温州	2.5	4.5	2.1	1.9	2.0	2.6
绍兴	2.3	3.0	3.2	1.3	3.4	2.1
金华	3.0	1.0	2.1	2.2	4.3	3.5
合肥	2.9	4.7	4.3	2.4	1.6	2.2
芜湖	6.2	－	9.9	2.3	2.2	8.5
马鞍山	6.7	－	8.7	2.7	10.3	2.2
铜陵	2.6	－	2.8	－	1.0	2.0
安庆	2.5	－	3.0	－	1.0	3.0
黄山	2.4	2.8	2.7	2.6	2.4	2.1
滁州	5.4	1.0	1.3	2.0	－	7.5
池州	2.2	4.0	2.4	2.4	1.8	2.2
宣城	1.3	2.0	1.0	1.5	1.0	1.0
福州	3.8	3.5	3.8	2.5	6.0	3.9
厦门	4.2	2.0	6.5	2.8	8.9	3.6
泉州	4.8	－	6.7	2.6	－	5.7
漳州	2.3	2.8	3.0	2.0	1.7	2.5
南昌	3.2	2.5	3.3	3.6	4.0	2.7
景德镇	1.9	1.3	3.4	1.8	1.0	1.6
九江	2.8	3.0	5.3	2.1	3.6	2.6
鹰潭	1.4	1.5	1.5	1.4	2.0	1.7
赣州	2.5	1.4	2.7	1.6	2.6	2.8
吉安	2.1	1.9	2.1	1.9	2.0	2.1

单位:天/人

服务员推销员	退休人员	家庭妇女	军人	学生	其他
2.9	2.8	2.2	1.0	2.9	2.2
1.7	2.2	2.1	2.0	2.0	2.1
2.0	1.8	2.0	-	1.5	2.0
3.1	2.7	3.0	1.0	2.5	3.1
5.0	1.3	1.9	-	1.3	1.3
2.0	1.2	1.2	3.0	1.6	2.4
1.8	1.1	1.3	-	1.3	1.1
-	3.0	1.4	1.0	2.0	1.3
1.5	1.4	1.0	1.0	1.0	1.4
1.9	1.8	2.1	-	1.8	2.0
2.6	2.0	1.6	-	1.6	1.6
5.0	1.5	3.0	-	3.3	1.4
1.7	1.3	2.0	-	1.5	2.3
-	1.5	1.5	-	1.0	3.0
2.5	5.0	3.9	-	1.7	2.5
-	-	-	-	7.0	-
-	-	-	-	-	2.0
-	-	-	-	-	-
-	-	-	-	-	-
2.3	2.3	2.0	-	2.7	2.6
8.0	-	-	-	-	3.8
1.5	2.3	1.8	-	1.5	2.5
-	1.0	-	-	1.0	1.3
1.7	5.1	5.9	7.0	3.8	3.9
4.0	2.2	2.7	1.5	2.5	6.2
4.0	2.3	2.8	3.0	1.5	4.0
1.0	2.0	3.0	-	3.0	-
2.7	3.0	3.8	1.0	4.0	3.9
1.5	1.3	1.0	1.5	1.0	1.6
2.5	2.3	2.3	-	1.5	2.5
1.0	1.1	1.2	-	1.0	1.3
1.7	2.8	2.8	-	1.0	2.2
2.0	3.6	1.3	-	1.8	2.3

2-14(续2)

	平均停留	职业				
		政府工作人员	专业技术人员	职员	技工工人	商贸人员
济南	1.6	2.1	1.9	1.5	1.4	1.9
青岛	3.1	2.7	3.8	2.3	2.5	3.5
烟台	3.8	2.5	4.0	2.3	3.4	4.0
泰安	1.6	1.0	2.3	1.2	2.0	2.2
威海	2.8	1.9	2.5	2.4	2.0	3.0
郑州	2.9	2.9	2.3	1.9	4.8	2.7
开封	1.5	2.9	1.5	1.5	1.8	1.5
洛阳	1.3	1.0	1.5	1.2	1.3	1.8
三门峡	1.3	3.7	1.5	1.3	1.3	1.5
武汉	2.5	2.6	3.5	1.9	4.6	3.1
十堰	2.2	3.7	2.5	2.3	1.4	2.1
宜昌	1.7	1.8	2.9	1.7	1.0	1.6
襄樊	2.6	-	3.2	2.1	3.0	2.4
荆州	1.1	1.0	1.0	1.1	1.3	1.1
湖北游船	3.1	3.0	2.9	3.0	2.5	3.1
长沙	4.3	4.1	4.7	3.9	3.0	4.3
湘潭	2.3	1.8	2.8	1.6	2.4	2.3
衡阳	4.3	1.7	6.2	1.7	7.0	2.4
岳阳	2.1	1.9	1.9	1.6	1.4	2.8
张家界	2.3	2.2	2.4	2.5	2.6	2.5
广州	5.6	3.3	5.3	4.2	3.5	6.0
深圳	2.0	2.0	2.2	1.6	1.7	2.2
珠海	2.7	1.8	3.4	2.3	2.6	3.1
汕头	3.2	2.6	4.6	4.5	3.1	2.8
佛山	3.5	1.9	5.1	2.3	5.4	3.9
江门	3.5	-	6.0	-	-	1.0
中山	2.6	1.9	3.4	1.7	2.4	2.8
南宁	1.7	1.4	1.8	1.7	1.7	2.0
桂林	2.3	2.5	2.5	2.2	2.3	2.5
梧州	1.8	1.9	1.8	1.6	2.3	2.3
北海	2.4	-	1.6	1.5	7.4	2.0
玉林	3.6	-	3.2	3.8	3.0	-
百色	3.0	3.6	3.6	5.0	2.5	1.8
凭祥	1.2	1.0	1.5	1.4	1.0	1.0

单位:天/人

服务员 推销员	退休人员	家庭妇女	军人	学生	其他
1.6	1.3	1.2	1.0	1.2	1.6
2.0	1.8	2.1	12.0	3.1	2.0
–	3.2	4.0	5.0	5.0	4.7
3.5	1.4	1.5	–	1.7	1.6
–	3.3	–	–	–	8.0
1.8	2.5	2.0	2.0	2.5	4.9
1.5	1.1	1.1	–	1.0	1.4
2.0	1.2	1.0	1.0	1.1	1.4
1.0	1.1	1.1	–	1.0	1.0
1.8	1.7	1.7	2.3	1.8	2.3
1.0	1.8	1.6	–	–	2.9
1.0	1.1	1.2	–	1.9	2.0
2.5	1.7	2.0	–	1.5	1.3
1.0	1.2	1.2	1.0	1.0	1.0
2.0	3.1	3.0	–	3.6	3.5
3.2	4.6	4.1	4.0	4.3	6.4
–	–	2.0	–	1.8	2.0
1.0	1.6	6.1	3.0	10.9	1.8
1.5	2.2	1.0	4.0	1.6	1.8
2.0	2.3	2.3	–	3.3	2.2
2.7	5.6	5.8	10.0	8.9	4.6
1.6	1.9	1.7	1.6	2.2	2.1
2.4	2.2	2.4	7.5	2.4	2.9
3.0	3.0	2.6	–	2.5	2.6
5.6	2.4	3.2	–	2.0	2.1
–	–	–	–	–	–
2.4	4.2	2.1	–	2.8	1.7
1.6	1.6	1.6	–	1.5	1.5
2.5	2.0	2.1	–	2.6	2.6
–	1.7	1.7	1.0	1.3	1.3
1.0	9.3	1.5	–	–	1.8
3.3	3.8	3.6	–	–	4.5
2.5	2.1	2.3	–	2.6	3.4
–	1.2	1.0	–	1.3	1.3

2-14(续3)

	平均停留	职业				
		政府工作人员	专业技术人员	职员	技工人	商贸人员
海口	2.7	3.3	3.0	2.2	2.8	2.8
三亚	3.4	3.9	3.2	3.1	3.3	3.2
重庆	3.5	5.1	4.8	2.9	4.5	3.5
重庆游船	3.6	3.8	3.7	3.6	4.0	3.9
成都	3.0	2.5	3.2	2.5	3.2	3.1
绵阳	2.7	2.1	4.2	2.0	1.7	2.3
乐山	1.7	1.4	2.0	1.2	3.1	1.5
阿坝州	2.1	2.0	2.1	1.9	3.0	2.3
贵阳	2.7	3.1	3.0	2.7	3.1	2.8
黔东南	1.7	1.3	1.5	1.7	-	1.2
昆明	3.3	3.0	3.9	2.7	4.2	3.5
景洪	2.5	3.0	2.4	1.9	1.0	3.1
大理	2.3	-	2.3	2.5	1.5	2.4
拉萨	7.0	5.8	5.9	7.5	6.7	7.1
西安	2.9	2.4	3.7	2.2	4.4	3.0
咸阳	2.3	1.5	2.0	3.3	2.4	2.3
兰州	2.1	1.9	2.0	2.3	2.1	2.0
敦煌	1.7	1.4	1.8	1.7	1.7	1.7
西宁	2.6	3.2	2.6	2.6	2.8	2.8
银川	2.4	2.1	2.4	2.2	1.4	2.8
乌鲁木齐	4.8	5.5	4.6	5.1	4.5	4.6
吐鲁番	1.0	1.0	1.0	1.0	1.0	1.0
库尔勒	3.4	2.0	8.8	1.4	5.5	3.6
喀什	2.0	1.9	1.9	1.8	1.7	1.8

单位:天/人

服务员推销员	退休人员	家庭妇女	军人	学生	其他
2.3	2.2	3.0	–	2.7	2.9
3.7	3.7	4.4	3.6	3.2	3.4
2.8	2.0	2.6	1.5	2.8	3.4
3.5	3.4	3.5	4.0	3.7	2.5
2.8	2.9	2.3	6.0	2.7	3.6
1.2	2.1	1.2	7.0	4.3	1.9
1.5	1.6	1.7	–	1.3	3.8
2.1	2.2	1.7	2.0	2.2	2.0
2.8	2.8	2.5	–	2.1	1.8
2.0	2.0	1.5	2.0	2.3	1.7
2.0	2.7	3.2	3.7	3.9	3.0
–	2.6	–	–	–	2.3
2.5	2.0	3.0	–	2.4	2.2
7.8	6.7	6.4	–	6.3	6.3
3.6	2.3	2.3	3.5	2.7	3.1
–	1.9	3.5	2.0	–	1.8
2.0	2.1	1.8	2.0	2.4	2.1
1.6	1.5	1.6	0.0	2.1	1.7
2.6	2.5	2.1	–	2.1	2.6
–	3.3	–	–	–	–
5.0	5.2	5.3	4.0	4.7	4.9
1.0	1.4	1.0	–	1.0	1.0
1.0	1.2	1.3	–	1.0	–
2.0	2.2	2.3	–	2.3	2.1

2－15 2004年入境过夜旅游者在各城市平均停留时间
（按旅游目的分组）

单位：天/人

	平均停留	旅游目的							
		观光游览	休闲度假	探亲访友	商务	会议	宗教朝拜	文体交流	其他
北　京	3.9	3.5	3.6	4.0	4.5	3.5	3.3	4.5	5.5
天　津	3.2	2.3	3.1	2.1	3.7	3.1	2.7	2.5	3.7
石家庄	2.7	1.7	3.5	2.2	2.9	2.7	－	2.1	2.0
唐　山	2.1	1.6	1.8	2.2	2.3	2.4	－	1.4	1.3
秦皇岛	3.2	3.0	1.9	1.5	4.6	5.5	－	3.3	4.3
保　定	3.9	4.1	8.1	4.7	2.7	3.0	4.3	5.2	2.0
承　德	1.5	1.2	1.4	－	3.6	2.5	2.0	2.0	－
太　原	1.9	1.6	1.6	2.5	2.2	2.0	1.2	2.2	1.4
大　同	1.8	1.8	1.9	2.0	3.0	1.0	1.5	1.5	－
阳　泉	1.6	－	－	－	1.6	－	－	1.8	1.0
长　治	3.3	2.6	2.8	5.7	3.2	3.5	－	7.0	3.0
晋　城	3.3	4.3	3.7	3.0	3.6	2.8	－	－	3.0
朔　州	3.8	4.5	－	1.0	1.8	－	－	4.7	10.5
忻　州	1.3	1.3	1.4	1.0	－	1.0	1.3	2.0	1.0
吕　梁	1.5	1.0	－	－	1.7	－	1.8	1.5	1.0
晋　中	1.7	1.7	1.6	1.8	2.2	2.0	1.2	1.0	1.0
临　汾	1.3	1.0	1.1	－	10.0	－	1.0	1.7	2.0
运　城	2.7	2.0	2.3	6.5	2.8	－	3.7	－	5.3
呼和浩特	1.9	1.8	2.0	1.9	1.8	1.7	－	2.6	2.0
满洲里	2.3	2.5	2.0	－	2.2	2.0	－	－	2.1
二连浩特	1.5	1.5	1.0	1.5	－	1.0	－	－	2.0
包　头	2.2	2.0	1.8	1.5	2.7	2.0	－	1.7	1.8
沈　阳	3.1	2.2	3.1	3.2	3.7	2.9	－	2.4	3.0
大　连	4.7	4.3	4.3	6.2	4.9	4.8	4.3	3.9	4.5
长　春	2.4	1.8	2.3	2.4	2.5	2.2	1.0	2.5	2.8
吉　林	4.9	1.6	2.7	3.3	10.6	2.0	－	2.7	3.0
延　吉	3.0	2.7	3.2	3.0	2.7	5.0	－	3.9	6.3

2－15(续1) 单位:天/人

	平均停留	旅游目的							
		观光游览	休闲度假	探亲访友	商务	会议	宗教朝拜	文体交流	其他
哈尔滨	3.1	2.7	3.4	3.0	4.4	2.3	2.0	2.0	2.1
牡丹江	2.4	2.4	2.1	1.9	2.8	2.0	－	2.1	1.9
佳木斯	2.0	1.5	1.3	2.5	1.8	2.4	2.0	2.9	2.0
上海	3.3	2.6	3.3	4.1	3.6	2.7	13.5	2.9	3.7
南京	1.8	1.4	2.1	2.0	2.0	2.1	－	2.0	1.4
无锡	2.3	1.3	2.0	2.2	2.7	2.9	－	3.3	4.7
苏州	2.0	1.3	1.4	1.6	3.0	2.3	2.0	1.7	1.0
南通	1.8	1.4	2.0	1.7	1.9	1.4	－	2.3	1.0
扬州	1.8	1.3	1.5	1.7	2.3	1.6	－	2.8	1.0
杭州	2.2	1.9	2.0	4.3	2.5	2.9	1.2	3.8	2.6
宁波	2.3	1.9	2.2	2.5	2.5	1.5	2.0	－	3.0
温州	2.5	2.1	2.6	3.7	2.7	2.2	－	1.3	1.8
绍兴	2.3	1.7	1.6	1.5	2.8	2.0	2.5	2.2	3.4
金华	3.0	1.5	2.4	4.0	3.5	1.5	－	2.0	－
合肥	2.9	2.1	2.3	3.2	3.1	2.6	－	2.9	2.8
芜湖	6.2	－	4.0	2.0	6.9	－	－	－	－
马鞍山	6.7	2.0	5.5	9.0	8.5	4.8	3.0	－	2.0
铜陵	2.6	－	－	－	2.7	－	－	－	1.0
安庆	2.5	－	－	－	2.5	－	－	－	－
黄山	2.4	2.3	2.6	6.0	2.0	3.0	－	2.3	1.0
滁州	5.4	2.0	11.0	1.3	5.8	－	－	5.5	4.5
池州	2.2	2.0	2.8	3.3	－	2.7	1.8	3.0	－
宣城	1.3	1.3	1.0	1.0	1.6	1.2	－	1.0	1.0
福州	3.8	5.1	4.1	3.1	3.6	2.8	1.1	2.5	6.7
厦门	4.2	2.7	4.1	4.0	5.1	2.6	2.5	2.0	3.0
泉州	4.8	1.7	3.5	3.8	5.9	1.5	2.0	5.0	－
漳州	2.3	2.1	3.0	2.9	1.9	－	1.7	－	2.0
南昌	3.2	3.1	3.8	4.4	2.2	3.8	3.6	2.3	4.3
景德镇	1.9	1.5	1.6	2.0	3.3	2.0	－	3.2	2.0
九江	2.8	2.1	2.0	3.8	3.6	2.5	3.0	3.4	3.5
鹰潭	1.4	1.2	1.6	2.0	1.5	1.5	1.0	1.4	1.7
赣州	2.5	1.8	1.7	4.4	2.9	1.3	2.0	3.2	1.9
吉安	2.1	2.0	2.1	4.4	1.9	2.5	3.0	1.8	1.6

	平均停留	旅游目的							
		观光游览	休闲度假	探亲访友	商务	会议	宗教朝拜	文体交流	其他
济　南	1.6	1.3	1.7	1.3	2.0	2.4	1.0	1.6	2.0
青　岛	3.1	2.4	2.9	3.9	3.4	2.1	1.0	3.0	8.5
烟　台	3.8	2.9	3.7	3.8	4.6	2.3	−	4.5	1.7
泰　安	1.6	1.4	2.2	1.3	3.5	1.0	3.0	2.0	−
威　海	2.8	2.9	4.2	2.0	2.7	2.6	−	1.7	3.2
郑　州	2.9	1.7	2.0	3.6	2.9	2.6	2.0	6.7	1.5
开　封	1.5	1.3	1.8	2.2	2.5	1.0	1.0	1.7	−
洛　阳	1.3	1.2	1.2	1.0	2.2	−	1.0	2.7	1.3
三门峡	1.3	1.3	1.2	1.0	2.0	1.7	1.0	1.3	1.0
武　汉	2.5	1.5	1.9	2.3	3.4	3.4	1.5	3.3	3.5
十　堰	2.2	2.1	2.1	1.0	2.9	1.7	1.9	1.8	−
宜　昌	1.7	1.4	1.4	1.7	2.4	1.7	−	1.8	−
襄　樊	2.6	1.6	1.7	2.0	2.9	2.0	1.0	2.4	4.8
荆　州	1.1	1.0	1.0	1.7	1.1	−	1.0	1.0	1.0
湖北游船	3.1	3.1	3.0	3.3	−	−	−	−	−
长　沙	4.3	3.9	4.7	4.7	5.0	3.7	3.4	4.2	4.3
湘　潭	2.3	1.9	1.7	−	2.3	2.5	−	2.8	1.4
衡　阳	4.3	2.9	4.9	4.4	6.0	5.0	1.1	2.2	7.0
岳　阳	2.1	1.6	2.5	3.3	2.7	2.8	1.0	2.0	2.0
张家界	2.3	2.3	2.3	2.0	3.0	−	−	3.3	−
广　州	5.6	2.6	5.6	7.0	5.8	3.5	3.0	7.1	10.3
深　圳	2.0	1.7	1.8	2.2	2.4	2.0	1.5	2.2	2.2
珠　海	2.7	2.4	2.4	3.3	3.2	2.8	3.0	5.5	2.8
汕　头	3.2	2.5	2.5	3.6	3.5	1.7	3.3	2.1	2.5
佛　山	3.5	1.9	2.4	2.5	5.0	3.1	2.0	3.3	−
江　门	3.5	6.0	−	−	−	1.0	−	−	−
中　山	2.6	1.6	2.7	3.5	3.3	2.5	3.0	3.0	1.8
南　宁	1.7	1.5	1.4	1.8	1.9	2.8	−	2.0	2.4
桂　林	2.3	2.2	2.3	3.3	3.2	3.4	2.0	−	2.0
梧　州	1.8	1.5	1.6	1.3	2.2	2.0	2.0	−	1.6
北　海	2.4	3.5	2.5	1.6	1.8	1.0	−	1.0	2.0
玉　林	3.6	4.2	3.0	3.9	3.2	−	−	−	3.9
百　色	3.0	3.1	2.4	−	2.4	1.0	−	4.0	4.9
凭　祥	1.2	1.2	1.1	1.5	1.0	−	−	−	2.0

2－15(续3)　　单位:天/人

	平均停留	旅游目的							
		观光游览	休闲度假	探亲访友	商务	会议	宗教朝拜	文体交流	其他
海　口	2.7	2.7	2.9	2.9	2.4	2.7	2.3	2.6	4.6
三　亚	3.4	3.4	3.5	4.0	3.1	3.0	－	3.0	2.5
重　庆	3.5	2.3	2.7	2.5	5.0	4.1	－	6.5	5.8
重庆游船	3.6	3.4	3.5	4.7	4.1	3.7	3.0	3.5	2.5
成　都	3.0	2.8	2.7	3.3	3.5	2.9	2.1	3.3	2.9
绵　阳	2.7	1.7	2.6	4.6	3.4	2.8	2.0	3.9	1.3
乐　山	1.7	1.3	1.8	6.4	4.0	2.7	1.3	3.7	－
阿坝州	2.1	2.0	2.1	4.0	2.5	1.3	2.6	2.0	2.7
贵　阳	2.7	2.5	2.5	2.8	3.4	2.3	5.0	3.6	3.8
黔东南	1.7	1.7	1.7	－	－	－	－	1.4	2.0
昆　明	3.3	3.0	3.1	3.7	3.9	3.2	2.7	3.5	3.7
景　洪	2.5	2.5	2.0	－	3.4	3.0	3.0	4.0	－
大　理	2.3	2.4	1.7	－	2.5	－	－	－	2.5
拉　萨	7.0	7.4	6.6	6.6	5.7	5.0	6.7	6.0	5.4
西　安	2.9	2.3	2.3	4.2	6.4	3.1	3.2	3.7	4.6
咸　阳	2.3	1.9	3.0	－	2.4	－	－	－	3.0
兰　州	2.1	2.1	2.0	2.1	2.0	2.1	2.0	2.0	2.0
敦　煌	1.7	1.7	1.7	1.0	1.3	2.0	2.4	2.0	2.0
西　宁	2.6	2.2	2.5	4.0	4.3	2.5	1.9	4.2	4.4
银　川	2.4	1.7	3.9	1.7	2.5	1.8	8.0	2.5	3.5
乌鲁木齐	4.8	4.5	5.1	8.6	4.8	3.4	－	5.1	6.2
吐鲁番	1.0	1.0	1.0	－	1.0	－	1.0	1.0	－
库尔勒	3.4	1.5	1.3	－	9.9	－	－	3.8	－
喀　什	2.0	2.0	1.9	3.0	2.0	－	－	－	2.3

三

入境游客来华(内地)旅游次数

3－1 2004 年入境游客来华(内地)旅游次数
(按团体及散客、外国人、港澳台胞分组)

		调查人数		次数构成(%)		
		(人)	(%)	第 1 次	第 2～3 次	≥4 次
全　　国	**总 计**	**14 944**	**100**	**28.9**	**22.2**	**48.9**
	团 体	5 010	100	54.4	22.4	23.2
	散 客	9 934	100	16.1	22.2	61.7
外 国 人	小 计	9 566	100	39.3	26.0	34.7
	团 体	4 102	100	60.9	21.2	17.9
	散 客	5 464	100	23.2	29.6	47.2
香港同胞	小 计	3 570	100	7.2	11.1	81.7
	团 体	5 09	100	21.1	24.4	54.5
	散 客	3 061	100	4.9	8.9	86.2
澳门同胞	小 计	385	100	12.0	21.8	66.2
	团 体	42	100	.35.7	35.7	28.6
	散 客	343	100	8.9	20.2	70.9
台湾同胞	小 计	1 423	100	18.2	24.9	56.9
	团 体	357	100	29.3	31.7	39.0
	散 客	1 066	100	14.5	23.2	62.3

3－2　2004年入境游客来华(内地)旅游次数

		过夜旅游者		次数构成(%)		
		(人)	(%)	第1次	第2～3次	≥4次
全　　国	**总计**	**12 771**	**85.5**	**30.0**	**22.4**	**47.6**
	团体	4 328	86.4	55.4	22.7	21.9
	散客	8 443	84.9	16.9	22.4	60.7
外国人	小计	8 207	85.8	40.4	25.5	34.1
	团体	3 444	83.9	63.3	21.5	15.2
	散客	4 763	87.1	24.0	28.4	47.6
香港同胞	小计	2 895	81.1	7.7	12.6	79.7
	团体	493	97.0	20.6	23.9	55.5
	散客	2 402	78.4	5.0	10.4	84.6
澳门同胞	小计	291	75.6	13.4	23.4	63.2
	团体	39	92.9	38.5	30.7	30.8
	散客	252	73.6	9.3	22.2	68.5
台湾同胞	小计	1 378	96.8	18.3	24.5	57.2
	团体	352	98.6	29.4	31.3	39.3
	散客	1 026	96.3	14.8	22.5	62.7

（按过夜与不过夜、团体及散客、外国人、港澳台胞分组）

一日游游客		次数构成（%）		
（人）	（%）	第 1 次	第 2～3 次	≥4 次
2 173	**14.5**	**22.7**	**20.9**	**56.4**
682	13.6	47.7	20.6	31.7
1 491	15.1	11.2	21.2	67.6
1 359	14.2	32.8	28.8	38.4
658	16.1	48.3	19.5	32.2
701	12.9	18.2	37.7	44.1
675	18.9	5.3	4.5	90.2
16	3.0	40.0	40.0	20.0
659	21.6	4.6	3.5	91.9
94	24.4	7.5	17.0	75.5
3	7.1	0.0	100.0	0.0
91	26.4	7.9	14.6	77.5
45	3.2	11.1	40.0	48.9
5	1.4	20.0	60.0	20.0
40	3.7	7.9	39.5	52.6

3－3 2004年入境游客来华(内地)旅游次数
(按团体及散客、性别、年龄分组)

		调查人数		次数构成(%)		
		(人)	(%)	第1次	第2~3次	≥4次
全　国	**总计**	**14 944**	**100**	**28.9**	**22.2**	**48.9**
	团体	5 010	100	54.4	22.4	23.2
	散客	9 934	100	16.1	22.2	61.7
男　性	小计	9 351	100	25.6	21.8	52.6
	团体	2 562	100	53.4	23.1	23.5
	散客	6 789	100	15.1	21.4	63.5
女　性	小计	5 593	100	34.5	22.9	42.6
	团体	2 448	100	55.4	21.7	22.9
	散客	3 145	100	18.2	23.9	57.9
65岁及以上	小计	831	100	38.7	23.5	37.8
	团体	452	100	57.4	22.2	20.4
	散客	379	100	16.5	25.3	58.2
45~64岁	小计	4 872	100	27.8	21.8	50.4
	团体	1 745	100	51.6	23.5	24.9
	散客	3 127	100	14.5	21.0	64.5
25~44岁	小计	7 539	100	24.2	22.5	53.3
	团体	2 047	100	49.8	24.5	25.7
	散客	5 492	100	14.6	21.9	63.5
15~24岁	小计	1 613	100	48.0	21.4	30.6
	团体	717	100	70.5	15.1	14.4
	散客	896	100	30.1	26.4	43.5
14岁及以下	小计	89	100	57.3	16.9	25.8
	团体	49	100	79.6	8.2	12.2
	散客	40	100	31.6	28.9	39.5

3-4 2004年入境游客来华(内地)旅游次数

(按团体及散客、职业分组)

		调查人数		次数构成(%)		
		(人)	(%)	第1次	第2～3次	≥4次
全　国	**总计**	**14 944**	**100**	**28.9**	**22.2**	**48.9**
	团体	5 010	100	54.4	22.4	23.2
	散客	9 934	100	16.1	22.2	61.7
政府工作人员	小计	587	100	42.6	28.3	29.1
	团体	282	100	60.3	20.9	18.8
	散客	305	100	26.2	34.9	38.9
专业技术人员	小计	2 066	100	24.1	21.9	54.0
	团体	501	100	49.0	24.6	26.4
	散客	1 565	100	15.9	21.2	62.9
职　员	小计	1 770	100	35.8	24.1	40.1
	团体	728	100	61.3	22.0	16.7
	散客	1 042	100	18.0	25.6	56.4
技工/工人	小计	798	100	26.4	19.2	54.4
	团体	196	100	53.1	26.0	20.9
	散客	602	100	17.7	17.1	65.2
商贸人员	小计	4 332	100	16.1	21.5	62.4
	团体	873	100	34.1	26.5	39.4
	散客	3 459	100	11.6	20.5	67.9
服务员/推销员	小计	559	100	23.8	26.3	49.9
	团体	190	100	44.2	29.5	26.3
	散客	369	100	13.1	24.7	62.2
退休人员	小计	1 091	100	42.2	23.6	34.2
	团体	679	100	56.8	22.4	20.8
	散客	412	100	17.9	26.3	55.8
家庭妇女	小计	1 201	100	28.9	20.6	50.5
	团体	488	100	53.0	22.9	24.1
	散客	713	100	12.7	18.9	68.4
军　人	小计	36	100	30.6	30.5	38.9
	团体	12	100	33.3	25.0	41.7
	散客	24	100	29.2	33.3	37.5
学　生	小计	1 137	100	55.8	20.3	23.9
	团体	566	100	75.6	12.7	11.7
	散客	571	100	36.5	27.5	36.0
其　他	小计	1 367	100	32.8	21.3	45.9
	团体	495	100	60.9	20.7	18.4
	散客	872	100	16.7	21.6	61.7

3-5 2004年入境游客来华(内地)旅游次数
(按团体及散客、旅游目的分组)

		调查人数		次数构成(%)		
		(人)	(%)	第1次	第2~3次	≥4次
全　国	**总计**	**14 944**	**100**	**28.9**	**22.2**	**48.9**
	团体	5 010	100	54.4	22.4	23.2
	散客	9 934	100	16.1	22.2	61.7
观光游览	小计	4 496	100	51.4	21.6	27.0
	团体	3 111	100	61.0	20.3	18.7
	散客	1 385	100	29.5	24.6	45.9
休闲度假	小计	2 219	100	32.0	22.8	45.2
	团体	852	100	52.8	24.3	22.9
	散客	1 367	100	18.9	21.9	59.2
探亲访友	小计	1 708	100	11.7	21.7	66.6
	团体	120	100	31.0	36.2	32.8
	散客	1 588	100	10.3	20.6	69.1
商　务	小计	4 609	100	12.4	19.7	67.9
	团体	522	100	23.8	27.2	49.0
	散客	4 087	100	10.9	18.9	70.2
会　议	小计	582	100	23.7	28.7	47.6
	团体	84	100	37.3	24.1	38.6
	散客	498	100	21.6	29.5	48.9
宗教朝拜	小计	70	100	17.1	52.9	30.0
	团体	16	100	25.0	56.3	18.7
	散客	54	100	13.5	53.8	32.7
文体交流	小计	377	100	51.5	27.6	20.9
	团体	160	100	75.5	11.9	12.6
	散客	217	100	34.1	39.2	26.7
其　他	小计	883	100	21.8	28.4	49.8
	团体	145	100	40.7	33.8	25.5
	散客	738	100	18.2	27.4	54.4

3－6　2004 年入境游客到各省(区、市)旅游次数

	调查人数		次数构成(%)		
	(人)	(%)	第 1 次	第 2～3 次	≥4 次
北　京	1 822	100	46.0	33.4	20.5
天　津	504	100	50.6	34.9	14.5
河　北	750	100	60.0	30.1	9.9
山　西	713	100	87.0	10.5	2.5
内蒙古	501	100	37.7	13.2	49.1
辽　宁	611	100	45.0	32.6	22.4
吉　林	435	100	63.4	31.0	5.5
黑龙江	700	100	45.6	31.7	22.7
上　海	1 500	100	34.5	31.7	33.8
江　苏	1 012	100	56.3	28.1	15.6
浙　江	1 000	100	46.5	34.1	19.4
安　徽	715	100	71.9	20.8	7.3
福　建	800	100	43.5	34.9	21.6
江　西	701	100	80.5	12.7	6.8
山　东	887	100	57.0	27.5	15.4
河　南	810	100	75.6	18.8	5.7
湖　北	1 041	100	68.9	22.8	8.4
湖　南	1 014	100	77.5	16.4	6.1
广　东	4 550	100	19.7	22.3	58.0
广　西	1 087	100	69.5	21.6	8.9
海　南	743	100	49.8	38.5	11.7
重　庆	602	100	64.3	24.8	11.0
四　川	1 853	100	69.7	22.5	7.9
贵　州	604	100	72.8	21.9	5.3
云　南	810	100	63.0	27.4	9.6
西　藏	196	100	62.8	20.4	16.8
陕　西	1 107	100	72.6	20.1	7.3
甘　肃	699	100	83.3	15.2	1.6
青　海	248	100	71.8	24.6	3.6
宁　夏	150	100	62.0	32.0	6.0
新　疆	1235	100	69.2	22.3	8.5

3-7 2004年外国游客到各省(区、市)旅游次数

	外国游客		次数构成(%)		
	(人)	(%)	第1次	第2~3次	≥4次
北　京	1 554	85.3	48.6	32.4	19.0
天　津	390	77.4	53.3	32.3	14.4
河　北	621	82.8	61.0	29.3	9.7
山　西	564	79.1	85.8	11.3	2.9
内蒙古	471	94.0	34.6	13.6	51.8
辽　宁	500	81.8	47.0	29.4	23.6
吉　林	379	87.1	61.2	32.7	6.1
黑龙江	637	91.0	44.0	31.7	24.3
上　海	1 334	88.9	36.6	30.8	32.6
江　苏	696	68.8	53.6	31.0	15.4
浙　江	782	78.2	48.3	33.4	18.3
安　徽	607	84.9	73.3	20.3	6.4
福　建	525	65.6	47.8	33.0	19.2
江　西	441	62.9	83.2	10.9	5.9
山　东	671	75.6	59.2	25.3	15.5
河　南	625	77.2	75.4	19.0	5.6
湖　北	719	69.1	70.5	21.1	8.4
湖　南	693	68.3	80.8	15.3	3.9
广　东	1 974	43.4	33.2	29.5	37.3
广　西	736	67.7	76.2	17.8	6.0
海　南	574	77.3	50.3	38.7	11.0
重　庆	466	77.4	68.9	20.0	11.1
四　川	1 389	75.0	70.9	20.7	8.4
贵　州	401	66.4	73.6	21.9	4.5
云　南	636	78.5	65.1	25.9	9.0
西　藏	164	83.7	62.8	20.1	17.1
陕　西	1 022	92.3	74.0	19.1	6.9
甘　肃	581	83.1	86.6	11.9	1.5
青　海	211	85.1	74.4	22.7	2.9
宁　夏	128	85.3	63.3	32.0	4.7
新　疆	1 038	84.0	65.1	24.8	10.1

3－8　2004年香港游客到各省(区、市)旅游次数

	香港游客		次数构成(%)		
	(人)	(%)	第1次	第2～3次	≥4次
北　京	156	8.6	28.9	37.8	33.3
天　津	62	12.3	40.3	45.2	14.5
河　北	72	9.6	58.3	29.2	12.5
山　西	65	9.1	90.8	7.7	1.5
内蒙古	12	2.4	75.0	16.7	8.3
辽　宁	71	11.6	29.6	59.2	11.2
吉　林	30	6.9	76.7	23.3	0.0
黑龙江	31	4.4	64.5	25.8	9.7
上　海	90	6.0	13.4	43.3	43.3
江　苏	149	14.7	60.4	26.8	12.8
浙　江	109	10.9	37.6	36.7	25.7
安　徽	62	8.7	67.7	22.6	9.7
福　建	133	16.6	29.3	43.6	27.1
江　西	131	18.7	77.1	16.8	6.1
山　东	122	13.8	49.2	37.7	13.1
河　南	69	8.5	78.3	18.8	2.9
湖　北	145	13.9	66.9	26.9	6.2
湖　南	126	12.4	69.0	20.6	10.4
广　东	1 822	40.0	6.9	13.0	80.1
广　西	149	13.7	49.0	32.2	18.8
海　南	89	12.0	53.9	37.1	9.0
重　庆	69	11.5	47.8	40.6	11.6
四　川	191	10.3	60.7	31.4	7.9
贵　州	118	19.5	71.2	20.3	8.5
云　南	88	10.9	48.9	35.2	15.9
西　藏	8	4.1	50.0	25.0	25.0
陕　西	47	4.2	57.4	36.2	6.4
甘　肃	37	5.3	70.3	27.0	2.7
青　海	12	4.8	91.7	8.3	0.0
宁　夏	10	6.7	60.0	20.0	20.0
新　疆	93	7.5	91.4	8.6	0.0

3－9　2004 年澳门游客到各省(区、市)旅游次数

	澳门游客		次数构成(%)		
	(人)	(%)	第1次	第2～3次	≥4次
北　京	22	1.2	40.9	40.9	18.2
天　津	14	2.8	42.9	42.9	14.3
河　北	17	2.3	76.5	17.6	5.9
山　西	31	4.4	93.5	3.2	3.2
内蒙古	4	0.8	100.0	0.0	0.0
辽　宁	7	1.2	57.1	14.3	28.6
吉　林	5	1.2	80.0	0.0	20.0
黑龙江	11	1.6	72.7	18.2	9.1
上　海	9	0.6	44.4	44.4	11.2
江　苏	28	2.8	71.4	14.3	14.3
浙　江	18	1.8	50.0	33.3	16.7
安　徽	8	1.1	37.5	37.5	25.0
福　建	18	2.3	27.8	50.0	22.2
江　西	49	7.0	89.8	6.1	4.1
山　东	12	1.4	75.0	8.3	16.7
河　南	29	3.6	82.8	13.8	3.4
湖　北	50	4.8	70.0	22.0	8.0
湖　南	67	6.7	77.6	9.0	13.4
广　东	211	4.7	10.9	19.0	70.1
广　西	41	3.8	61.0	29.3	9.8
海　南	22	2.9	36.4	50.0	13.6
重　庆	10	1.6	70.0	20.0	10.0
四　川	51	2.7	78.4	19.6	2.0
贵　州	12	2.0	83.3	16.7	0.0
云　南	13	1.6	53.8	38.5	7.7
西　藏	14	7.1	57.1	35.7	7.1
陕　西	6	0.6	83.3	0.0	16.7
甘　肃	32	4.6	71.9	28.1	0.0
青　海	3	1.2	0.0	100.0	0.0
宁　夏	2	1.3	50.0	0.0	50.0
新　疆	27	2.3	88.9	11.1	0.0

3-10　2004年台湾游客到各省(区、市)旅游次数

	台湾游客		次数构成(%)		
	(人)	(%)	第1次	第2~3次	≥4次
北　京	90	4.9	33.3	41.1	25.6
天　津	38	7.5	42.1	42.1	15.8
河　北	40	5.3	40.0	50.0	10.0
山　西	53	7.4	90.6	9.4	0.0
内蒙古	14	2.8	92.9	0.0	7.1
辽　宁	33	5.4	45.5	27.3	27.3
吉　林	21	4.8	81.0	19.0	0.0
黑龙江	21	3.0	52.4	47.6	0.0
上　海	67	4.5	19.4	32.8	47.8
江　苏	139	13.7	62.6	17.3	20.1
浙　江	91	9.1	40.7	37.4	22.0
安　徽	38	5.3	63.2	23.7	13.2
福　建	124	15.5	42.7	31.5	25.8
江　西	80	11.4	65.0	20.0	15.0
山　东	82	9.2	48.8	32.9	18.3
河　南	87	10.7	72.4	18.4	9.2
湖　北	127	12.2	61.4	27.6	11.0
湖　南	128	12.6	68.0	21.9	10.2
广　东	543	11.9	16.9	29.3	54.0
广　西	161	14.8	59.6	27.3	13.0
海　南	58	7.8	43.1	34.5	22.4
重　庆	57	9.5	45.6	45.6	8.8
四　川	222	12.0	67.6	26.1	6.3
贵　州	73	12.1	69.9	24.7	5.5
云　南	73	9.0	63.0	28.8	8.2
西　藏	10	5.1	80.0	0.0	20.0
陕　西	32	2.9	50.0	31.3	18.8
甘　肃	49	7.0	61.2	36.7	2.0
青　海	22	8.9	45.5	40.9	13.6
宁　夏	10	6.7	50.0	50.0	0.0
新　疆	77	6.2	90.9	9.1	0.0

四

入境游客的行程

4－1　2004 年入境游客游览城市座数所占比重

		口岸调查人数（人）	（%）	1 座（%）	2 座（%）	3 座（%）	4 座（%）
全　　国	**总计**	**14 944**	**100**	**52.9**	**20.1**	**11.5**	**5.5**
	团体	5 010	100	52.9	13.8	13.2	6.7
	散客	9 934	100	53.0	23.3	10.6	4.9
外国人	小计	9 566	100	52.3	18.5	12.2	6.1
	团体	4 102	100	55.7	13.7	11.2	6.0
	散客	5 464	100	49.5	22.2	12.9	6.2
香港同胞	小计	3 570	100	59.9	22.5	9.3	3.3
	团体	509	100	35.9	14.7	27.4	12.1
	散客	3 061	100	63.7	23.8	6.4	1.8
澳门同胞	小计	385	100	54.7	17.8	6.4	3.2
	团体	42	100	35.7	21.4	11.9	9.5
	散客	343	100	56.9	17.3	5.7	2.4
台湾同胞	小计	1 423	100	39.8	25.3	13.4	7.6
	团体	357	100	46.0	13.2	15.7	7.0
	散客	1 066	100	37.8	29.5	12.6	7.8

（按外国人、港澳台胞、团体及散客分组）

5座 (%)	6座 (%)	7座 (%)	8座 (%)	9座 (%)	10座以上 (%)
4.1	**1.8**	**1.1**	**1.3**	**0.3**	**1.4**
5.6	2.4	1.4	2.7	0.6	0.7
3.4	1.4	0.9	0.6	0.2	1.7
4.4	2.0	1.1	1.8	0.4	1.2
5.1	2.3	1.4	3.2	0.7	0.7
3.8	1.8	0.9	0.8	0.2	1.7
2.5	0.5	0.6	0.3	0.1	1.0
6.7	1.0	1.2	0.2	0.0	0.8
1.8	0.5	0.5	0.3	0.1	1.1
5.0	2.9	3.4	1.1	0.5	5.0
4.8	7.1	2.4	2.4	0.0	4.8
5.1	2.4	3.6	0.9	0.6	5.1
6.1	3.0	1.8	0.6	0.3	2.1
9.3	5.9	2.0	0.3	0.0	0.6
4.9	1.9	1.7	0.8	0.4	2.6

4－2　2004 年入境游客游览城市座数所占比重

		口岸调查人数（人）	（%）	1 座（%）	2 座（%）	3 座（%）	4 座（%）
全　国	**总 计**	**14 944**	**100**	**52.9**	**20.1**	**11.5**	**5.5**
	团 体	5 010	100	52.9	13.8	13.2	6.7
	散 客	9 934	100	53.0	23.3	10.6	4.9
男　性	小 计	9 351	100	50.4	21.4	12.4	5.8
	团 体	2 562	100	49.2	14.5	15.4	7.7
	散 客	6 789	100	50.8	24.1	11.3	5.0
女　性	小 计	5 593	100	57.2	17.9	9.9	5.0
	团 体	2 448	100	56.8	13.2	10.9	5.6
	散 客	3 145	100	57.6	21.6	9.1	4.5
65 岁及以上	小 计	831	100	43.2	17.0	12.7	7.1
	团 体	452	100	42.4	10.4	13.6	7.1
	散 客	379	100	44.2	24.9	11.7	7.0
45～64 岁	小 计	4 872	100	47.8	20.1	13.6	6.5
	团 体	1 745	100	44.5	13.1	16.6	8.1
	散 客	3 127	100	49.7	24.0	11.9	5.7
25～44 岁	小 计	7 539	100	57.2	20.4	10.1	4.7
	团 体	2 047	100	61.1	13.9	10.9	5.6
	散 客	5 492	100	55.8	22.8	9.8	4.3
15～24 岁	小 计	1 613	100	53.6	20.3	10.6	5.4
	团 体	717	100	57.1	16.9	11.5	6.0
	散 客	896	100	50.7	23.1	9.9	4.9
14 岁及以下	小 计	89	100	46.0	20.7	18.4	4.6
	团 体	49	100	44.9	22.4	10.2	8.2
	散 客	40	100	47.4	18.4	28.9	0.1

（按性别、年龄、团体及散客分组）

5座（%）	6座（%）	7座（%）	8座（%）	9座（%）	10座以上（%）
4.1	**1.8**	**1.1**	**1.3**	**0.3**	**1.4**
5.6	2.4	1.4	2.7	0.6	0.7
3.4	1.4	0.9	0.6	0.2	1.7
4.2	1.7	1.1	1.2	0.3	1.5
5.9	2.4	1.3	2.7	0.6	0.3
3.5	1.5	1.0	0.7	0.3	1.8
4.0	1.8	1.1	1.5	0.4	1.2
5.3	2.5	1.6	2.7	0.5	0.9
3.0	1.3	0.8	0.6	0.1	1.4
5.7	3.3	3.2	5.0	1.0	1.8
7.3	4.4	3.3	8.2	1.5	1.8
3.8	1.9	3.0	1.1	0.5	1.9
5.0	2.0	1.3	2.0	0.2	1.5
7.7	2.9	1.9	4.2	0.3	0.7
3.5	1.4	1.0	0.8	0.1	1.9
3.2	1.4	0.9	0.5	0.4	1.2
4.1	1.7	1.0	0.7	0.5	0.5
2.9	1.3	0.9	0.5	0.3	1.4
4.8	1.9	0.4	1.0	0.2	1.8
3.8	2.3	0.3	1.0	0.4	0.7
5.5	1.6	0.5	1.0	0.2	2.6
3.4	1.1	0.2	3.4	1.1	1.1
6.1	0.1	0.0	6.1	2.0	0.0
0.0	2.6	0.0	0.0	0.0	2.6

4－3　2004年入境游客游览城市座数所占比重

		口岸调查人数 (人)	(%)	1座 (%)	2座 (%)	3座 (%)	4座 (%)
全　　国	**总计**	**14 944**	**100**	**52.9**	**20.1**	**11.5**	**5.5**
	团体	5 010	100	52.9	13.8	13.2	6.7
	散客	9 934	100	53.0	23.3	10.6	4.9
政府工作人员	小计	587	100	50.4	16.9	16.6	6.7
	团体	282	100	52.1	11.4	17.5	7.9
	散客	305	100	48.9	22.0	15.7	5.7
专业技术人员	小计	2 066	100	49.7	21.4	12.5	5.5
	团体	501	100	41.4	14.2	19.2	7.6
	散客	1 565	100	52.4	23.8	10.3	4.9
职　　员	小计	1 770	100	52.6	20.1	11.8	5.5
	团体	728	100	53.5	14.7	13.2	6.3
	散客	1 042	100	51.6	24.0	10.9	4.8
技工/工人	小计	798	100	61.5	20.5	6.6	3.3
	团体	196	100	62.8	13.8	10.7	6.1
	散客	602	100	61.1	22.7	5.2	2.3
商贸人员	小计	4 332	100	52.6	22.0	11.8	5.7
	团体	873	100	65.2	12.1	10.7	4.5
	散客	3 459	100	49.3	24.5	12.1	6.0
服务员/推销员	小计	559	100	55.5	24.1	10.1	2.3
	团体	190	100	55.0	18.0	16.4	2.6
	散客	369	100	55.9	27.2	6.8	2.2
退休人员	小计	1 091	100	43.7	13.8	12.3	7.2
	团体	679	100	39.2	9.7	12.7	8.1
	散客	412	100	51.3	20.9	11.6	5.5
家庭妇女	小计	1 201	100	58.5	18.2	9.9	6.3
	团体	488	100	48.8	15.9	13.0	9.9
	散客	713	100	65.2	19.9	7.8	3.8
军　　人	小计	36	100	62.8	8.6	11.4	2.9
	团体	12	100	75.0	0.0	16.7	0.0
	散客	24	100	56.6	13.0	8.7	4.3
学　　生	小计	1 137	100	48.7	21.9	12.1	5.4
	团体	566	100	54.1	18.1	11.0	5.7
	散客	571	100	43.0	25.7	13.2	5.2
其　　他	小计	1 367	100	60.2	17.0	10.1	4.7
	团体	495	100	58.9	14.2	12.0	7.3
	散客	872	100	60.9	18.6	9.0	3.3

（按职业、团体及散客分组）

5座（%）	6座（%）	7座（%）	8座（%）	9座（%）	10座以上（%）
4.1	**1.8**	**1.1**	**1.3**	**0.3**	**1.4**
5.6	2.4	1.4	2.7	0.6	0.7
3.4	1.4	0.9	0.6	0.2	1.7
4.0	0.9	0.5	2.1	0.0	1.9
5.7	1.4	0.4	3.6	0.0	0.0
2.3	0.3	0.7	0.7	0.0	3.7
4.0	2.5	1.6	1.4	0.2	1.2
5.2	3.4	3.2	4.0	1.0	0.8
3.6	2.1	1.0	0.6	0.0	1.3
4.9	1.5	1.2	0.9	0.6	0.9
5.8	2.2	1.4	1.4	0.7	0.8
4.4	1.0	1.1	0.6	0.6	1.0
3.5	2.1	0.5	0.5	0.4	1.1
4.6	1.5	0.0	0.0	0.5	0.0
3.2	2.3	0.7	0.7	0.3	1.5
3.4	1.2	0.7	0.8	0.2	1.6
4.2	0.7	0.5	0.9	0.3	0.9
3.3	1.3	0.8	0.8	0.2	1.7
3.1	1.3	1.3	0.5	0.0	1.8
1.6	2.1	1.1	1.6	0.0	1.6
3.8	0.8	1.4	0.0	0.0	1.9
8.9	3.4	2.6	5.7	0.9	1.5
11.5	5.0	2.8	8.8	1.0	1.2
4.5	0.8	2.3	0.3	0.8	2.0
2.8	1.3	0.8	1.2	0.0	1.0
5.8	2.7	1.2	2.1	0.0	0.6
0.7	0.3	0.4	0.6	0.0	1.3
8.6	0.0	0.0	0.0	0.0	5.7
8.3	0.0	0.0	0.0	0.0	0.0
8.7	0.0	0.0	0.0	0.0	8.7
5.0	3.0	0.5	1.5	0.6	1.3
5.3	2.7	0.4	1.8	0.7	0.2
4.6	3.4	0.7	1.2	0.5	2.5
2.7	1.5	1.6	0.4	0.3	1.5
2.0	2.0	2.0	0.6	0.4	0.6
3.0	1.2	1.4	0.4	0.2	2.0

4－4 2004年入境游客游览城市座数所占比重

		口岸调查人数（人）	（%）	1座（%）	2座（%）	3座（%）	4座（%）
全　国	**总计**	**14 944**	**100**	**52.9**	**20.1**	**11.5**	**5.5**
	团体	5 010	100	52.9	13.8	13.2	6.7
	散客	9 934	100	53.0	23.3	10.6	4.9
观光游览	小计	4 496	100	50.2	16.7	12.3	6.9
	团体	3 111	100	51.5	13.1	12.6	7.4
	散客	1 385	100	47.6	24.8	11.8	5.6
休闲度假	小计	2 219	100	54.0	17.8	13.4	4.8
	团体	852	100	44.4	15.0	19.4	6.1
	散客	1 367	100	60.1	19.5	9.6	4.0
探亲访友	小计	1 708	100	60.2	22.0	8.6	3.5
	团体	120	100	51.3	18.3	19.1	7.0
	散客	1 588	100	61.0	22.3	7.8	3.2
商　务	小计	4 609	100	49.8	24.5	11.6	5.8
	团体	522	100	68.9	13.3	8.1	4.4
	散客	4 087	100	47.3	25.9	12.1	6.0
会　议	小计	582	100	63.0	19.1	9.9	2.8
	团体	84	100	71.1	14.5	8.4	3.6
	散客	498	100	61.7	19.9	10.2	2.6
宗教朝拜	小计	70	100	39.7	20.6	7.4	7.4
	团体	16	100	37.4	18.8	12.5	12.5
	散客	54	100	40.3	21.2	5.8	5.8
文体交流	小计	377	100	51.1	19.1	10.9	6.1
	团体	160	100	63.0	11.3	8.2	4.4
	散客	217	100	42.5	24.9	12.9	7.4
其　他	小计	883	100	61.1	18.0	8.8	3.6
	团体	145	100	56.6	23.1	11.9	5.6
	散客	738	100	61.9	17.0	8.2	3.2

(按旅游目的、团体及散客分组)

5座 (%)	6座 (%)	7座 (%)	8座 (%)	9座 (%)	10座以上 (%)
4.1	**1.8**	**1.1**	**1.3**	**0.3**	**1.4**
5.6	2.4	1.4	2.7	0.6	0.7
3.4	1.4	0.9	0.6	0.2	1.7
5.8	2.4	1.6	2.5	0.5	1.1
6.4	2.9	1.5	3.4	0.5	0.7
4.4	1.1	1.7	0.5	0.6	1.9
3.6	1.8	1.2	1.3	0.5	1.6
5.4	2.5	2.1	2.7	1.2	1.2
2.4	1.4	0.6	0.4	0.1	1.9
2.1	0.9	0.7	0.4	0.2	1.4
4.3	0.0	0.0	0.0	0.0	0.0
1.9	1.0	0.7	0.4	0.2	1.5
3.5	1.5	0.8	0.8	0.2	1.5
3.1	0.4	0.4	0.8	0.0	0.6
3.6	1.6	0.9	0.8	0.2	1.6
2.3	1.0	0.5	0.0	0.0	1.4
1.2	0.0	0.0	0.0	0.0	1.2
2.4	1.2	0.6	0.0	0.0	1.4
8.8	0.0	2.9	2.9	0.0	10.3
6.3	0.0	12.5	0.0	0.0	0.0
9.6	0.0	0.0	3.8	0.0	13.5
5.6	3.5	0.8	1.3	0.3	1.3
5.7	5.0	0.6	0.6	0.6	0.6
5.5	2.3	0.9	1.8	0.0	1.8
4.2	1.6	1.3	0.3	0.1	1.0
2.1	0.0	0.7	0.0	0.0	0.0
4.7	1.9	1.4	0.4	0.1	1.2

五

入境游客的流向

5-1　2004年入境游客的流向

国别(或地区)	调查人数	出境后将前往的		
		香港	澳门	台湾
总计	**27 063**	**8 765**	**1 106**	**1 671**
香港	8 533	7 374	201	184
澳门	957	129	684	67
台湾	1 825	274	106	1 318
日本	3 337	130	10	22
菲律宾	120	30	4	3
泰国	285	20	8	3
新加坡	751	82	13	8
印度尼西亚	195	20	3	3
马来西亚	402	35	4	4
韩国	2 655	46	14	9
朝鲜	308	11	6	5
蒙古	485	3	0	0
印度	141	44	1	1
英国	503	82	5	4
法国	490	49	0	5
德国	247	22	2	1
意大利	189	24	6	2
荷兰	122	15	0	2
瑞典	110	7	2	0
俄罗斯	1 865	10	3	2
瑞士	104	6	1	0
美国	1 211	141	13	15
加拿大	348	43	4	2
澳大利亚	290	35	0	1
非洲国家	82	30	0	0
南美国家	45	4	0	3
其他国家	1 463	99	16	7

（按国别或地区分组）

单位:人

国家（地区）							
日本	菲律宾	泰国	新加坡	印度尼西亚	马来西亚	韩国	朝鲜
3 509	**91**	**385**	**723**	**205**	**393**	**2 626**	**307**
238	8	60	67	41	33	34	11
13	1	4	6	2	4	1	1
28	4	9	11	1	7	9	2
3 010	3	16	13	1	6	43	0
9	60	3	0	1	0	2	0
12	0	202	7	1	2	4	1
16	0	10	553	8	13	11	3
5	0	0	4	139	2	1	1
13	0	3	9	4	305	3	0
53	6	8	7	0	2	2 445	3
2	0	2	0	0	2	5	249
0	1	0	1	0	0	3	0
0	1	4	2	1	2	3	0
6	0	4	4	0	0	3	10
8	2	5	2	0	2	2	0
4	0	1	3	1	1	1	1
3	0	1	3	0	1	1	0
3	0	3	1	0	0	1	0
1	0	0	1	0	1	2	1
5	1	2	1	0	1	2	2
0	0	1	1	1	0	0	0
41	0	25	5	0	3	22	5
12	0	4	4	0	2	6	1
9	0	3	4	1	0	8	2
1	2	1	0	0	0	0	0
1	0	0	1	0	0	0	1
16	2	14	13	3	4	14	13

5-1(续)

国别(或地区)	调查人数	出境后将前往的						
		蒙古	印度	英国	法国	德国	意大利	荷兰
总计	**27 063**	**480**	**133**	**427**	**450**	**239**	**155**	**109**
香港	8 533	1	22	23	19	8	6	10
澳门	957	0	3	1	2	5	2	2
台湾	1 826	0	2	5	0	1	2	1
日本	3 337	2	4	4	4	3	6	2
菲律宾	120	0	0	1	0	0	1	0
泰国	285	0	1	2	0	0	0	0
新加坡	751	2	0	3	1	2	0	0
印度尼西亚	195	1	2	1	1	0	0	2
马来西亚	402	2	4	0	0	4	0	0
韩国	2 655	1	3	2	2	3	0	3
朝鲜	308	0	3	10	1	0	1	0
蒙古	485	464	2	1	0	1	0	0
印度	141	0	71	3	1	0	0	0
英国	503	0	1	342	8	0	1	2
法国	490	0	0	4	384	6	5	0
德国	247	0	0	1	2	189	3	1
意大利	189	0	2	1	4	3	119	0
荷兰	122	0	0	0	1	0	2	79
瑞典	110	1	0	0	3	1	0	1
俄罗斯	1 865	0	1	3	0	2	0	0
瑞士	104	0	2	3	2	0	1	0
美国	1 211	0	3	8	8	6	1	4
加拿大	348	0	0	1	0	0	4	0
澳大利亚	290	0	0	3	0	4	0	0
非洲国家	82	1	2	0	0	0	0	1
南美国家	45	0	0	0	0	0	1	1
其他国家	1 463	5	5	5	7	1	0	0

单位:人

国家（地区）								
瑞　典	俄罗斯	瑞　士	美　国	加拿大	澳大利亚	非洲国家	南美国家	其他国家
109	**1 868**	**111**	**1 077**	**327**	**297**	**53**	**44**	**1 403**
4	5	11	61	22	23	6	6	55
1	2	2	4	8	5	0	0	8
2	0	1	11	5	2	1	0	23
1	2	0	30	4	2	1	0	18
0	0	0	0	4	0	0	1	1
1	0	0	6	5	2	0	2	6
0	2	1	10	2	2	1	1	7
1	0	0	2	2	0	0	0	5
0	1	1	3	1	3	0	1	2
2	6	0	16	4	3	0	1	16
0	2	1	1	0	2	0	0	5
0	0	1	1	0	1	0	0	6
1	0	1	0	0	1	0	0	4
2	2	3	10	1	4	1	0	8
1	0	0	4	3	4	0	1	3
0	0	2	3	0	5	0	2	2
1	0	2	8	1	4	0	0	3
2	0	1	6	0	1	0	1	4
80	1	0	2	1	4	0	0	1
0	1 803	1	1	2	4	0	0	19
1	0	75	0	4	0	1	2	3
2	1	3	864	16	8	0	0	17
2	1	2	15	229	8	1	0	7
0	0	1	3	4	204	0	0	8
0	0	0	1	0	0	39	2	2
0	0	0	0	5	0	0	21	7
5	40	2	15	4	5	2	3	1 163

5－2 2004年入境游客的流向

	本地区调查人数	将前往的					
		北京	天津	河北	山西	内蒙古	辽宁
总计	**11 538**	**1 857**	**90**	**103**	**332**	**11**	**234**
北京	2 230	0	23	23	79	4	51
天津	155	28	0	2	9	0	8
河北	223	44	7	3	2	1	4
山西	582	149	2	1	35	1	29
内蒙古	12	0	0	0	0	3	1
辽宁	218	39	2	4	13	0	31
吉林	113	23	0	0	3	0	6
黑龙江	68	13	0	0	0	0	3
上海	1 413	505	17	22	68	1	34
江苏	525	80	1	7	12	0	13
浙江	395	58	3	1	17	0	1
安徽	44	3	0	0	3	0	0
福建	199	22	2	4	3	0	1
江西	311	22	2	0	1	0	2
山东	369	44	1	4	11	0	10
河南	256	21	0	0	6	0	0
湖北	312	36	3	1	2	1	2
湖南	76	23	0	1	1	0	1
广东	1 146	309	11	17	12	0	9
广西	266	59	2	3	3	0	1
海南	38	11	1	0	3	0	0
重庆	339	105	4	2	0	0	10
四川	755	82	2	3	24	0	3
贵州	66	13	0	0	0	0	2
云南	291	38	0	1	5	0	6
西藏	37	6	0	0	0	0	0
陕西	615	104	5	3	11	0	6
甘肃	88	3	0	1	8	0	0
青海	23	1	0	0	0	0	0
宁夏	2	0	0	0	0	0	0
新疆	371	16	2	0	1	0	0

（按省〈区、市〉分组）

单位:人

省（区、市）								
吉林	黑龙江	上海	江苏	浙江	安徽	福建	江西	山东
76	**68**	**1 640**	**573**	**455**	**12**	**256**	**256**	**320**
17	14	642	102	71	1	34	14	51
0	0	23	6	5	0	2	0	5
0	2	35	5	6	0	5	3	9
1	1	136	19	27	1	7	3	19
0	0	3	0	0	0	0	0	0
2	6	20	5	7	0	5	0	7
7	2	11	2	4	1	5	1	1
5	25	3	0	0	0	1	0	1
13	7	0	121	114	1	35	18	27
2	0	138	110	37	0	9	2	18
4	0	80	31	108	0	7	3	7
1	0	3	3	0	0	1	18	1
1	0	24	2	6	0	104	1	5
1	0	62	17	8	1	10	132	2
1	1	35	73	3	1	3	7	143
0	0	16	2	2	1	2	8	2
0	0	37	3	11	0	0	1	1
1	0	7	14	0	0	0	0	1
5	3	110	19	22	1	19	35	4
1	5	22	5	3	0	1	0	0
1	0	5	1	0	0	1	0	0
2	0	67	17	3	2	2	2	5
2	0	53	4	2	0	1	0	1
0	1	6	2	5	0	0	0	2
1	0	25	2	2	0	1	0	1
0	0	2	2	0	0	0	0	0
5	1	71	6	9	0	0	7	7
0	0	1	0	0	0	0	0	0
0	0	2	0	0	0	0	0	0
0	0	0	0	0	0	0	0	0
3	0	1	0	0	2	1	1	0

5－2(续)

	本地区调查人数	将前往的						
		河　南	湖　北	湖　南	广　东	广　西	海　南	重　庆
总　　计	**11 538**	**238**	**272**	**107**	**1 133**	**419**	**42**	**244**
北　　京	2 230	20	55	14	287	113	12	80
天　　津	155	0	2	2	46	1	0	2
河　　北	223	1	1	0	34	14	0	0
山　　西	582	9	1	1	22	17	1	6
内 蒙 古	12	0	0	0	0	0	0	0
辽　　宁	218	1	3	1	7	14	1	6
吉　　林	113	0	0	0	13	2	0	1
黑 龙 江	68	0	0	0	1	13	0	0
上　　海	1 413	7	14	12	116	44	8	34
江　　苏	525	3	2	31	13	7	0	4
浙　　江	395	3	5	1	18	2	1	10
安　　徽	44	1	2	0	2	3	0	0
福　　建	199	0	0	1	20	1	0	0
江　　西	311	1	1	5	26	1	2	1
山　　东	369	1	1	1	8	3	1	3
河　　南	256	165	2	0	2	2	3	1
湖　　北	312	1	89	0	19	16	0	33
湖　　南	76	0	2	6	7	2	1	0
广　　东	1 146	1	26	9	375	39	1	14
广　　西	266	2	8	6	18	47	3	2
海　　南	38	0	0	2	4	0	1	2
重　　庆	339	0	16	3	18	14	2	0
四　　川	755	6	7	6	10	6	1	23
贵　　州	66	1	1	0	3	2	0	0
云　　南	291	0	3	2	15	23	1	7
西　　藏	37	0	0	0	0	4	1	1
陕　　西	615	12	31	4	40	28	2	14
甘　　肃	88	1	0	0	2	1	0	0
青　　海	23	1	0	0	1	0	0	0
宁　　夏	2	0	0	0	0	0	0	0
新　　疆	371	1	0	0	6	0	0	0

单位：人

省（区、市）								
四川	贵州	云南	西藏	陕西	甘肃	青海	宁夏	新疆
743	**64**	**571**	**125**	**616**	**162**	**15**	**1**	**503**
86	10	116	36	140	27	7	1	100
3	0	4	0	6	1	0	0	0
5	1	14	2	19	1	2	0	3
11	1	11	3	42	9	0	0	17
1	0	1	1	1	0	0	0	1
6	1	27	3	5	0	1	0	1
10	0	8	3	8	0	0	0	2
0	0	2	0	0	0	0	0	1
49	8	48	8	69	5	0	0	8
7	0	13	3	10	1	0	0	2
3	6	5	0	20	1	0	0	0
0	0	0	0	1	0	0	0	2
1	0	0	0	1	0	0	0	0
2	1	2	0	6	2	0	0	1
3	4	1	1	3	0	0	0	2
7	0	6	1	4	2	0	0	1
8	1	6	1	27	0	0	0	13
4	0	3	1	1	0	0	0	0
26	6	39	0	20	6	0	0	8
15	6	43	3	4	0	0	0	4
0	0	3	0	2	0	0	0	1
19	2	22	0	20	1	0	0	1
442	1	34	18	22	1	0	0	1
1	12	3	0	10	0	0	0	2
25	1	118	4	7	0	0	0	3
1	0	2	2	7	6	0	0	3
5	2	33	17	79	6	0	0	107
1	0	2	4	3	6	0	0	55
2	0	0	8	1	2	2	0	3
0	0	0	0	1	1	0	0	0
0	1	5	6	77	84	3	0	161

六

入境过夜旅游者住宿设施的选择

6－1　2004年入境过夜旅游者住宿设施的选择
（按外国人、港澳台胞、团体及散客分组）

单位：%

		合　计	宾馆饭店	公　寓	私人住所	车　船	其　他
全　国	**总计**	**100**	**50.2**	**15.9**	**18.7**	**1.6**	**13.6**
	团体	100	90.3	1.5	3.0	4.1	1.1
	散客	100	39.3	19.9	23.0	0.9	16.9
外 国 人	小计	100	56.7	17.7	14.6	1.7	9.3
	团体	100	89.6	1.1	2.9	5.0	1.4
	散客	100	45.7	23.2	18.5	0.7	11.9
香港同胞	小计	100	35.3	5.9	29.0	0.3	29.5
	团体	100	97.5	0.6	1.0	0.5	0.4
	散客	100	26.2	6.7	33.1	0.2	33.8
澳门同胞	小计	100	48.0	11.4	23.6	1.4	15.6
	团体	100	90.7	0.0	9.3	0.0	0.0
	散客	100	41.2	13.4	25.5	1.5	18.4
台湾同胞	小计	100	37.8	20.3	25.4	2.1	14.4
	团体	100	88.2	5.3	5.3	1.2	0.0
	散客	100	29.2	22.9	28.8	2.3	16.8

6-2 2004年入境过夜旅游者住宿设施的选择
(按性别、年龄、团体及散客分组)

单位:%

		合计	宾馆饭店	公寓	私人住所	车船	其他
全国	**总计**	**100**	**50.2**	**15.9**	**18.7**	**1.6**	**13.6**
	团体	100	90.3	1.5	3.0	4.1	1.1
	散客	100	39.3	19.9	23.0	0.9	16.9
男性	小计	100	52.7	17.8	18.6	1.5	9.4
	团体	100	89.6	2.2	3.7	3.6	0.9
	散客	100	44.6	21.3	21.8	1.1	11.2
女性	小计	100	45.8	12.6	19.0	1.8	20.8
	团体	100	91.1	0.6	2.1	4.8	1.4
	散客	100	29.0	17.1	25.3	0.5	28.1
65岁及以上	小计	100	57.4	10.2	27.5	3.5	1.4
	团体	100	86.9	0.5	3.8	8.3	0.5
	散客	100	39.1	16.3	42.1	0.5	2.0
45~64岁	小计	100	65.1	12.9	16.8	1.3	3.9
	团体	100	92.9	0.3	2.6	3.6	0.6
	散客	100	54.3	17.8	22.3	0.6	5.0
25~44岁	小计	100	51.2	18.6	20.4	1.3	8.5
	团体	100	90.3	2.9	2.2	3.5	1.1
	散客	100	43.3	21.8	24.0	0.8	10.1
15~24岁	小计	100	23.7	17.4	13.5	1.9	43.5
	团体	100	86.1	2.8	5.1	3.3	2.7
	散客	100	13.1	19.9	14.9	1.7	50.4
14岁及以下	小计	100	34.4	0.8	61.0	0.7	3.1
	团体	100	86.9	0.0	0.5	2.0	10.6
	散客	100	13.4	1.0	85.2	0.2	0.2

6－3　2004年入境过夜旅游者住宿设施的选择

（按职业、团体及散客分组）

单位：%

		合　计	宾馆饭店	公　寓	私人住所	车　船	其　他
全　国	**总计**	**100**	**50.2**	**15.9**	**18.7**	**1.6**	**13.6**
	团体	100	90.3	1.5	3.0	4.1	1.1
	散客	100	39.3	19.9	23.0	0.9	16.9
政府工作人员	小计	100	67.2	16.3	7.1	1.8	7.6
	团体	100	94.1	1.2	0.8	2.7	1.2
	散客	100	49.7	26.2	11.2	1.2	11.7
专业技术人员	小计	100	52.2	23.0	15.4	1.1	8.3
	团体	100	90.4	1.6	1.7	5.3	1.0
	散客	100	45.5	27.0	17.9	0.2	9.4
职　员	小计	100	71.3	7.5	16.2	2.4	2.6
	团体	100	91.8	1.0	1.7	4.5	1.0
	散客	100	58.3	11.7	25.3	1.1	3.6
技工/工人	小计	100	62.0	18.0	15.8	2.4	1.8
	团体	100	89.7	2.6	6.3	1.0	0.4
	散客	100	56.9	20.8	17.5	2.7	2.1
商贸人员	小计	100	61.4	12.3	20.4	0.8	5.1
	团体	100	94.2	2.1	1.4	1.5	0.8
	散客	100	56.6	13.8	23.2	0.7	5.7
服务员/推销员	小计	100	63.6	6.5	21.0	2.0	6.9
	团体	100	79.3	12.7	6.1	1.6	0.3
	散客	100	53.6	2.5	30.4	2.4	11.1
退休人员	小计	100	64.7	7.0	22.5	4.7	1.1
	团体	100	87.5	0.4	4.0	7.6	0.5
	散客	100	33.5	16.3	47.6	0.6	2.0
家庭妇女	小计	100	53.6	2.8	38.6	1.6	3.4
	团体	100	92.5	0.7	1.5	4.2	1.1
	散客	100	32.5	3.9	58.8	0.2	4.6
军　人	小计	100	76.0	6.8	8.9	0.8	7.5
	团体	100	67.2	16.4	0.0	0.0	16.4
	散客	100	82.3	0.0	15.3	1.2	1.2
学　生	小计	100	17.4	25.1	12.1	1.4	44.0
	团体	100	85.9	0.7	6.7	3.5	3.2
	散客	100	8.9	28.1	12.7	1.2	49.1
其　他	小计	100	47.1	15.0	28.7	1.1	8.1
	团体	100	94.2	0.3	1.7	2.9	0.9
	散客	100	32.4	19.6	37.1	0.6	10.3

6－4　2004年入境过夜旅游者住宿设施的选择
（按旅游目的、团体及散客分组）

单位：%

		合　计	宾馆饭店	公　寓	私人住所	车　船	其　他
全　国	**总计**	**100**	**50.2**	**15.9**	**18.7**	**1.6**	**13.6**
	团体	100	90.3	1.5	3.0	4.1	1.1
	散客	100	39.3	19.9	23.0	0.9	16.9
观光游览	小计	100	83.0	1.2	9.6	3.9	2.3
	团体	100	92.3	0.5	1.3	5.0	0.9
	散客	100	64.2	2.8	26.3	1.6	5.1
休闲度假	小计	100	70.5	10.6	15.5	1.9	1.5
	团体	100	93.1	1.2	1.2	4.0	0.5
	散客	100	57.7	16.0	23.6	0.7	2.0
探亲访友	小计	100	24.5	6.6	61.5	1.1	6.3
	团体	100	49.1	12.5	34.9	1.2	2.3
	散客	100	22.4	6.1	63.9	1.0	6.6
商　务	小计	100	54.2	20.0	17.0	0.7	8.1
	团体	100	89.8	5.9	2.6	0.7	1.0
	散客	100	52.4	20.8	17.8	0.6	8.4
会　议	小计	100	89.8	1.0	3.3	0.7	5.2
	团体	100	92.9	3.1	0.6	0.3	3.1
	散客	100	89.4	0.8	3.7	0.6	5.5
宗教朝拜	小计	100	80.9	2.2	11.5	1.1	4.3
	团体	100	97.3	0.8	0.8	0.8	0.3
	散客	100	56.8	4.2	27.0	1.6	10.4
文体交流	小计	100	38.4	33.9	7.5	0.9	19.3
	团体	100	82.0	0.9	6.7	3.7	6.7
	散客	100	28.0	41.7	7.7	0.2	22.4
其　他	小计	100	10.5	30.4	14.4	1.4	43.3
	团体	100	89.8	0.4	4.2	4.8	0.8
	散客	100	8.5	31.2	14.6	1.3	44.4

七

入境游客对旅游服务质量的评价

7－1　2004年入境游客对旅游服务质量的评价

单位：%

	合 计	最 好（5分）	好（4分）	尚 好（3分）	差（2分）	最 差（1分）
宾馆饭店	100	29.2	42.5	23.7	3.5	1.1
餐　　饮	100	23.1	40.2	29.0	6.3	1.4
交　　通	100	14.1	30.3	35.8	14.6	5.2
娱　　乐	100	17.2	33.9	34.1	11.0	3.8
购　　物	100	20.5	36.5	30.5	9.8	2.7
导游服务	100	23.1	33.2	31.0	9.6	3.1
邮电通讯	100	21.4	33.8	32.3	9.3	3.2

7－2　2004年外国游客对旅游服务质量的评价

单位：%

	合　计	最　好（5分）	好（4分）	尚　好（3分）	差（2分）	最　差（1分）
宾馆饭店	100	35.3	40.8	19.2	3.5	1.2
餐　　饮	100	29.2	39.9	23.3	6.0	1.6
交　　通	100	17.7	31.6	32.4	13.1	5.2
娱　　乐	100	20.6	32.6	30.6	11.5	4.7
购　　物	100	26.1	36.6	26.2	8.2	2.9
导游服务	100	30.3	32.9	24.8	8.7	3.3
邮电通讯	100	26.0	32.8	28.7	8.7	3.8

7－3　2004年香港游客对旅游服务质量的评价

单位：%

	合计	最好（5分）	好（4分）	尚好（3分）	差（2分）	最差（1分）
宾馆饭店	100	15.6	45.9	34.0	3.6	0.9
餐　饮	100	11.0	40.8	40.8	6.6	0.8
交　通	100	6.5	27.9	43.9	17.2	4.5
娱　乐	100	10.6	37.5	40.3	9.7	1.9
购　物	100	9.2	37.6	39.5	11.8	1.9
导游服务	100	8.4	32.3	45.6	11.6	2.1
邮电通讯	100	11.6	34.9	41.9	10.0	1.6

7－4　2004年澳门游客对旅游服务质量的评价

单位：%

	合　计	最　好 （5分）	好 （4分）	尚　好 （3分）	差 （2分）	最　差 （1分）
宾馆饭店	100	24.4	46.6	26.4	1.6	1.0
餐　　饮	100	17.1	49.7	26.5	4.7	2.0
交　　通	100	4.2	13.6	37.4	34.3	10.5
娱　　乐	100	14.7	35.7	37.4	11.3	0.9
购　　物	100	21.3	38.7	26.7	12.0	1.3
导游服务	100	11.9	40.0	32.5	7.5	8.1
邮电通讯	100	19.9	46.4	22.5	7.3	3.9

7－5　2004 年台湾游客对旅游服务质量的评价

单位：%

	合　计	最　好 (5 分)	好 (4 分)	尚　好 (3 分)	差 (2 分)	最　差 (1 分)
宾馆饭店	100	23.6	44.6	27.2	3.5	1.1
餐　　饮	100	14.4	38.3	38.4	7.9	1.0
交　　通	100	10.9	27.4	37.3	17.5	6.9
娱　　乐	100	12.6	31.7	40.5	11.5	3.7
购　　物	100	13.7	31.1	36.5	14.9	3.8
导游服务	100	14.7	37.4	33.0	10.6	4.3
邮电通讯	100	17.2	35.6	31.9	12.2	3.1

7－6　2004 年入境游客对旅游服务质量的评价
（按外国人、港澳台胞分组）

		调查人数		外国人		香港同胞		澳门同胞		台湾同胞	
		（人）	（%）	（人）	（%）	（人）	（%）	（人）	（%）	（人）	（%）
宾馆饭店	小计	14 047	100.0	9 038	100.0	3 425	100.0	307	100.0	1 277	100.0
	1 分	155	1.1	107	1.2	31	0.9	3	1.0	14	1.1
	2 分	491	3.5	318	3.5	123	3.6	5	1.6	45	3.5
	3 分	3 328	23.7	1 737	19.2	1 163	34.0	81	26.4	347	27.2
	4 分	5 973	42.5	3 688	40.8	1 572	45.9	143	46.6	570	44.6
	5 分	4 100	29.2	3 188	35.3	536	15.6	75	24.4	301	23.6
餐　　饮	小计	13 918	100.0	8 957	100.0	3 402	100.0	298	100.0	1 261	100.0
	1 分	199	1.4	153	1.6	27	0.8	6	2.0	13	1.0
	2 分	871	6.3	533	6.0	225	6.6	14	4.7	99	7.9
	3 分	4 040	29.0	2 090	23.3	1 387	40.8	79	26.5	484	38.4
	4 分	5 590	40.2	3 570	39.9	1 389	40.8	148	49.7	483	38.3
	5 分	3 218	23.1	2 611	29.2	374	11.0	51	17.1	182	14.4
交　　通	小计	13 585	100.0	8 718	100.0	3 355	100.0	286	100.0	1 226	100.0
	1 分	703	5.2	458	5.2	149	4.5	12	4.2	84	6.9
	2 分	1977	14.6	1 145	13.1	578	17.2	39	13.6	215	17.5
	3 分	4 861	35.8	2 823	32.4	1474	43.9	107	37.4	457	37.3
	4 分	4 122	30.3	2 752	31.6	936	27.9	98	34.3	336	27.4
	5 分	1 922	14.1	1 540	17.7	218	6.5	30	10.5	134	10.9
娱　　乐	小计	11 753	100.0	7 414	100.0	3 069	100.0	238	100.0	1 032	100.0
	1 分	451	3.8	354	4.7	57	1.9	2	0.9	38	3.7
	2 分	1 294	11.0	850	11.5	298	9.7	27	11.3	119	11.5
	3 分	4 012	34.1	2 268	30.6	1 237	40.3	89	37.4	418	40.5
	4 分	3 980	33.9	2 416	32.6	1 152	37.5	85	35.7	327	31.7
	5 分	2 016	17.2	1 526	20.6	325	10.6	35	14.7	130	12.6

7－6(续)

		调查人数		外国人		香港同胞		澳门同胞		台湾同胞	
		(人)	(%)	(人)	(%)	(人)	(%)	(人)	(%)	(人)	(%)
购　　物	小计	11 411	100.0	7 221	100.0	2 985	100.0	225	100.0	980	100.0
	1分	304	2.7	208	2.9	56	1.9	3	1.3	37	3.8
	2分	1 118	9.8	593	8.2	352	11.8	27	12.0	146	14.9
	3分	3 486	30.5	1 889	26.2	1 179	39.5	60	26.7	358	36.5
	4分	4 160	36.5	2 645	36.6	1 123	37.6	87	38.7	305	31.1
	5分	2 343	20.5	1 886	26.1	275	9.2	48	21.3	134	13.7
导游服务	小计	9 754	100.0	6 271	100.0	2521	100.0	160	100.0	802	100.0
	1分	307	3.1	206	3.3	54	2.1	13	8.1	34	4.3
	2分	933	9.6	543	8.7	293	11.6	12	7.5	85	10.6
	3分	3 024	31.0	1 558	24.8	1 149	45.6	52	32.5	265	33.0
	4分	3 241	33.2	2 063	32.9	814	32.3	64	40.0	300	37.4
	5分	2 249	23.1	1 901	30.3	211	8.4	19	11.9	118	14.7
邮电通讯	小计	9 147	100.0	5 856	100.0	2396	100.0	151	100.0	744	100.0
	1分	290	3.2	222	3.8	39	1.6	6	3.9	23	3.1
	2分	848	9.3	507	8.7	239	10.0	11	7.3	91	12.2
	3分	2 953	32.3	1 679	28.7	1 003	41.9	34	22.5	237	31.9
	4分	3 094	33.8	1 923	32.8	836	34.9	70	46.4	265	35.6
	5分	1 962	21.4	1 525	26.0	279	11.6	30	19.9	128	17.2

7－7　2004 年入境游客对旅游服务质量

		调查人数		男　性		女　性	
		（人）	（%）	（人）	（%）	（人）	（%）
宾馆饭店	小计	14 047	100.0	8 861	100.0	5 186	100.0
	1 分	155	1.1	104	1.1	51	1.0
	2 分	491	3.5	334	3.8	157	3.0
	3 分	3 328	23.7	2 167	24.5	1 161	22.4
	4 分	5 973	42.5	3 778	42.6	2 195	42.3
	5 分	4 100	29.2	2 478	28.0	1 622	31.3
餐　　饮	小计	13 918	100.0	8779	100.0	5 139	100.0
	1 分	199	1.4	126	1.4	73	1.3
	2 分	871	6.3	549	6.3	322	6.3
	3 分	4 040	29.0	2 654	30.2	1 386	27.0
	4 分	5 590	40.2	3 557	40.5	2 033	39.6
	5 分	3 218	23.1	1 893	21.6	1 325	25.8
交　　通	小计	13 585	100.0	8564	100.0	5 021	100.0
	1 分	703	5.2	475	5.6	228	4.5
	2 分	1 977	14.6	1 381	16.1	596	11.9
	3 分	4 861	35.8	3 085	36.0	1 776	35.4
	4 分	4 122	30.3	2 486	29.0	1 636	32.6
	5 分	1 922	14.1	1 137	13.3	785	15.6
娱　　乐	小计	11 753	100.0	7284	100.0	4 469	100.0
	1 分	451	3.8	306	4.2	145	3.3
	2 分	1 294	11.0	819	11.2	475	10.6
	3 分	4 012	34.1	2 556	35.1	1456	32.6
	4 分	3 980	33.9	2 424	33.3	1556	34.8
	5 分	2 016	17.2	1 179	16.2	837	18.7

的评价（按性别、年龄分组）

14岁及以下		15～24岁		25～44岁		45～64岁		65岁及以上	
（人）	（%）	（人）	（%）	（人）	（%）	（人）	（%）	（人）	（%）
86	100.0	1 500	100.0	7 043	100.0	4 632	100.0	786	100.0
0	0.0	18	1.2	82	1.2	50	1.1	5	0.7
6	7.0	56	3.7	259	3.7	154	3.3	16	2.0
18	20.9	348	23.2	1 789	25.4	1 062	22.9	111	14.1
33	38.4	619	41.3	2 989	42.4	2 001	43.2	331	42.1
29	33.7	459	30.6	1 924	27.3	1 365	29.5	323	41.1
84	100.0	1 487	100.0	7 004	100.0	4 570	100.0	773	100.0
2	2.4	32	2.1	97	1.4	64	1.4	4	0.5
9	10.7	126	8.5	428	6.1	275	6.0	33	4.3
20	23.8	391	26.3	2 120	30.3	1 334	29.2	175	22.6
30	35.7	558	37.5	2 832	40.4	1 843	40.3	327	42.3
23	27.4	380	25.6	1 527	21.8	1 054	23.1	234	30.3
81	100.0	1 465	100.0	6 877	100.0	4 411	100.0	751	100.0
5	6.3	72	4.8	393	5.8	215	4.9	18	2.4
18	22.2	205	14.0	1 082	15.7	604	13.7	68	9.1
24	29.6	492	33.6	2 495	36.3	1 606	36.4	244	32.5
24	29.6	452	30.9	2 024	29.4	1 380	31.3	242	32.2
10	12.3	244	16.7	883	12.8	606	13.7	179	23.8
71	100.0	1 356	100.0	6 132	100.0	3 591	100.0	603	100.0
5	7.0	62	4.5	225	3.7	145	4.0	14	2.2
8	11.3	135	10.0	682	11.1	412	11.5	57	9.5
19	26.8	403	29.7	2 159	35.2	1 263	35.2	168	27.9
22	31.0	451	33.3	2 100	34.2	1 192	33.2	215	35.7
17	23.9	305	22.5	966	15.8	579	16.1	149	24.7

7－7(续)

		调查人数		男　　性		女　　性	
		(人)	(%)	(人)	(%)	(人)	(%)
购　　物	小计	11 411	100.0	7 010	100.0	4 401	100.0
	1分	304	2.7	225	3.2	79	1.9
	2分	1 118	9.8	778	11.1	340	7.7
	3分	3 486	30.5	2 252	32.1	1 234	28.0
	4分	4 160	36.5	2 474	35.3	1 686	38.3
	5分	2 343	20.5	1 281	18.3	1 062	24.1
导游服务	小计	9 754	100.0	5 807	100.0	3 947	100.0
	1分	307	3.1	217	3.7	90	2.3
	2分	933	9.6	587	10.1	346	8.8
	3分	3 024	31.0	1 902	32.8	1 122	28.4
	4分	3 241	33.2	1 863	32.1	1 378	34.9
	5分	2 249	23.1	1 238	21.3	1 011	25.6
邮电通讯	小计	9 147	100.0	5 464	100.0	3 683	100.0
	1分	290	3.2	200	3.7	90	2.3
	2分	848	9.3	547	10.0	301	8.2
	3分	2 953	32.3	1 787	32.7	1 166	31.7
	4分	3 094	33.8	1 792	32.8	1 302	35.4
	5分	1 962	21.4	1 138	20.8	824	22.4

14岁及以下		15～24岁		25～44岁		45～64岁		65岁及以上	
（人）	（%）	（人）	（%）	（人）	（%）	（人）	（%）	（人）	（%）
68	100.0	1 332	100.0	5 968	100.0	3 459	100.0	584	100.0
2	2.9	36	2.7	150	2.5	106	3.1	10	1.7
7	10.3	104	7.8	622	10.4	352	10.2	33	5.7
13	19.1	361	27.1	1 873	31.4	1 082	31.3	157	26.9
25	36.8	485	36.4	2 195	36.8	1 240	35.8	215	36.8
21	30.9	346	26.0	1 128	18.9	679	19.6	169	28.9
58	100.0	1 180	100.0	5 010	100.0	2 973	100.0	533	100.0
4	6.9	51	4.2	169	3.4	79	2.6	4	0.7
6	10.3	113	9.6	508	10.1	273	9.2	33	6.2
11	19.0	304	25.8	1 749	34.9	864	29.1	96	18.0
15	25.9	376	31.9	1 591	31.8	1 071	36.0	188	35.3
22	37.9	336	28.5	993	19.8	686	23.1	212	39.8
52	100.0	1 135	100.0	4 805	100.0	2 696	100.0	459	100.0
2	3.8	48	4.2	147	3.1	81	2.9	12	2.6
4	7.7	102	9.0	472	9.8	224	8.3	46	10.0
14	26.9	347	30.6	1 594	33.2	883	32.8	115	25.1
21	40.4	367	32.3	1 644	34.2	910	33.8	152	33.1
11	21.2	271	23.9	948	19.7	598	22.2	134	29.2

7-8 2004 年入境游客对旅游服务质量

		调查人数		政府工作人员		专业技术人员		职员		技工人	
		(人)	(%)	(人)	(%)	(人)	(%)	(人)	(%)	(人)	(%)
宾馆饭店	小计	14 047	100.0	538	100.0	1 968	100.0	1 687	100.0	709	100.0
	1分	155	1.1	7	1.3	30	1.5	11	0.6	9	1.3
	2分	491	3.5	16	3.0	79	4.0	57	3.4	22	3.1
	3分	3328	23.7	112	20.8	504	25.6	374	22.2	183	25.8
	4分	5973	42.5	256	47.6	838	42.6	728	43.2	298	42.0
	5分	4100	29.2	147	27.3	517	26.3	517	30.6	197	27.8
餐饮	小计	13 918	100.0	534	100.0	1 954	100.0	1 677	100.0	702	100.0
	1分	199	1.4	16	3.0	30	1.5	16	1.0	12	1.7
	2分	871	6.3	34	6.4	138	7.1	91	5.4	45	6.4
	3分	4 040	29.0	142	26.6	603	30.9	475	28.3	238	33.9
	4分	5 590	40.2	209	39.1	794	40.6	717	42.8	268	38.2
	5分	3 218	23.1	133	24.9	389	19.9	378	22.5	139	19.8
交通	小计	13 585	100.0	518	100.0	1 907	100.0	1 652	100.0	687	100.0
	1分	703	5.2	30	5.9	112	5.8	68	4.1	28	4.1
	2分	1977	14.6	82	15.8	295	15.5	220	13.3	121	17.6
	3分	4861	35.8	153	29.5	749	39.3	627	38.0	249	36.2
	4分	4122	30.3	166	32.0	543	28.5	512	31.0	190	27.7
	5分	1922	14.1	87	16.8	208	10.9	225	13.6	99	14.4
娱乐	小计	11 753	100.0	465	100.0	1569	100.0	1460	100.0	629	100.0
	1分	451	3.8	27	5.8	66	4.1	52	3.5	20	3.3
	2分	1 294	11.0	56	12.0	183	11.7	157	10.8	58	9.2
	3分	4 012	34.1	124	26.7	561	35.8	489	33.5	211	33.5
	4分	3 980	33.9	166	35.7	566	36.1	523	35.8	212	33.7
	5分	2 016	17.2	92	19.8	193	12.3	239	16.4	128	20.3

的评价(按职业分组)

商贸人员 (人)	商贸人员 (%)	服务员推销员 (人)	服务员推销员 (%)	退休人员 (人)	退休人员 (%)	家庭妇女 (人)	家庭妇女 (%)	军人 (人)	军人 (%)	学生 (人)	学生 (%)	其他 (人)	其他 (%)
4 135	100.0	536	100.0	1 027	100.0	1 090	100.0	35	100.0	1 059	100.0	1 263	100.0
49	1.1	3	0.6	7	0.6	14	1.3	0	0.0	11	1.2	14	1.2
160	3.9	19	3.5	16	1.6	37	3.4	2	5.7	49	4.6	34	2.7
1 016	24.6	160	29.9	168	16.4	244	22.4	4	11.4	243	22.9	320	25.3
1 752	42.4	231	43.1	438	42.6	479	43.9	14	40.0	422	39.8	517	40.9
1 158	28.0	123	22.9	398	38.8	316	29.0	15	42.9	334	31.5	378	29.9
4 097	100.0	535	100.0	1014	100.0	1073	100.0	33	100.0	1 045	100.0	1 254	100.0
61	1.5	6	1.2	2	0.1	10	1.0	0	0.0	22	2.1	24	1.9
249	6.1	35	6.5	35	3.5	73	6.8	3	9.1	103	9.9	65	5.2
1 241	30.3	169	31.6	230	22.7	319	29.7	11	33.3	252	24.1	360	28.7
1 639	40.0	226	42.2	425	41.9	440	41.0	14	42.4	360	34.4	498	39.7
907	22.1	99	18.5	322	31.8	231	21.5	5	15.2	308	29.5	307	24.5
3 974	100.0	526	100.0	992	100.0	1 037	100.0	31	100.0	1 031	100.0	1 230	100.0
269	6.8	25	4.8	16	1.6	41	4.0	3	9.6	56	5.4	55	4.4
662	16.7	77	14.6	69	7.0	142	13.7	4	12.9	150	14.5	155	12.6
1 500	37.7	189	35.9	285	28.7	387	37.3	7	22.6	315	30.6	400	32.5
1 100	27.7	173	32.9	387	39.0	327	31.5	10	32.3	305	29.6	409	33.3
443	11.1	62	11.8	235	23.7	140	13.5	7	22.6	205	19.9	211	17.2
3 315	100.0	495	100.0	842	100.0	902	100.0	27	100.0	955	100.0	1 094	100.0
148	4.4	14	2.8	9	1.1	27	3.1	1	3.8	51	5.4	36	3.3
433	13.1	48	9.7	71	8.4	95	10.5	4	14.8	104	10.9	85	7.8
1 255	37.9	175	35.4	242	28.7	324	35.9	6	22.2	286	29.9	339	31.0
1 008	30.4	193	39.0	318	37.8	315	34.9	11	40.7	275	28.8	393	35.9
471	14.2	65	13.1	202	24.0	141	15.6	5	18.5	239	25.0	241	22.0

7－8(续)

		调查人数		政府工作人员		专业技术人员		职员		技工工人	
		(人)	(%)	(人)	(%)	(人)	(%)	(人)	(%)	(人)	(%)
购物	小计	11 411	100.0	459	100.0	1 516	100.0	1 424	100.0	614	100.0
	1分	304	2.7	16	3.4	37	2.5	39	2.8	15	2.4
	2分	1 118	9.8	44	9.6	188	12.4	127	8.9	78	12.7
	3分	3 486	30.5	126	27.5	508	33.5	407	28.6	192	31.3
	4分	4 160	36.5	178	38.8	554	36.5	566	39.7	210	34.2
	5分	2 343	20.5	95	20.7	229	15.1	285	20.0	119	19.4
导游服务	小计	9 754	100.0	399	100.0	1 240	100.0	1 256	100.0	517	100.0
	1分	307	3.1	15	3.7	49	4.0	28	2.2	14	2.7
	2分	933	9.6	35	8.8	135	10.9	116	9.2	65	12.6
	3分	3 024	31.0	106	26.6	417	33.6	360	28.7	184	35.6
	4分	3 241	33.2	143	35.8	423	34.1	442	35.2	153	29.6
	5分	2 249	23.1	100	25.1	216	17.4	310	24.7	101	19.5
邮电通讯	小计	9 147	100.0	373	100.0	1157	100.0	1187	100.0	491	100.0
	1分	290	3.2	12	3.3	47	4.1	30	2.5	15	3.0
	2分	848	9.3	46	12.3	122	10.5	110	9.3	52	10.6
	3分	2 953	32.3	112	30.0	385	33.3	354	29.8	151	30.8
	4分	3 094	33.8	118	31.6	390	33.7	424	35.7	172	35.0
	5分	1 962	21.4	85	22.8	213	18.4	269	22.7	101	20.6

商贸人员		服务员推销员		退休人员		家庭妇女		军人		学生		其他	
(人)	(%)	(人)	(%)	(人)	(%)	(人)	(%)	(人)	(%)	(人)	(%)	(人)	(%)
3 180	100.0	483	100.0	827	100.0	889	100.0	27	100.0	934	100.0	1 058	100.0
111	3.6	8	1.6	10	1.3	19	2.2	2	7.4	24	2.5	23	2.2
350	11.0	45	9.3	49	5.9	68	7.6	2	7.5	82	8.8	85	8.0
1 070	33.6	156	32.3	207	25.0	269	30.3	8	29.6	239	25.6	304	28.7
1 056	33.2	193	40.0	325	39.3	339	38.1	9	33.3	327	35.0	403	38.1
593	18.6	81	16.8	236	28.5	194	21.8	6	22.2	262	28.1	243	23.0
2 563	100.0	436	100.0	780	100.0	797	100.0	25	100.0	813	100.0	928	100.0
107	4.1	16	3.7	4	0.5	17	2.2	1	4.0	31	3.8	25	2.7
281	11.0	38	8.7	53	6.8	75	9.4	2	8.0	64	7.9	69	7.4
928	36.2	147	33.7	146	18.7	263	33.0	5	20.0	190	23.4	278	30.0
794	31.0	152	34.9	293	37.6	265	33.2	11	44.0	263	32.3	302	32.5
453	17.7	83	19.0	284	36.4	177	22.2	6	24.0	265	32.6	254	27.4
2 445	100.0	418	100.0	690	100.0	710	100.0	24	100.0	774	100.0	878	100.0
86	3.5	14	3.4	1	0.0	19	2.7	0	0.0	40	5.2	26	2.9
236	9.7	36	8.6	55	8.0	68	9.6	3	12.5	76	9.8	44	5.0
873	35.7	143	34.2	186	27.0	252	35.5	8	33.3	217	28.0	272	31.0
815	33.3	150	35.9	244	35.4	236	33.2	9	37.5	230	29.7	306	34.9
435	17.8	75	17.9	204	29.6	135	19.0	4	16.7	211	27.3	230	26.2

7－9 2004 年入境游客对旅游服务质量

		调查人数		观光游览		休闲度假		探亲访友	
		(人)	(%)	(人)	(%)	(人)	(%)	(人)	(%)
宾馆饭店	小计	14 047	100.0	4 344	100.0	2 109	100.0	1 498	100.0
	1 分	155	1.1	48	1.0	14	0.7	13	0.9
	2 分	491	3.5	144	3.3	68	3.2	50	3.3
	3 分	3 328	23.7	854	19.7	458	21.7	429	28.6
	4 分	5 973	42.5	1 814	41.8	919	43.6	665	44.4
	5 分	4 100	29.2	1 484	34.2	650	30.8	341	22.8
餐　　饮	小计	13 918	100.0	4 297	100.0	2 101	100.0	1 491	100.0
	1 分	199	1.4	65	1.4	17	0.9	12	0.8
	2 分	871	6.3	271	6.3	106	5.0	83	5.6
	3 分	4 040	29.0	1 103	25.7	549	26.1	491	32.9
	4 分	5 590	40.2	1 687	39.3	883	42.0	631	42.3
	5 分	3 218	23.1	1 171	27.3	546	26.0	274	18.4
交　　通	小计	13 585	100.0	4 196	100.0	2 077	100.0	1 467	100.0
	1 分	703	5.2	168	4.0	80	3.8	52	3.6
	2 分	1 977	14.6	448	10.7	261	12.6	217	14.8
	3 分	4 861	35.8	1 292	30.8	752	36.2	593	40.4
	4 分	4 122	30.3	1 445	34.4	697	33.6	436	29.7
	5 分	1 922	14.1	843	20.1	287	13.8	169	11.5
娱　　乐	小计	11 753	100.0	3 702	100.0	1 914	100.0	1 312	100.0
	1 分	451	3.8	142	3.7	57	3.1	20	1.5
	2 分	1 294	11.0	388	10.5	165	8.6	109	8.3
	3 分	4 012	34.1	1 113	30.1	592	30.9	526	40.1
	4 分	3 980	33.9	1 261	34.1	755	39.4	477	36.4
	5 分	2 016	17.2	798	21.6	345	18.0	180	13.7

的评价(按旅游目的分组)

商务		会议		宗教朝拜		文化/体育/科技交流		其他	
(人)	(%)	(人)	(%)	(人)	(%)	(人)	(%)	(人)	(%)
4 373	100.0	555	100.0	66	100.0	366	100.0	736	100.0
66	1.5	3	0.5	0	0.0	4	1.1	7	1.0
173	4.0	14	2.5	2	3.0	17	4.6	23	3.1
1 198	27.4	108	19.5	12	18.2	65	17.8	204	27.7
1 846	42.2	247	44.5	33	50.0	147	40.2	302	41.0
1 090	24.9	183	33.0	19	28.8	133	36.3	200	27.2
4 328	100.0	552	100.0	65	100.0	361	100.0	723	100.0
64	1.6	8	1.3	0	0.0	9	2.5	24	3.2
300	6.9	29	5.3	5	7.7	28	7.8	49	6.8
1 455	33.6	139	25.2	15	23.1	85	23.5	203	28.1
1 685	38.9	262	47.5	27	41.5	139	38.5	276	38.2
824	19.0	114	20.7	18	27.7	100	27.7	171	23.7
4 189	100.0	536	100.0	64	100.0	353	100.0	703	100.0
310	7.4	36	6.8	4	6.2	15	4.3	38	5.3
813	19.4	80	14.9	8	12.5	42	11.9	108	15.4
1 615	38.6	221	41.2	19	29.7	130	36.8	239	34.0
1 032	24.6	158	29.5	24	37.5	132	37.4	198	28.2
419	10.0	41	7.6	9	14.1	34	9.6	120	17.1
3 410	100.0	445	100.0	61	100.0	317	100.0	592	100.0
170	5.1	17	3.7	6	9.8	13	4.2	26	4.4
482	14.1	51	11.5	3	4.9	35	11.0	61	10.3
1 337	39.2	152	34.2	18	29.5	79	24.9	195	32.9
997	29.2	154	34.6	20	32.8	131	41.3	185	31.3
424	12.4	71	16.0	14	23.0	59	18.6	125	21.1

7－9(续)

		调查人数		观光游览		休闲度假		探亲访友	
		(人)	(%)	(人)	(%)	(人)	(%)	(人)	(%)
购　　物	小计	11 411	100.0	3 631	100.0	1 878	100.0	1 284	100.0
	1分	304	2.7	106	2.9	30	1.6	15	1.2
	2分	1 118	9.8	287	7.9	159	8.5	122	9.5
	3分	3 486	30.5	987	27.2	500	26.6	459	35.7
	4分	4 160	36.5	1 304	35.9	770	41.0	489	38.1
	5分	2 343	20.5	947	26.1	419	22.3	199	15.5
导游服务	小计	9 754	100.0	3 355	100.0	1 626	100.0	1 120	100.0
	1分	307	3.1	66	1.9	32	2.1	34	3.0
	2分	933	9.6	201	6.0	158	9.7	126	11.3
	3分	3 024	31.0	751	22.4	459	28.2	469	41.9
	4分	3 241	33.2	1223	36.5	573	35.2	361	32.2
	5分	2 249	23.1	1114	33.2	404	24.8	130	11.6
邮电通讯	小计	9147	100.0	2999	100.0	1520	100.0	1093	100.0
	1分	290	3.2	91	3.1	29	1.9	15	1.4
	2分	848	9.3	243	8.1	118	7.8	113	10.3
	3分	2 953	32.3	798	26.6	506	33.3	451	41.3
	4分	3 094	33.8	1033	34.4	534	35.1	351	32.1
	5分	1 962	21.4	834	27.8	333	21.9	163	14.9

商务		会议		宗教朝拜		文化/体育/科技交流		其他	
(人)	(%)	(人)	(%)	(人)	(%)	(人)	(%)	(人)	(%)
3 266	100.0	423	100.0	60	100.0	306	100.0	563	100.0
121	3.7	7	1.7	2	3.4	8	2.6	15	2.7
420	12.9	44	10.4	3	5.0	26	8.5	57	10.1
1 163	35.6	130	30.7	18	30.0	82	26.8	147	26.1
1 064	32.6	172	40.7	26	43.3	134	43.8	201	35.7
498	15.2	70	16.5	11	18.3	56	18.3	143	25.4
2 522	100.0	329	100.0	58	100.0	278	100.0	466	100.0
125	4.9	14	4.3	2	3.5	9	3.3	25	5.4
347	13.8	29	8.8	6	10.3	22	7.9	44	9.4
1 025	40.6	104	31.6	15	25.9	59	21.2	142	30.5
713	28.3	112	34.0	21	36.2	96	34.5	142	30.5
312	12.4	70	21.3	14	24.1	92	33.1	113	24.2
2 443	100.0	322	100.0	54	100.0	266	100.0	450	100.0
103	4.2	17	5.3	3	5.5	16	6.0	16	3.6
289	11.8	25	7.8	5	9.3	18	6.8	37	8.2
859	35.2	113	35.1	13	24.1	86	32.3	127	28.2
811	33.2	107	33.2	23	42.6	97	36.5	138	30.7
381	15.6	60	18.6	10	18.5	49	18.4	132	29.3

7－10　2004年入境游客对各省(区、市)

	宾馆饭店						餐饮					
	小计	5分	4分	3分	2分	1分	小计	5分	4分	3分	2分	1分
北　京	100	58.0	34.6	6.9	0.3	0.2	100	43.7	43.0	12.0	1.0	0.3
天　津	100	44.1	39.4	14.2	1.9	0.4	100	24.7	46.2	24.5	4.6	0.0
河　北	100	39.7	43.9	12.9	3.3	0.2	100	21.3	47.3	23.5	7.5	0.4
山　西	100	24.9	40.0	28.9	5.5	0.7	100	18.0	38.5	33.9	9.0	0.6
内蒙古	100	37.7	36.9	23.2	2.2	0.0	100	28.1	35.7	30.3	5.6	0.3
辽　宁	100	58.4	35.7	5.6	0.3	0.0	100	39.2	40.7	17.5	2.0	0.6
吉　林	100	52.5	28.2	16.7	1.9	0.7	100	42.1	33.5	19.1	5.0	0.3
黑龙江	100	30.2	47.9	19.5	2.0	0.4	100	21.7	43.5	25.0	9.3	0.5
上　海	100	42.9	44.4	11.4	1.1	0.2	100	28.0	49.0	20.6	1.7	0.7
江　苏	100	53.1	39.7	6.9	0.2	0.1	100	35.3	45.8	16.7	1.6	0.6
浙　江	100	44.3	42.4	11.8	0.9	0.6	100	28.4	48.8	18.9	2.8	1.1
安　徽	100	30.5	46.1	20.8	2.1	0.5	100	18.1	41.9	34.1	4.5	1.4
福　建	100	41.6	41.1	14.6	1.7	1.0	100	22.0	40.2	30.7	5.6	1.5
江　西	100	32.0	47.4	19.0	1.6	0.0	100	20.9	45.8	29.5	3.8	0.0
山　东	100	32.4	49.5	16.8	1.0	0.3	100	20.6	49.0	25.9	3.6	0.9
河　南	100	30.2	48.8	18.8	2.1	0.1	100	24.9	43.9	27.2	3.9	0.1
湖　北	100	38.2	39.2	19.8	2.0	0.8	100	21.9	45.2	25.3	5.0	2.6
湖　南	100	48.2	43.6	7.1	0.8	0.3	100	32.8	47.6	17.7	1.6	0.3
广　东	100	28.8	45.0	22.6	2.8	0.8	100	22.5	42.4	29.0	5.2	0.9
广　西	100	44.0	33.1	19.1	3.8	0.0	100	27.6	37.5	27.3	6.6	1.0
海　南	100	45.6	41.0	12.1	0.2	1.1	100	22.2	40.0	32.9	3.3	1.6
重　庆	100	44.5	46.6	7.5	1.2	0.2	100	30.4	45.3	20.8	3.0	0.5
四　川	100	46.2	40.1	10.2	2.5	1.0	100	31.6	45.0	17.3	4.3	1.8
贵　州	100	35.5	35.9	25.2	2.4	1.0	100	15.6	46.6	31.2	6.0	0.6
云　南	100	40.0	39.5	16.9	2.7	0.9	100	21.5	42.7	28.8	5.7	1.3
西　藏	100	13.8	70.3	15.4	0.5	0.0	100	17.4	63.6	18.5	0.5	0.0
陕　西	100	48.6	39.5	10.7	0.8	0.4	100	32.4	42.0	19.9	4.7	1.0
甘　肃	100	51.1	24.2	21.1	1.7	1.9	100	22.1	48.9	24.0	3.3	1.7
青　海	100	23.0	31.9	39.1	5.6	0.4	100	16.9	27.0	41.1	14.5	0.5
宁　夏	100	44.7	33.3	16.7	4.0	1.3	100	28.2	40.3	24.2	6.7	0.6
新　疆	100	33.0	51.4	12.7	2.4	0.5	100	28.2	46.4	23.0	2.1	0.3

旅游服务质量的评价

单位：%

交通						娱乐					
小计	5分	4分	3分	2分	1分	小计	5分	4分	3分	2分	1分
100	20.7	36.2	28.4	11.1	3.6	100	26.9	40.5	23.5	7.5	1.6
100	13.2	32.3	38.4	11.3	4.8	100	14.6	32.2	35.0	13.8	4.4
100	11.5	37.9	34.3	14.5	1.8	100	8.8	33.1	36.4	19.2	2.5
100	11.6	25.8	42.4	17.7	2.5	100	10.3	19.5	41.4	19.4	9.4
100	18.5	33.6	38.7	7.5	1.7	100	13.5	34.4	40.2	9.0	2.9
100	23.4	41.8	25.2	7.9	1.7	100	28.4	35.6	28.2	6.6	1.2
100	37.1	27.1	24.5	10.8	0.5	100	23.6	29.6	34.1	9.7	3.0
100	15.5	33.3	33.6	14.0	3.6	100	13.3	23.7	33.0	24.6	5.4
100	12.2	34.7	38.1	11.3	3.7	100	21.6	41.0	28.4	6.7	2.3
100	20.3	35.9	35.3	7.4	1.1	100	19.3	35.7	33.3	9.9	1.8
100	12.4	35.3	36.9	11.5	3.9	100	12.0	37.0	37.2	10.3	3.5
100	6.9	33.9	39.9	15.6	3.7	100	6.6	17.2	33.2	26.9	16.1
100	10.0	30.9	37.7	14.7	6.7	100	10.6	24.7	43.5	14.6	6.6
100	11.1	39.5	40.2	7.9	1.3	100	10.5	36.6	42.1	8.9	1.9
100	14.8	45.1	29.6	7.8	2.7	100	10.8	40.5	32.5	13.3	2.9
100	18.7	34.4	34.2	10.9	1.8	100	18.1	25.8	40.6	9.4	6.1
100	13.1	31.7	36.3	13.3	5.6	100	8.7	25.3	49.1	10.7	6.2
100	16.8	40.3	33.7	5.9	3.3	100	14.6	35.9	34.6	11.4	3.5
100	11.3	30.1	40.1	14.4	4.1	100	13.0	32.0	41.3	11.6	2.1
100	18.4	33.3	32.0	11.2	5.1	100	14.6	26.9	37.9	13.2	7.4
100	15.0	30.3	36.2	12.5	6.0	100	13.6	26.1	40.1	12.9	7.3
100	16.6	30.2	38.2	11.7	3.3	100	19.0	38.8	28.3	11.6	2.3
100	16.9	37.1	31.1	10.5	4.4	100	15.8	36.9	29.0	13.8	4.5
100	16.3	25.2	36.9	17.2	4.4	100	12.5	26.8	37.4	17.0	6.3
100	10.2	32.0	39.1	13.1	5.6	100	9.6	31.6	36.5	15.6	6.7
100	3.1	31.3	54.4	9.7	1.5	100	2.1	22.1	53.3	20.5	2.0
100	19.2	29.7	32.1	15.1	3.9	100	17.8	25.2	34.1	19.8	3.1
100	19.7	27.0	46.5	6.0	0.8	100	13.1	26.3	51.3	7.8	1.5
100	13.4	36.4	36.0	10.9	3.3	100	8.1	15.0	46.2	26.7	4.0
100	9.9	42.6	26.2	17.7	3.6	100	12.0	20.0	37.3	21.3	9.4
100	15.6	41.4	31.3	9.7	2.0	100	9.2	43.2	36.4	8.7	2.5

7-10(续)

	购物					
	小计	5分	4分	3分	2分	1分
北京	100	36.4	44.2	15.5	3.1	0.8
天津	100	21.1	42.7	29.4	6.4	0.4
河北	100	12.3	42.5	29.7	13.9	1.6
山西	100	10.7	29.1	39.0	17.2	4.0
内蒙古	100	19.9	19.9	50.6	8.2	1.4
辽宁	100	34.8	35.2	24.5	4.3	1.2
吉林	100	25.5	34.7	25.5	13.1	1.2
黑龙江	100	18.9	38.3	32.0	9.3	1.5
上海	100	29.8	40.8	23.4	4.5	1.5
江苏	100	26.7	46.6	21.3	4.7	0.7
浙江	100	19.4	43.0	27.8	7.2	2.6
安徽	100	9.7	36.2	33.2	15.0	5.9
福建	100	11.4	29.0	42.9	12.7	4.0
江西	100	15.9	42.9	35.6	5.1	0.5
山东	100	12.7	47.5	28.8	8.6	2.4
河南	100	15.5	39.0	35.0	8.4	2.1
湖北	100	12.4	37.9	37.6	7.6	4.5
湖南	100	16.6	39.3	32.8	8.9	2.4
广东	100	16.2	35.7	37.4	8.6	2.1
广西	100	18.2	30.1	36.6	12.7	2.4
海南	100	15.7	32.9	35.0	12.2	4.2
重庆	100	23.2	44.3	25.3	6.1	1.1
四川	100	20.2	40.4	27.0	7.9	4.5
贵州	100	20.0	25.3	42.6	9.9	2.2
云南	100	15.5	38.2	33.0	10.7	2.6
西藏	100	5.1	27.2	61.5	5.6	0.6
陕西	100	19.0	37.2	32.2	9.3	2.3
甘肃	100	22.4	30.0	39.9	6.5	1.2
青海	100	9.3	24.7	43.3	19.8	2.9
宁夏	100	8.0	25.8	32.3	19.4	14.5
新疆	100	26.5	51.9	15.6	4.3	1.7

单位：%

导游服务						邮电通讯					
小计	5分	4分	3分	2分	1分	小计	5分	4分	3分	2分	1分
100	37.2	41.0	16.0	4.5	1.3	100	35.8	41.9	17.1	4.2	1.0
100	12.1	35.9	38.5	11.9	1.6	100	11.8	34.9	40.1	11.0	2.2
100	14.6	44.0	25.8	13.4	2.2	100	15.0	43.9	25.7	13.8	1.6
100	22.4	31.6	33.5	10.3	2.2	100	15.1	27.3	40.7	12.5	4.4
100	10.3	36.6	41.9	8.4	2.8	100	9.1	26.6	50.4	10.5	3.4
100	25.7	37.3	27.6	7.4	2.0	100	28.9	31.9	27.7	7.7	3.8
100	17.8	36.8	28.2	14.9	2.3	100	21.2	29.1	23.8	19.2	6.7
100	31.8	31.3	26.8	8.9	1.2	100	18.3	32.0	33.5	13.4	2.8
100	24.4	35.8	27.7	9.3	2.8	100	20.4	36.0	32.0	8.6	3.0
100	29.1	38.2	26.0	6.1	0.6	100	30.3	38.6	20.5	8.7	1.9
100	19.9	38.0	30.3	7.4	4.4	100	18.3	43.2	26.9	9.0	2.6
100	36.0	37.5	18.1	5.2	3.2	100	14.2	33.0	33.9	13.9	5.0
100	20.6	26.7	33.8	13.5	5.4	100	14.5	33.4	34.7	11.2	6.2
100	18.2	42.2	35.3	3.8	0.5	100	15.6	45.6	34.0	4.4	0.4
100	17.3	48.8	22.7	8.5	2.7	100	13.2	43.3	29.4	11.4	2.7
100	29.0	36.2	31.1	3.3	0.4	100	16.9	27.6	42.6	7.3	5.6
100	20.4	37.1	33.0	5.0	4.5	100	10.8	29.7	46.0	8.1	5.4
100	26.7	45.8	19.0	5.3	3.2	100	12.3	37.1	36.3	8.6	5.7
100	15.8	31.3	40.8	9.0	3.1	100	20.8	28.6	40.0	7.8	2.8
100	26.4	34.9	24.4	11.2	3.1	100	17.9	27.5	38.6	12.3	3.7
100	17.7	30.2	35.1	12.2	4.8	100	19.7	34.5	28.8	12.6	4.4
100	28.7	35.7	24.2	8.6	2.8	100	34.6	34.3	21.8	6.9	2.4
100	19.5	39.3	25.6	9.8	5.8	100	16.4	37.9	26.2	11.0	8.5
100	28.3	29.5	33.3	5.8	3.1	100	24.4	28.6	33.2	11.9	1.9
100	18.1	39.5	28.7	9.2	4.5	100	18.0	37.5	28.4	12.2	3.9
100	1.5	29.2	58.5	9.7	1.1	100	30.8	37.9	26.2	4.6	0.5
100	36.8	35.1	19.0	6.8	2.3	100	17.4	24.8	31.2	20.4	6.2
100	22.1	34.9	38.6	3.9	0.5	100	17.6	23.5	52.4	5.6	0.9
100	24.7	29.6	27.1	15.0	3.6	100	5.3	21.1	46.2	23.1	4.3
100	8.9	23.2	39.3	14.3	14.3	100	17.3	17.3	28.8	11.6	25.0
100	23.2	53.2	16.7	5.5	1.4	100	27.7	48.8	19.0	3.4	1.1

八

入境游客对旅游接待设施的评价

8－1　2004年入境游客对旅游接待设施

		调查人数		外　国　人	
		(人)	(%)	(人)	(%)
宾馆饭店	小计	13 892	100.0	8 925	100.0
	1分	151	1.0	115	1.3
	2分	508	3.7	351	3.9
	3分	3 110	22.4	1 661	18.6
	4分	6 084	43.8	3 675	41.2
	5分	4 039	29.1	3 123	35.0
餐　　饮	小计	13 683	100.0	8 801	100.0
	1分	182	1.3	135	1.5
	2分	902	6.6	587	6.7
	3分	4 288	31.3	2 264	25.7
	4分	5 303	38.8	3 377	38.4
	5分	3 008	22.0	2 438	27.7
交　　通	小计	13 300	100.0	8 522	100.0
	1分	560	4.2	394	4.7
	2分	1 858	14.0	1 117	13.1
	3分	5 003	37.6	2 863	33.6
	4分	4 030	30.3	2 646	31.0
	5分	1 849	13.9	1 502	17.6

的评价(按外国人、港澳台胞分组)

香港同胞		澳门同胞		台湾同胞	
(人)	(%)	(人)	(%)	(人)	(%)
3 405	100.0	321	100.0	1 241	100.0
20	0.6	6	1.9	10	0.8
106	3.1	7	2.2	44	3.5
1060	31.1	77	24.0	312	25.1
1648	48.4	151	47.0	610	49.2
571	16.8	80	24.9	265	21.4
3 359	100.0	310	100.0	1 213	100.0
33	0.9	3	0.9	11	0.9
194	5.8	17	5.5	104	8.6
1 447	43.1	100	32.3	477	39.3
1 320	39.3	139	44.8	467	38.5
365	10.9	51	16.5	154	12.7
3 309	100.0	295	100.0	1 174	100.0
100	3.1	7	2.4	59	5.1
524	15.8	38	12.9	179	15.2
1 545	46.7	118	40.0	477	40.6
937	28.3	106	35.9	341	29.0
203	6.1	26	8.8	118	10.1

8－1(续)

		调查人数 (人)	(%)	外国人 (人)	(%)
娱　乐	小计	11 546	100.0	7 267	100.0
	1分	382	3.4	305	4.3
	2分	1 297	11.2	873	12.0
	3分	4 220	36.5	2 341	32.2
	4分	3 796	32.9	2 329	32.0
	5分	1 851	16.0	1 419	19.5
购　物	小计	11 277	100.0	7115	100.0
	1分	262	2.4	166	2.3
	2分	1 041	9.2	597	8.4
	3分	3 540	31.4	1 902	26.7
	4分	4 155	36.8	2 638	37.1
	5分	2 279	20.2	1 812	25.5
游览/参观点	小计	10 663	100.0	6 743	100.0
	1分	250	2.4	182	2.7
	2分	1 007	9.4	636	9.4
	3分	3 433	32.2	1 839	27.3
	4分	3 821	35.8	2 392	35.5
	5分	2 152	20.2	1 694	25.1
旅游区(点)厕所	小计	10 178	100.0	6 332	100.0
	1分	1 535	15.1	980	15.5
	2分	2 569	25.2	1 421	22.4
	3分	3 070	30.2	1 764	27.9
	4分	2 062	20.3	1 365	21.6
	5分	942	9.2	802	12.6

香港同胞		澳门同胞		台湾同胞	
（人）	（%）	（人）	（%）	（人）	（%）
3 041	100.0	247	100.0	991	100.0
50	1.6	5	2.1	22	2.2
273	9.0	27	10.9	124	12.5
1 371	45.1	87	35.2	421	42.5
1080	35.5	86	34.8	301	30.4
267	8.8	42	17.0	123	12.4
2 980	100.0	236	100.0	946	100.0
57	1.9	7	2.9	32	3.4
278	9.3	25	10.6	141	14.9
1 216	40.8	70	29.7	352	37.2
1 117	37.5	95	40.3	305	32.2
312	10.5	39	16.5	116	12.3
2 848	100.0	196	100.0	876	100.0
35	1.3	10	5.2	23	2.6
248	8.7	24	12.2	99	11.3
1 247	43.8	50	25.5	297	33.9
1 015	35.6	92	46.9	322	36.8
303	10.6	20	10.2	135	15.4
2 810	100.0	186	100.0	850	100.0
341	12.1	28	15.1	186	21.9
875	31.1	36	19.4	237	27.9
1 001	35.6	62	33.3	243	28.6
502	17.9	52	28.0	143	16.8
91	3.3	8	4.2	41	4.8

8－2 2004年入境游客对旅游

		调查人数		男性		女性	
		(人)	(%)	(人)	(%)	(人)	(%)
宾馆饭店	小计	13 892	100.0	8 735	100.0	5 157	100.0
	1分	151	1.0	104	1.1	47	0.8
	2分	508	3.7	323	3.7	185	3.6
	3分	3 110	22.4	2 050	23.5	1 060	20.6
	4分	6 084	43.8	3 874	44.4	2 210	42.9
	5分	4 039	29.1	2 384	27.3	1 655	32.1
餐　饮	小计	13 683	100.0	8 598	100.0	5 085	100.0
	1分	182	1.3	109	1.3	73	1.5
	2分	902	6.6	588	6.8	314	6.2
	3分	4 288	31.3	2 792	32.5	1 496	29.4
	4分	5 303	38.8	3 339	38.8	1 964	38.6
	5分	3 008	22.0	1 770	20.6	1 238	24.3
交　通	小计	13 300	100.0	8 346	100.0	4 954	100.0
	1分	560	4.2	389	4.7	171	3.5
	2分	1 858	14.0	1 281	15.3	577	11.6
	3分	5 003	37.6	3 195	38.3	1 808	36.5
	4分	4 030	30.3	2 437	29.2	1 593	32.2
	5分	1 849	13.9	1 044	12.5	805	16.2

接待设施的评价(按性别、年龄分组)

14岁及以下		15～24岁		25～44岁		45～64岁		65岁及以上	
(人)	(%)	(人)	(%)	(人)	(%)	(人)	(%)	(人)	(%)
85	100.0	1 481	100.0	6 991	100.0	4 566	100.0	769	100.0
1	1.2	21	1.4	85	1.3	42	0.9	2	0.3
2	2.4	59	4.0	261	3.7	172	3.8	14	1.8
20	23.5	322	21.7	1 621	23.2	1 033	22.6	114	14.8
29	34.1	585	39.5	3 140	44.9	2 014	44.1	316	41.1
33	38.8	494	33.4	1 884	26.9	1 305	28.6	323	42.0
82	100.0	1457	100.0	6899	100.0	4491	100.0	754	100.0
3	3.7	30	2.0	97	1.4	49	1.1	3	0.5
9	11.0	109	7.5	446	6.5	300	6.7	38	5.0
17	20.7	422	29.0	2 259	32.7	1 403	31.2	187	24.8
32	39.0	514	35.3	2 686	38.9	1 779	39.6	292	38.7
21	25.6	382	26.2	1 411	20.5	960	21.4	234	31.0
80	100.0	1 434	100.0	6748	100.0	4 312	100.0	726	100.0
11	13.8	60	4.2	311	4.7	167	3.9	11	1.6
10	12.4	201	14.0	994	14.7	588	13.6	65	9.0
25	31.3	488	34.0	2 626	38.9	1627	37.7	237	32.6
24	30.0	413	28.8	1991	29.5	1 357	31.5	245	33.7
10	12.5	272	19.0	826	12.2	573	13.3	168	23.1

8－2(续)

		调查人数		男性		女性	
		(人)	(%)	(人)	(%)	(人)	(%)
娱乐	小计	11 546	100.0	7 146	100.0	4400	100.0
	1分	382	3.4	260	3.6	122	2.8
	2分	1 297	11.2	830	11.6	467	10.6
	3分	4 220	36.5	2 662	37.3	1 558	35.4
	4分	3 796	32.9	2 336	32.7	1 460	33.2
	5分	1 851	16.0	1 058	14.8	793	18.0
购物	小计	11 277	100.0	6 928	100.0	4349	100.0
	1分	262	2.4	185	2.7	77	1.8
	2分	1 041	9.2	709	10.2	332	7.6
	3分	3 540	31.4	2 322	33.5	1 218	28.0
	4分	4 155	36.8	2 465	35.6	1 690	38.9
	5分	2 279	20.2	1 247	18.0	1 032	23.7
游览/参观点	小计	10 663	100.0	6 469	100.0	4 194	100.0
	1分	250	2.4	167	2.6	83	1.9
	2分	1 007	9.4	648	10.0	359	8.6
	3分	3 433	32.2	2 203	34.1	1 230	29.3
	4分	3 821	35.8	2 258	34.9	1 563	37.3
	5分	2 152	20.2	1 193	18.4	959	22.9
旅游区(点)厕所	小计	10 178	100.0	6 226	100.0	3 952	100.0
	1分	1 535	15.1	962	15.5	573	14.5
	2分	2 569	25.2	1 629	26.2	940	23.8
	3分	3 070	30.2	1 888	30.3	1 182	29.9
	4分	2 062	20.3	1 228	19.7	834	21.1
	5分	942	9.2	519	8.3	423	10.7

14岁及以下		15～24岁		25～44岁		45～64岁		65岁及以上	
(人)	(%)	(人)	(%)	(人)	(%)	(人)	(%)	(人)	(%)
68	100.0	1 340	100.0	6 035	100.0	3 533	100.0	570	100.0
3	4.4	47	3.5	202	3.3	119	3.3	11	1.9
10	14.7	165	12.3	668	11.1	396	11.2	58	10.2
23	33.8	413	30.8	2 273	37.7	1 341	38.0	170	29.8
22	32.4	415	31.0	1 980	32.8	1 191	33.7	188	33.0
10	14.7	300	22.4	912	15.1	486	13.8	143	25.1
68	100.0	1 326	100.0	5 902	100.0	3 423	100.0	558	100.0
3	4.4	37	2.9	139	2.4	73	2.1	10	1.8
7	10.3	116	8.7	545	9.2	332	9.7	41	7.3
12	17.6	373	28.1	1 903	32.2	1 120	32.7	132	23.7
25	36.8	458	34.5	2 220	37.6	1 256	36.7	196	35.1
21	30.9	342	25.8	1095	18.6	642	18.8	179	32.1
61	100.0	1 292	100.0	5 563	100.0	3 211	100.0	536	100.0
2	3.3	35	2.8	132	2.5	74	2.4	7	1.3
7	11.5	96	7.4	558	10.0	303	9.4	43	8.0
16	26.2	344	26.6	1 999	35.9	984	30.6	90	16.8
17	27.9	489	37.8	1 915	34.4	1 191	37.1	209	39.0
19	31.1	328	25.4	959	17.2	659	20.5	187	34.9
59	100.0	1 251	100.0	5 267	100.0	3 079	100.0	522	100.0
12	20.3	217	17.3	801	15.2	436	14.2	69	13.2
7	11.9	313	25.0	1 404	26.7	734	23.8	111	21.3
22	37.3	328	26.2	1 620	30.8	954	31.0	146	28.0
11	18.6	239	19.1	993	18.9	704	22.9	115	22.0
7	11.9	154	12.4	449	8.4	251	8.1	81	15.5

8－3 2004年入境游客对旅游

		调查人数		政 府 工作人员		专 业 技术人员		职 员		技 工 工 人	
		(人)	(%)	(人)	(%)	(人)	(%)	(人)	(%)	(人)	(%)
宾馆饭店	小计	13 892	100.0	537	100.0	1 946	100.0	1 683	100.0	694	100.0
	1分	151	1.0	8	1.5	21	1.1	18	1.1	8	1.2
	2分	508	3.7	16	3.0	96	4.9	52	3.1	20	2.9
	3分	3 110	22.4	127	23.6	479	24.6	332	19.7	164	23.6
	4分	6 084	43.8	242	45.1	874	44.9	763	45.3	322	46.4
	5分	4 039	29.1	144	26.8	476	24.5	518	30.8	180	25.9
餐 饮	小计	13 683	100.0	528	100.0	1 923	100.0	1 655	100.0	689	100.0
	1分	182	1.3	11	2.1	24	1.3	18	1.1	13	1.9
	2分	902	6.6	42	8.0	135	7.0	105	6.3	47	6.8
	3分	4 288	31.3	142	26.9	646	33.6	483	29.2	243	35.3
	4分	5 303	38.8	214	40.5	777	40.4	655	39.6	253	36.7
	5分	3 008	22.0	119	22.5	341	17.7	394	23.8	133	19.3
交 通	小计	13 300	100.0	515	100.0	1 859	100.0	1 621	100.0	669	100.0
	1分	560	4.2	24	4.7	89	4.8	46	2.8	29	4.3
	2分	1 858	14.0	65	12.6	277	14.9	214	13.2	105	15.7
	3分	5 003	37.6	190	36.9	783	42.1	604	37.3	246	36.8
	4分	4 030	30.3	166	32.2	541	29.1	520	32.1	196	29.3
	5分	1 849	13.9	70	13.6	169	9.1	237	14.6	93	13.9

接待设施的评价(按职业分组)

商贸人员		服务员推销员		退休人员		家庭妇女		军人		学生		其他	
(人)	(%)	(人)	(%)	(人)	(%)	(人)	(%)	(人)	(%)	(人)	(%)	(人)	(%)
4 076	100.0	543	100.0	1 010	100.0	1 086	100.0	34	100.0	1 032	100.0	1 251	100.0
53	1.4	4	0.7	4	0.3	9	0.8	0	0.0	14	1.3	12	0.9
162	4.0	27	5.0	17	1.7	32	2.9	1	3.0	41	4.0	44	3.5
976	23.9	131	24.1	144	14.3	232	21.4	7	20.6	229	22.2	289	23.1
1 783	43.7	242	44.6	451	44.7	486	44.8	13	38.2	398	38.6	510	40.8
1 102	27.0	139	25.6	394	39.0	327	30.1	13	38.2	350	33.9	396	31.7
4 008	100.0	541	100.0	992	100.0	1 068	100.0	32	100.0	1 013	100.0	1 234	100.0
56	1.4	4	0.7	5	0.6	13	1.2	0	0.0	21	2.1	17	1.4
268	6.7	33	6.1	31	3.1	74	6.9	3	9.4	90	8.9	74	6.0
1 323	33.0	183	33.8	242	24.4	331	31.0	13	40.6	281	27.7	401	32.5
1 545	38.5	227	42.0	409	41.2	440	41.2	11	34.4	339	33.5	433	35.1
816	20.4	94	17.4	305	30.7	210	19.7	5	15.6	282	27.8	309	25.0
3 885	100.0	534	100.0	960	100.0	1 032	100.0	29	100.0	999	100.0	1 197	100.0
224	5.8	20	3.8	11	1.1	30	2.9	0	0.0	54	5.5	33	2.9
659	17.0	75	14.0	57	5.9	121	11.7	5	17.2	143	14.3	137	11.4
1 516	39.0	197	36.9	286	29.8	432	41.9	10	34.5	309	30.9	430	35.9
1 069	27.5	170	31.8	377	39.3	314	30.4	12	41.4	285	28.5	380	31.7
417	10.7	72	13.5	229	23.9	135	13.1	2	6.9	208	20.8	217	18.1

8－3(续)

		调查人数		政府工作人员		专业技术人员		职员		技工人	
		(人)	(%)	(人)	(%)	(人)	(%)	(人)	(%)	(人)	(%)
娱乐	小计	11 546	100.0	462	100.0	1 542	100.0	1 427	100.0	608	100.0
	1分	382	3.4	21	4.5	57	3.7	47	3.2	18	2.9
	2分	1 297	11.2	52	11.3	184	11.9	138	9.7	60	9.9
	3分	4 220	36.5	163	35.3	606	39.3	485	34.0	220	36.2
	4分	3 796	32.9	152	32.9	533	34.6	532	37.3	211	34.7
	5分	1 851	16.0	74	16.0	162	10.5	225	15.8	99	16.3
购物	小计	11 277	100.0	455	100.0	1 504	100.0	1 406	100.0	593	100.0
	1分	262	2.4	16	3.5	44	2.9	37	2.6	10	1.7
	2分	1 041	9.2	51	11.2	158	10.5	99	7.0	47	7.9
	3分	3 540	31.4	140	30.8	533	35.4	420	29.9	172	29.0
	4分	4 155	36.8	157	34.5	547	36.4	575	40.9	234	39.5
	5分	2 279	20.2	91	20.0	222	14.8	275	19.6	130	21.9
游览/参观点	小计	10 663	100.0	428	100.0	1 404	100.0	1 347	100.0	559	100.0
	1分	250	2.4	10	2.4	36	2.6	29	2.2	10	1.8
	2分	1 007	9.4	43	10.0	141	10.0	112	8.3	52	9.3
	3分	3 433	32.2	127	29.7	480	34.2	409	30.4	205	36.7
	4分	3 821	35.8	152	35.5	513	36.5	526	39.0	198	35.4
	5分	2 152	20.2	96	22.4	234	16.7	271	20.1	94	16.8
旅游区(点)厕所	小计	10 178	100.0	411	100.0	1 361	100.0	1 307	100.0	536	100.0
	1分	1 535	15.1	68	16.5	242	17.8	150	11.5	80	14.9
	2分	2 569	25.2	101	24.6	384	28.2	303	23.2	140	26.1
	3分	3 070	30.2	99	24.1	420	30.9	399	30.5	167	31.2
	4分	2 062	20.3	101	24.6	241	17.7	318	24.3	104	19.4
	5分	942	9.2	42	10.2	74	5.4	137	10.5	45	8.4

商贸人员 (人)	商贸人员 (%)	服务员推销员 (人)	服务员推销员 (%)	退休人员 (人)	退休人员 (%)	家庭妇女 (人)	家庭妇女 (%)	军人 (人)	军人 (%)	学生 (人)	学生 (%)	其他 (人)	其他 (%)
3 281	100.0	497	100.0	827	100.0	874	100.0	28	100.0	927	100.0	1 073	100.0
122	3.6	14	2.8	6	0.8	25	2.9	1	3.6	41	4.5	30	2.8
443	13.5	44	8.9	71	8.6	90	10.3	4	14.3	122	13.2	89	8.3
1 301	39.7	182	36.6	254	30.7	330	37.8	12	42.9	298	32.1	369	34.4
996	30.4	189	38.0	284	34.3	301	34.4	9	32.1	234	25.2	355	33.1
419	12.8	68	13.7	212	25.6	128	14.6	2	7.1	232	25.0	230	21.4
3 171	100.0	486	100.0	809	100.0	862	100.0	26	100.0	920	100.0	1 045	100.0
79	2.4	6	1.2	12	1.5	9	1.1	2	7.7	28	3.1	19	1.9
358	11.3	32	6.6	52	6.4	65	7.5	2	7.6	95	10.3	82	7.8
1 106	34.9	165	34.0	182	22.5	257	29.8	6	23.1	237	25.8	322	30.8
1 058	33.4	197	40.5	323	39.9	350	40.6	12	46.2	303	32.9	399	38.2
570	18.0	86	17.7	240	29.7	181	21.0	4	15.4	257	27.9	223	21.3
2 906	100.0	473	100.0	792	100.0	829	100.0	25	100.0	894	100.0	1 006	100.0
100	3.4	15	3.1	6	0.8	10	1.2	0	0.0	23	2.6	11	1.1
336	11.6	46	9.7	51	6.4	57	6.9	4	16.0	62	6.9	103	10.2
1 067	36.7	155	32.8	154	19.4	289	34.9	7	28.0	213	23.8	327	32.5
948	32.6	181	38.3	316	39.9	302	36.4	11	44.0	329	36.8	345	34.3
455	15.7	76	16.1	265	33.5	171	20.6	3	12.0	267	29.9	220	21.9
2 731	100.0	461	100.0	760	100.0	790	100.0	24	100.0	873	100.0	924	100.0
470	17.2	72	15.6	71	9.4	107	13.5	0	0.0	166	19.0	109	11.8
723	26.5	107	23.2	147	19.3	203	25.7	4	16.7	208	23.8	249	26.9
856	31.3	147	31.9	212	27.9	262	33.2	9	37.5	198	22.7	301	32.6
505	18.5	105	22.8	206	27.1	158	20.0	9	37.5	159	18.2	156	16.9
177	6.5	30	6.5	124	16.3	60	7.6	2	8.3	142	16.3	109	11.8

8－4　2004年入境游客对旅游

		调查人数		观光游览		休闲度假		探亲访友	
		(人)	(%)	(人)	(%)	(人)	(%)	(人)	(%)
宾馆饭店	小计	13 892	100.0	4 276	100.0	2 101	100.0	1 503	100.0
	1分	151	1.0	46	1.2	13	0.7	14	0.9
	2分	508	3.7	138	3.2	68	3.2	57	3.8
	3分	3 110	22.4	776	18.1	410	19.5	403	26.8
	4分	6 084	43.8	1856	43.4	919	43.7	697	46.4
	5分	4 039	29.1	1460	34.1	691	32.9	332	22.1
餐　　饮	小计	13 683	100.0	4 209	100.0	2 081	100.0	1 488	100.0
	1分	182	1.3	61	1.5	22	1.0	9	0.7
	2分	902	6.6	250	5.9	116	5.6	103	6.9
	3分	4 288	31.3	1 140	27.1	604	29.0	533	35.8
	4分	5 303	38.8	1 620	38.5	840	40.4	588	39.5
	5分	3 008	22.0	1 138	27.0	499	24.0	255	17.1
交　　通	小计	13 300	100.0	4 090	100.0	2 056	100.0	1 455	100.0
	1分	560	4.2	114	2.7	52	2.6	49	3.3
	2分	1 858	14.0	453	11.1	235	11.4	177	12.2
	3分	5 003	37.6	1 316	32.2	804	39.1	589	40.5
	4分	4 030	30.3	1 418	34.7	660	32.1	478	32.9
	5分	1 849	13.9	789	19.3	305	14.8	162	11.1

接待设施的评价(按旅游目的分组)

商务		会议		宗教朝拜		文化/体育/科技交流		其他	
(人)	(%)	(人)	(%)	(人)	(%)	(人)	(%)	(人)	(%)
4 300	100.0	548	100.0	66	100.0	363	100.0	735	100.0
58	1.4	1	0.2	0	0.0	8	2.2	11	1.5
181	4.2	19	3.5	4	6.1	10	2.8	31	4.2
1 133	26.3	97	17.7	13	19.7	81	22.3	197	26.8
1 891	44.0	262	47.8	28	42.4	130	35.8	301	41.0
1 037	24.1	169	30.8	21	31.8	134	36.9	195	26.5
4 226	100.0	533	100.0	65	100.0	360	100.0	721	100.0
63	1.5	2	0.4	0	0.0	10	2.7	15	2.1
330	7.8	29	5.4	2	3.0	23	6.4	49	6.8
1 497	35.4	146	27.4	17	26.2	101	28.1	250	34.7
1 617	38.3	248	46.5	30	46.2	117	32.5	243	33.7
719	17.0	108	20.3	16	24.6	109	30.3	164	22.7
4 073	100.0	517	100.0	64	100.0	354	100.0	691	100.0
250	6.2	37	7.1	1	1.6	19	5.4	38	5.5
759	18.6	71	13.7	9	14.1	41	11.6	113	16.4
1 683	41.3	218	42.2	18	28.1	131	37.0	244	35.3
1 010	24.8	154	29.8	23	35.9	107	30.2	180	26.0
371	9.1	37	7.2	13	20.3	56	15.8	116	16.8

8－4(续)

		调查人数		观光游览		休闲度假		探亲访友	
		(人)	(%)	(人)	(%)	(人)	(%)	(人)	(%)
娱乐	小计	11 546	100.0	3 588	100.0	1 895	100.0	1 320	100.0
	1分	382	3.4	114	3.0	47	2.5	18	1.4
	2分	1 297	11.2	393	11.0	181	9.6	115	8.7
	3分	4 220	36.5	1 118	31.2	661	34.9	559	42.3
	4分	3 796	32.9	1 204	33.6	685	36.1	463	35.1
	5分	1 851	16.0	759	21.2	321	16.9	165	12.5
购物	小计	11 277	100.0	3 536	100.0	1 861	100.0	1 300	100.0
	1分	262	2.4	94	2.7	35	1.9	12	0.9
	2分	1 041	9.2	280	7.9	155	8.3	84	6.5
	3分	3 540	31.4	957	27.1	514	27.6	471	36.2
	4分	4 155	36.8	1 277	36.1	761	40.9	524	40.3
	5分	2 279	20.2	928	26.2	396	21.3	209	16.1
游览/参观点	小计	10 663	100.0	3 425	100.0	1 788	100.0	1 258	100.0
	1分	250	2.4	62	1.8	27	1.6	14	1.1
	2分	1 007	9.4	217	6.3	145	8.1	146	11.6
	3分	3 433	32.2	800	23.4	564	31.5	504	40.1
	4分	3 821	35.8	1 345	39.3	681	38.1	419	33.3
	5分	2 152	20.2	1 001	29.2	371	20.7	175	13.9
旅游区(点)厕所	小计	10 178	100.0	3 309	100.0	1 751	100.0	1 044	100.0
	1分	1 535	15.1	438	13.2	229	13.1	166	15.9
	2分	2 569	25.2	659	19.9	460	26.3	294	28.2
	3分	3 070	30.2	889	26.9	581	33.2	328	31.4
	4分	2 062	20.3	833	25.2	329	18.8	205	19.6
	5分	942	9.2	490	14.8	152	8.6	51	4.9

商务		会议		宗教朝拜		文化/体育/科技交流		其他	
(人)	(%)	(人)	(%)	(人)	(%)	(人)	(%)	(人)	(%)
3 360	100.0	431	100.0	61	100.0	309	100.0	582	100.0
145	4.3	12	2.7	7	11.5	13	4.3	26	4.5
467	13.9	42	9.7	3	4.9	23	7.4	73	12.5
1 395	41.5	177	41.1	21	34.4	93	30.1	196	33.7
998	29.7	139	32.3	17	27.9	124	40.1	166	28.5
355	10.6	61	14.2	13	21.3	56	18.1	121	20.8
3 240	100.0	411	100.0	60	100.0	301	100.0	568	100.0
98	2.9	5	1.3	2	3.4	4	1.3	12	2.1
384	11.9	49	11.9	6	10.0	28	9.3	55	9.7
1 215	37.5	132	32.1	15	25.0	83	27.6	153	26.9
1 068	33.0	165	40.1	23	38.3	132	43.9	205	36.1
475	14.7	60	14.6	14	23.3	54	17.9	143	25.2
2 931	100.0	377	100.0	58	100.0	294	100.0	532	100.0
104	3.6	13	3.4	4	6.9	6	2.1	20	3.8
380	13.0	27	7.2	8	13.8	21	7.1	63	11.8
1 194	40.7	123	32.6	9	15.5	74	25.2	165	31.0
907	30.9	148	39.3	27	46.6	128	43.5	166	31.2
346	11.8	66	17.5	10	17.2	65	22.1	118	22.2
2 853	100.0	359	100.0	58	100.0	291	100.0	513	100.0
498	17.5	63	17.5	10	17.2	37	12.7	94	18.3
837	29.3	86	24.0	17	29.3	88	30.2	128	25.0
902	31.6	103	28.7	15	25.9	112	38.5	140	27.3
470	16.5	89	24.8	12	20.7	42	14.4	82	16.0
146	5.1	18	5.0	4	6.9	12	4.2	69	13.4

8－5　2004年入境游客对各省(区、市)

	宾馆饭店						餐饮					
	小计	5分	4分	3分	2分	1分	小计	5分	4分	3分	2分	1分
北　京	100	56.9	32.9	9.4	0.4	0.4	100	42.2	40.1	15.6	1.9	0.2
天　津	100	34.0	45.1	17.0	3.7	0.2	100	21.5	46.0	23.8	8.0	0.7
河　北	100	32.7	48.4	14.9	4.0	0.0	100	17.5	49.1	27.6	5.7	0.1
山　西	100	18.7	38.1	33.8	8.1	1.3	100	17.4	34.6	36.7	10.1	1.2
内蒙古	100	34.7	36.1	27.9	1.3	0.0	100	29.1	34.5	32.1	4.0	0.3
辽　宁	100	53.7	37.0	8.6	0.4	0.3	100	38.6	43.5	15.2	2.4	0.3
吉　林	100	50.5	32.4	13.8	3.3	0.0	100	42.6	34.3	19.1	2.9	1.1
黑龙江	100	25.6	48.7	21.7	3.4	0.6	100	19.3	43.1	27.9	8.6	1.1
上　海	100	41.4	45.0	12.5	0.9	0.2	100	26.8	49.9	21.8	1.3	0.2
江　苏	100	49.0	42.0	8.4	0.6	0.0	100	32.2	46.5	18.8	2.1	0.4
浙　江	100	40.7	45.4	12.1	0.9	0.9	100	27.6	50.1	18.8	2.5	1.0
安　徽	100	27.3	50.9	18.5	2.9	0.4	100	14.0	45.0	34.8	4.9	1.3
福　建	100	38.8	41.5	16.8	2.0	0.9	100	21.6	39.2	33.7	3.5	2.0
江　西	100	29.4	48.4	20.4	1.8	0.0	100	19.0	51.6	25.8	3.6	0.0
山　东	100	28.7	53.0	15.8	1.9	0.6	100	20.4	47.6	26.9	4.5	0.6
河　南	100	27.9	42.3	26.6	2.5	0.7	100	17.9	45.6	32.1	4.2	0.2
湖　北	100	31.9	38.6	26.2	2.6	0.7	100	19.9	41.9	29.5	6.2	2.5
湖　南	100	39.2	47.5	12.1	0.7	0.5	100	24.2	51.4	20.7	3.2	0.5
广　东	100	32.3	43.2	21.3	2.5	0.7	100	25.1	41.1	28.1	4.6	1.1
广　西	100	39.3	35.3	21.1	3.7	0.6	100	26.4	37.8	28.4	6.0	1.4
海　南	100	37.1	42.2	19.4	0.8	0.5	100	23.3	45.5	26.3	3.5	1.4
重　庆	100	38.6	51.2	8.6	1.1	0.5	100	25.3	49.5	23.1	2.1	0.0
四　川	100	39.9	43.0	13.6	2.4	1.1	100	28.4	45.0	19.8	5.2	1.6
贵　州	100	28.8	41.2	25.3	3.5	1.2	100	21.2	38.0	33.9	6.3	0.6
云　南	100	37.3	39.9	19.0	3.1	0.7	100	19.4	42.7	31.1	5.8	1.0
西　藏	100	16.3	70.4	12.8	0.5	0.0	100	32.1	52.6	14.8	0.5	0.0
陕　西	100	44.4	40.8	12.2	1.9	0.7	100	28.3	44.2	21.6	4.8	1.1
甘　肃	100	22.2	30.2	44.6	2.6	0.4	100	19.6	29.1	46.3	4.3	0.7
青　海	100	16.1	44.4	30.6	6.9	2.0	100	10.5	30.2	40.3	17.7	1.3
宁　夏	100	34.7	28.0	29.3	6.0	2.0	100	25.3	28.0	33.3	12.0	1.4
新　疆	100	30.9	51.4	13.2	4.0	0.5	100	29.9	45.5	21.0	3.2	0.4

旅游接待设施的评价

单位:%

交通						娱乐					
小计	5分	4分	3分	2分	1分	小计	5分	4分	3分	2分	1分
100	21.4	34.8	29.4	10.9	3.5	100	27.9	41.1	21.7	7.3	2.0
100	13.4	30.7	37.4	12.6	5.9	100	15.0	32.4	32.9	14.8	4.9
100	9.5	35.1	35.5	17.2	2.7	100	8.9	32.4	37.7	18.9	2.1
100	9.9	25.0	42.9	18.6	3.6	100	7.7	20.4	41.5	22.7	7.7
100	11.9	39.1	39.1	7.3	2.6	100	10.4	26.2	52.8	7.7	2.9
100	24.0	44.1	25.1	5.3	1.5	100	31.2	38.2	22.5	7.0	1.1
100	30.6	32.4	24.9	11.3	0.8	100	19.3	35.1	28.6	13.1	3.9
100	14.9	34.7	33.7	13.2	3.5	100	10.8	25.4	36.6	22.4	4.8
100	13.0	33.9	38.8	11.2	3.1	100	21.0	40.7	30.6	6.2	1.5
100	18.7	36.7	35.7	7.5	1.4	100	19.1	38.0	31.5	9.5	1.9
100	11.5	38.3	36.0	10.3	3.9	100	10.7	39.5	34.7	11.8	3.3
100	6.7	29.5	41.8	17.9	4.1	100	4.5	16.3	34.4	30.0	14.8
100	8.6	31.6	36.1	16.6	7.1	100	10.1	24.4	41.0	17.7	6.8
100	11.1	42.0	39.4	6.4	1.1	100	10.3	40.2	41.0	7.5	1.0
100	11.9	47.6	29.4	9.2	1.9	100	8.9	42.6	32.0	13.9	2.6
100	15.1	29.3	42.0	11.5	2.1	100	10.6	28.9	45.0	10.6	4.9
100	10.9	30.5	38.3	13.9	6.4	100	6.8	25.2	49.9	11.7	6.4
100	16.3	36.7	33.1	10.7	3.2	100	10.7	38.4	35.1	12.7	3.1
100	11.6	28.6	40.9	14.8	4.1	100	13.8	25.7	45.8	11.7	3.0
100	17.0	32.7	31.4	13.9	5.0	100	14.0	27.1	38.4	13.1	7.4
100	10.2	29.5	42.1	11.8	6.4	100	13.7	31.0	34.6	14.3	6.4
100	15.0	31.3	39.1	11.0	3.6	100	19.4	34.0	32.4	11.9	2.3
100	16.1	36.5	31.8	10.7	4.9	100	16.6	34.1	30.9	13.2	5.2
100	15.1	29.8	37.2	13.8	4.1	100	18.8	25.6	33.0	16.7	5.9
100	8.8	27.8	42.2	15.2	6.0	100	8.9	28.0	38.9	18.0	6.2
100	3.5	34.7	53.1	8.7	0.0	100	1.1	17.3	55.1	25.0	1.5
100	16.2	28.6	34.7	16.1	4.4	100	15.3	27.2	33.1	18.6	5.8
100	14.9	30.7	48.0	6.2	0.2	100	13.3	25.5	52.9	6.4	1.9
100	11.7	37.9	34.3	14.5	1.6	100	4.1	16.1	39.9	34.3	5.6
100	9.2	33.1	34.5	16.9	6.3	100	2.8	19.7	42.3	29.6	5.6
100	16.3	39.8	33.6	8.7	1.6	100	9.7	44.6	34.9	8.2	2.6

8－5(续)

	购物					
	小计	5分	4分	3分	2分	1分
北　京	100	36.1	44.2	15.8	3.0	0.9
天　津	100	18.4	38.3	33.0	9.1	1.2
河　北	100	11.3	41.9	30.5	14.8	1.5
山　西	100	13.5	26.9	40.4	16.8	2.4
内蒙古	100	20.4	31.6	39.7	7.5	0.8
辽　宁	100	38.1	34.9	23.4	2.0	1.6
吉　林	100	29.3	26.0	31.7	12.6	0.4
黑龙江	100	20.9	37.2	30.3	10.6	1.0
上　海	100	26.5	46.1	22.0	4.5	0.9
江　苏	100	24.8	47.0	21.5	6.7	0.0
浙　江	100	18.6	44.8	26.5	8.0	2.1
安　徽	100	8.2	37.5	32.8	16.3	5.2
福　建	100	11.4	29.5	43.4	10.0	5.7
江　西	100	14.5	47.2	33.6	4.3	0.4
山　东	100	12.7	43.8	33.6	8.2	1.7
河　南	100	16.0	34.4	38.2	8.0	3.4
湖　北	100	12.9	35.2	38.7	8.1	5.1
湖　南	100	14.9	39.0	30.9	12.2	3.0
广　东	100	18.0	33.8	38.2	8.4	1.6
广　西	100	19.6	31.9	34.4	12.4	1.7
海　南	100	12.2	33.0	38.2	12.8	3.8
重　庆	100	23.8	44.2	26.2	4.1	1.7
四　川	100	20.1	40.0	26.4	9.6	3.9
贵　州	100	18.5	30.2	38.9	10.9	1.5
云　南	100	12.6	40.3	34.6	9.7	2.8
西　藏	100	5.6	41.8	47.4	5.2	0.0
陕　西	100	19.0	35.1	33.4	10.2	2.3
甘　肃	100	20.9	29.3	42.8	5.3	1.7
青　海	100	4.8	23.4	40.7	29.4	1.7
宁　夏	100	6.4	15.9	46.0	19.0	12.7
新　疆	100	26.5	46.2	19.6	5.8	1.9

单位：%

游览/参观点						旅游区(点)厕所					
小计	5分	4分	3分	2分	1分	小计	5分	4分	3分	2分	1分
100	38.8	42.1	15.5	3.1	0.5	100	17.7	34.9	32.1	10.2	5.1
100	10.4	34.7	37.5	14.2	3.2	100	6.1	20.6	37.4	22.5	13.4
100	17.6	45.6	26.8	8.7	1.3	100	7.4	32.8	35.8	16.0	8.0
100	19.1	27.1	36.1	15.5	2.2	100	6.0	16.0	34.1	26.3	17.6
100	6.6	24.0	55.1	12.6	1.7	100	8.0	21.6	19.3	32.1	19.0
100	31.1	35.7	26.4	5.3	1.5	100	13.7	22.9	38.2	17.2	8.0
100	24.5	32.3	31.4	10.0	1.8	100	3.1	18.5	28.4	30.2	19.8
100	12.3	30.1	37.0	16.4	4.2	100	5.5	13.6	34.3	32.1	14.5
100	21.6	41.0	31.2	5.1	1.1	100	7.4	23.5	38.8	20.7	9.6
100	32.5	41.7	20.5	4.8	0.5	100	17.9	32.8	24.5	17.9	6.9
100	23.5	42.5	25.5	6.1	2.4	100	9.9	24.2	33.8	18.8	13.3
100	29.4	33.5	25.2	8.5	3.4	100	5.4	19.3	33.6	22.6	19.1
100	15.2	28.8	35.9	14.5	5.6	100	7.7	13.6	34.7	23.1	20.9
100	26.7	44.4	25.6	3.3	0.0	100	10.5	35.5	37.4	12.8	3.8
100	19.3	48.2	22.1	8.0	2.4	100	8.9	32.1	29.0	20.6	9.4
100	20.7	37.5	35.9	5.1	0.8	100	7.5	20.6	35.5	17.5	18.9
100	16.4	37.6	34.3	6.9	4.8	100	5.6	13.3	42.4	20.8	17.9
100	28.7	45.4	17.5	5.3	3.1	100	5.1	22.1	35.4	20.4	17.0
100	16.9	28.2	44.0	8.0	2.9	100	11.4	14.7	39.2	21.0	13.7
100	34.9	34.7	21.9	6.3	2.2	100	18.4	24.4	36.6	12.8	7.8
100	22.0	34.2	29.0	11.1	3.7	100	8.1	23.0	34.0	20.0	14.9
100	30.1	37.0	25.0	6.0	1.9	100	16.0	21.6	31.7	17.9	12.8
100	22.7	40.9	23.7	8.4	4.3	100	10.6	29.5	27.0	15.7	17.2
100	25.2	31.0	33.9	8.1	1.8	100	3.2	12.7	33.4	31.8	18.9
100	23.3	35.0	32.5	6.6	2.6	100	3.1	20.8	29.8	26.0	20.3
100	3.6	21.9	53.6	20.4	0.5	100	1.0	5.6	39.0	43.1	11.3
100	34.2	33.1	23.1	7.6	2.0	100	8.3	18.2	28.6	31.2	13.7
100	21.4	30.6	39.4	7.3	1.3	100	7.6	14.2	44.7	24.7	8.8
100	8.5	30.6	35.1	23.8	2.0	100	1.6	11.3	24.2	40.7	22.2
100	11.6	16.7	26.7	25.0	20.0	100	3.2	6.7	16.7	31.7	41.7
100	20.3	49.1	20.9	7.8	1.9	100	5.2	30.1	37.7	13.2	13.8

九

入境游客对旅游资源的兴趣

9－1　2004年入境游客感兴趣的旅游资源

（按外国人、港澳台胞、团体及散客分组）

单位：%

		山水风光	文物古迹	民俗风情	文化艺术	饮食烹调	医疗保健	旅游购物	海滩	节庆活动	其他
总 平 均	**总计**	**50.1**	**43.2**	**35.7**	**25.1**	**33.7**	**10.5**	**27.3**	**7.4**	**8.8**	**11.1**
	团体	60.4	51.7	44.3	29.5	30.9	11.1	29.0	5.8	10.3	9.3
	散客	43.3	37.5	30.0	22.2	35.6	10.1	26.1	8.5	7.8	12.3
外 国 人	小计	50.0	44.8	36.8	27.7	34.8	11.2	28.5	7.3	9.7	11.2
	团体	58.8	52.6	44.2	30.8	32.7	12.1	30.6	5.7	10.7	9.2
	散客	42.9	38.5	30.8	25.2	36.5	10.5	26.9	8.6	8.9	12.8
香港同胞	小计	47.6	36.3	30.6	17.2	32.7	8.8	25.5	7.9	6.5	10.2
	团体	66.3	48.7	44.5	25.7	25.7	7.0	25.6	7.1	8.8	9.4
	散客	42.1	32.7	26.6	14.7	34.7	9.4	25.4	8.2	5.8	10.4
澳门同胞	小计	43.6	38.7	33.6	18.6	32.9	10.8	26.6	8.8	6.4	17.1
	团体	58.6	50.8	41.9	18.8	22.2	9.9	22.4	7.2	8.0	12.3
	散客	35.9	32.5	29.3	18.5	38.4	11.3	28.8	9.6	5.7	19.6
台湾同胞	小计	57.3	45.1	37.3	23.0	27.9	8.3	21.6	6.9	7.0	10.3
	团体	68.1	47.8	45.1	24.4	22.9	7.7	20.5	4.6	8.6	9.4
	散客	51.2	43.6	32.9	22.2	30.8	8.7	22.2	8.2	6.1	10.8

9－2 2004年入境游客感兴趣的旅游资源

（按性别、年龄、团体及散客分组）

单位：%

		山水风光	文物古迹	民俗风情	文化艺术	饮食烹调	医疗保健	旅游购物	海滩	节庆活动	其他
总平均	**总计**	**50.1**	**43.2**	**35.7**	**25.1**	**33.7**	**10.5**	**27.3**	**7.4**	**8.8**	**11.1**
	团体	60.4	51.7	44.3	29.5	30.9	11.1	29.0	5.8	10.3	9.3
	散客	43.3	37.5	30.0	22.2	35.6	10.1	26.1	8.5	7.8	12.3
男性	小计	48.5	42.9	33.4	24.1	32.9	10.0	23.1	7.1	7.9	11.7
	团体	60.5	53.1	43.1	28.5	29.2	10.5	25.2	5.3	9.7	9.4
	散客	42.6	37.8	28.7	21.9	34.8	9.7	22.1	7.9	7.1	12.9
女性	小计	52.7	43.6	39.5	26.9	35.1	11.5	34.4	8.0	10.3	10.0
	团体	60.2	50.2	45.6	30.6	32.8	11.9	33.3	6.3	11.0	9.3
	散客	44.9	36.7	33.2	23.1	37.4	11.0	35.6	9.7	9.6	10.7
65岁及以上	小计	59.9	49.9	40.1	25.9	27.3	13.2	21.6	5.0	9.5	9.3
	团体	64.5	55.2	43.3	27.2	25.4	12.1	21.4	3.8	9.2	8.1
	散客	50.2	39.0	33.3	23.0	31.3	15.6	22.2	7.6	10.3	12.0
45～64岁	小计	52.5	46.0	37.3	25.6	32.5	11.3	24.0	5.7	7.7	10.3
	团体	63.8	54.7	45.6	29.2	29.0	11.1	25.9	4.6	9.1	7.9
	散客	43.8	39.2	30.9	22.8	35.2	11.5	22.5	6.6	6.7	12.1
25～44岁	小计	46.2	40.3	33.4	23.5	34.9	9.8	28.8	7.9	8.4	11.7
	团体	55.5	48.6	43.0	28.5	33.7	11.3	33.3	6.1	10.5	10.1
	散客	41.9	36.5	29.0	21.3	35.5	9.1	26.8	8.6	7.5	12.4
15～24岁	小计	53.7	42.6	38.2	31.4	37.2	9.0	36.2	13.1	14.1	11.9
	团体	60.9	48.7	45.9	36.9	34.1	9.7	33.8	11.0	15.3	12.1
	散客	47.5	37.4	31.7	26.6	39.8	8.5	38.3	14.9	13.2	11.8
14岁及以下	小计	44.6	37.8	29.2	22.7	31.8	11.2	28.8	11.2	12.0	19.7
	团体	48.1	45.1	33.8	26.3	30.1	11.3	33.1	9.0	13.5	22.6
	散客	40.0	28.0	23.0	18.0	34.0	11.0	23.0	14.0	10.0	16.0

9－3 2004年入境游客感兴趣的旅游资源
（按职业、团体及散客分组）

单位：%

		山水风光	文物古迹	民俗风情	文化艺术	饮食烹调	医疗保健	旅游购物	海滩	节庆活动	其他
总平均	**总计**	**50.1**	**43.2**	**35.7**	**25.1**	**33.7**	**10.5**	**27.3**	**7.4**	**8.8**	**11.1**
	团体	60.4	51.7	44.3	29.5	30.9	11.1	29.0	5.8	10.3	9.3
	散客	43.3	37.5	30.0	22.2	35.6	10.1	26.1	8.5	7.8	12.3
政府工作人员	小计	53.8	48.4	40.4	27.8	29.6	11.3	27.6	7.8	10.6	12.8
	团体	63.0	55.7	47.7	31.8	28.2	11.5	29.1	6.1	10.8	12.3
	散客	44.0	40.5	32.6	23.5	31.0	11.2	26.0	9.6	10.3	13.3
专业技术人员	小计	50.4	47.3	36.0	28.5	34.1	9.5	23.1	7.5	9.2	10.1
	团体	65.3	58.9	47.0	33.0	29.9	9.7	25.3	5.6	10.9	8.5
	散客	44.0	42.3	31.3	26.6	35.9	9.4	22.1	8.2	8.5	10.8
职员	小计	50.3	44.8	38.8	24.8	32.8	9.3	26.1	7.4	8.0	8.8
	团体	59.3	52.5	46.0	28.4	30.1	9.9	26.3	6.5	9.0	7.6
	散客	43.1	38.6	33.1	22.0	35.0	8.8	26.0	8.1	7.2	9.8
技工/工人	小计	45.7	38.2	31.8	23.1	33.5	11.0	27.8	6.5	8.6	9.9
	团体	55.4	52.0	43.5	33.0	30.8	13.5	29.2	6.3	13.0	8.2
	散客	41.0	31.5	26.2	18.3	34.8	9.8	27.2	6.6	6.4	10.8
商贸人员	小计	42.9	36.6	29.1	21.0	36.3	10.4	27.0	7.6	7.4	12.4
	团体	52.3	41.3	36.3	23.0	39.0	12.7	38.1	5.6	10.4	8.6
	散客	40.4	35.3	27.2	20.4	35.6	9.8	24.0	8.1	6.6	13.5
服务员/推销员	小计	49.5	41.2	34.7	22.3	31.3	10.5	30.7	9.4	9.5	11.0
	团体	56.4	48.8	39.5	29.7	27.6	9.6	29.0	8.6	10.4	12.4
	散客	44.2	35.3	31.1	16.7	34.2	11.1	32.0	10.0	8.7	10.0
退休人员	小计	60.2	51.5	44.1	27.9	29.4	14.1	24.9	4.8	9.1	8.3
	团体	63.7	55.6	46.9	29.7	27.4	12.2	24.5	3.6	9.1	7.1
	散客	51.4	41.0	37.1	23.5	34.6	18.8	25.7	7.7	9.1	11.3
家庭妇女	小计	53.7	42.2	36.7	21.4	35.3	12.5	34.3	5.9	8.0	8.4
	团体	60.4	48.8	41.7	24.3	31.4	12.3	30.0	4.7	9.1	7.7
	散客	44.0	32.6	29.6	17.1	40.9	12.8	40.5	7.7	6.5	9.5
军人	小计	46.8	36.4	40.3	19.5	28.6	11.0	23.4	13.0	9.7	16.9
	团体	57.5	49.3	43.8	20.5	28.8	9.6	23.3	11.0	8.2	12.3
	散客	37.0	24.7	37.0	18.5	28.4	12.3	23.5	14.8	11.1	21.0
学生	小计	55.9	45.4	38.0	35.3	35.6	8.9	34.4	11.7	13.5	12.6
	团体	60.2	50.9	43.2	39.8	34.1	9.9	35.3	9.6	13.6	13.3
	散客	51.2	39.4	32.3	30.4	37.3	7.9	33.5	14.1	13.4	11.8
其他	小计	54.5	44.4	38.5	26.1	31.5	9.6	28.3	6.9	9.9	16.9
	团体	64.3	52.9	49.5	31.0	27.2	10.3	26.5	5.1	11.1	14.4
	散客	46.5	37.5	29.5	22.1	35.0	9.1	29.8	8.4	9.0	18.9

9－4　2004年入境游客感兴趣的旅游资源

（按旅游目的、团体及散客分组）

单位：%

		山水风光	文物古迹	民俗风情	文化艺术	饮食烹调	医疗保健	旅游购物	海滩	节庆活动	其他
总 平 均	**总计**	**50.1**	**43.2**	**35.7**	**25.1**	**33.7**	**10.5**	**27.3**	**7.4**	**8.8**	**11.1**
	团体	60.4	51.7	44.3	29.5	30.9	11.1	29.0	5.8	10.3	9.3
	散客	43.3	37.5	30.0	22.2	35.6	10.1	26.1	8.5	7.8	12.3
观光游览	小计	62.4	51.2	43.6	27.9	31.7	9.5	26.4	6.3	8.4	7.7
	团体	65.9	54.8	46.7	30.3	29.9	9.6	25.7	5.0	8.8	7.9
	散客	54.0	42.6	35.9	22.4	36.0	9.1	27.8	9.4	7.6	7.4
休闲度假	小计	54.9	46.1	39.5	25.6	33.5	11.8	31.9	9.5	10.1	10.4
	团体	58.4	51.7	45.0	28.3	30.0	13.2	30.5	7.4	10.7	10.4
	散客	51.1	40.1	33.7	22.8	37.2	10.3	33.4	11.7	9.4	10.3
探亲访友	小计	35.7	28.6	28.0	16.9	33.0	11.7	34.9	7.4	7.2	10.8
	团体	41.0	38.0	34.9	23.5	33.3	13.5	27.2	8.1	10.2	10.8
	散客	35.0	27.3	27.1	16.0	32.9	11.4	35.9	7.3	6.8	10.8
商　　务	小计	40.8	36.7	27.4	22.7	36.6	9.8	24.1	7.6	7.5	12.9
	团体	38.7	32.3	28.3	23.1	43.4	17.3	51.8	6.0	13.7	8.6
	散客	41.0	37.2	27.3	22.7	35.8	9.0	20.9	7.8	6.8	13.4
会　　议	小计	37.1	39.9	29.7	25.3	35.6	12.4	22.1	8.0	9.8	13.3
	团体	47.4	46.5	38.1	28.5	27.3	11.9	26.5	11.0	14.5	10.5
	散客	35.1	38.5	28.1	24.7	37.2	12.5	21.2	7.4	8.9	13.9
宗教朝拜	小计	45.0	51.5	35.1	25.1	21.6	13.2	25.4	3.5	20.6	16.4
	团体	46.8	49.6	36.5	23.0	19.0	8.3	23.4	1.2	21.0	17.1
	散客	42.0	54.7	32.7	28.7	26.0	21.3	28.7	7.3	20.0	15.3
文体交流	小计	42.4	47.1	41.3	38.2	31.0	11.8	22.4	6.3	15.5	16.5
	团体	51.8	59.1	51.8	51.6	28.6	8.6	27.1	4.5	21.5	18.1
	散客	37.7	41.0	35.9	31.4	32.2	13.5	20.1	7.3	12.5	15.6
其　　他	小计	44.7	39.1	30.7	23.5	35.5	12.6	32.2	8.5	10.6	21.8
	团体	51.4	45.7	36.3	26.8	35.1	15.1	40.8	9.5	13.1	20.5
	散客	42.6	37.1	29.0	22.4	35.6	11.9	29.6	8.2	9.9	22.2

9-5 2004年入境游客对各省(区、市)旅游资源的兴趣

单位：%

	山水风光	文物古迹	民俗风情	文化艺术	饮食烹调	医疗保健	旅游购物	海滩	节庆活动	其他
北　京	35.9	57.1	31.1	31.5	38.1	16.1	35.9	1.4	6.5	6.4
天　津	18.7	37.3	30.6	26.8	41.1	10.1	23.6	4.0	10.1	15.9
河　北	33.2	49.7	27.6	16.9	28.9	12.8	21.7	11.3	5.6	14.8
山　西	31.6	70.7	37.7	24.7	18.0	4.2	9.5	1.0	9.5	14.0
内蒙古	11.0	17.8	28.9	8.2	27.7	3.2	60.7	0.2	5.4	7.0
辽　宁	47.8	33.1	31.3	21.4	37.3	9.8	29.0	30.3	20.0	13.6
吉　林	66.9	38.9	46.7	17.5	30.3	10.3	10.3	3.2	3.9	17.7
黑龙江	37.7	24.9	30.3	23.4	43.6	16.4	44.6	6.1	14.1	11.6
上　海	22.2	31.7	27.9	33.9	49.5	12.3	38.3	5.5	9.3	11.1
江　苏	48.1	57.2	36.4	25.6	39.4	11.6	27.4	4.4	6.9	9.9
浙　江	61.6	40.5	29.6	25.7	32.6	7.9	23.7	3.6	7.9	10.0
安　徽	61.0	43.8	32.0	24.8	30.9	5.3	17.9	1.4	7.4	9.7
福　建	45.0	32.1	29.3	17.5	37.1	7.9	23.9	15.8	6.1	10.0
江　西	68.8	57.9	39.8	18.7	12.1	2.7	10.1	0.1	1.1	8.7
山　东	49.4	42.2	25.5	16.2	26.7	6.7	16.7	27.2	11.7	9.8
河　南	34.0	70.4	31.4	20.6	28.8	9.6	13.3	2.6	6.7	11.1
湖　北	47.8	51.5	32.2	24.6	26.7	6.2	23.0	3.5	8.3	13.7
湖　南	70.2	39.5	42.2	19.1	31.6	7.2	17.5	1.5	4.8	10.9
广　东	31.3	22.7	23.3	14.5	33.2	8.0	27.5	9.8	5.2	16.0
广　西	72.9	32.0	47.3	27.6	24.2	10.7	19.5	7.2	7.5	9.0
海　南	59.1	24.1	35.8	13.5	23.4	6.9	21.7	53.3	11.7	11.3
重　庆	58.3	46.8	39.9	24.8	42.9	8.6	23.4	4.3	8.3	8.6
四　川	64.7	41.4	37.0	20.4	27.8	10.3	14.7	1.2	5.1	4.8
贵　州	85.9	27.3	55.8	17.7	20.9	7.1	10.1	2.3	13.9	10.1
云　南	65.4	42.2	58.8	34.8	32.5	10.5	19.6	3.0	19.4	9.6
西　藏	30.6	71.4	43.9	28.1	28.1	0.5	9.2	0.0	39.8	35.7
陕　西	34.0	75.2	36.1	40.7	27.7	6.5	18.2	1.5	7.7	4.0
甘　肃	85.0	87.7	64.2	39.6	21.5	16.9	22.3	19.3	19.6	23.3
青　海	61.3	29.4	58.9	16.5	9.3	2.4	18.5	0.0	23.8	12.5
宁　夏	24.0	32.0	40.0	20.7	22.7	13.3	17.3	0.0	16.0	5.3
新　疆	33.9	48.7	64.9	39.1	40.1	13.7	33.9	3.5	11.2	26.2

十

入境游客对旅游商品的兴趣

10－1　2004年入境游客感兴趣的旅游商品
（按外国人、港澳台胞、团体及散客分组）

单位：%

		服装/丝绸	中成药/保健品	食品/茶叶	酒类/香烟	瓷器/陶器	文复品/字画	地毯/挂毯	首饰/珍珠	胶卷/电器	纪念品/工艺品
总平均	**总计**	**36.5**	**19.9**	**39.3**	**13.8**	**22.1**	**17.9**	**9.9**	**17.5**	**7.2**	**40.0**
	团体	40.9	21.9	39.1	14.5	24.8	21.2	13.3	22.6	6.7	45.5
	散客	33.7	18.6	39.4	13.3	20.4	15.7	7.6	14.2	7.6	36.4
外国人	小计	39.5	20.8	39.3	14.3	23.6	18.7	11.4	18.8	7.8	41.0
	团体	43.0	22.5	39.4	15.1	25.7	21.4	14.2	23.0	7.3	44.4
	散客	36.7	19.5	39.2	13.7	21.9	16.5	9.0	15.4	8.2	38.2
香港同胞	小计	29.0	17.3	41.0	11.4	17.4	13.8	5.5	13.2	6.5	35.1
	团体	34.2	19.6	38.4	9.9	21.7	19.4	8.8	21.1	4.2	52.0
	散客	27.4	16.7	41.8	11.8	16.2	12.2	4.5	11.0	7.1	30.2
澳门同胞	小计	30.5	18.2	39.4	14.6	20.4	15.4	9.4	18.3	7.3	41.3
	团体	26.0	20.5	38.8	14.0	28.4	17.3	12.0	19.3	5.1	51.8
	散客	32.7	17.1	39.7	14.9	16.4	14.4	8.1	17.8	8.5	35.9
台湾同胞	小计	30.7	18.8	35.9	14.5	20.5	20.1	7.0	16.4	4.1	41.9
	团体	33.5	19.4	36.3	15.2	19.0	22.4	10.2	22.2	3.9	45.6
	散客	29.2	18.4	35.6	14.0	21.4	18.7	5.2	13.1	4.2	39.7

10－2　2004年入境游客感兴趣的旅游商品
（按性别、年龄、团体及散客分组）

单位：%

		服装/丝绸	中成药/保健品	食品/茶叶	酒类/香烟	瓷器/陶器	文复品/字画	地毯/挂毯	首饰/珍珠	胶卷/电器	纪念品/工艺品
总平均	**总计**	**36.5**	**19.9**	**39.3**	**13.8**	**22.1**	**17.9**	**9.9**	**17.5**	**7.2**	**40.0**
	团体	40.9	21.9	39.1	14.5	24.8	21.2	13.3	22.6	6.7	45.5
	散客	33.7	18.6	39.4	13.3	20.4	15.7	7.6	14.2	7.6	36.4
男性	小计	30.4	19.9	38.8	15.8	21.9	18.6	8.8	12.7	7.5	38.8
	团体	33.9	22.6	38.5	16.8	25.1	23.3	12.7	17.4	7.0	45.2
	散客	28.6	18.5	38.9	15.3	20.3	16.2	6.8	10.3	7.7	35.6
女性	小计	47.1	20.0	40.2	10.4	22.6	16.7	11.7	25.9	6.8	42.1
	团体	48.6	21.1	39.7	12.0	24.5	19.0	13.9	28.4	6.3	45.8
	散客	45.6	19.0	40.6	8.8	20.5	14.4	9.4	23.3	7.3	38.3
65岁及以上	小计	33.1	26.3	36.4	14.4	21.9	20.3	11.3	16.5	5.4	41.7
	团体	34.9	24.8	33.9	13.8	22.1	21.3	12.0	18.5	5.0	44.2
	散客	29.4	29.2	41.6	15.8	21.4	18.3	10.0	12.3	6.4	36.3
45～64岁	小计	34.8	22.5	40.1	13.9	23.7	19.4	10.8	16.7	6.1	38.9
	团体	38.9	24.1	40.3	14.4	25.7	22.3	14.2	22.2	6.0	43.6
	散客	31.6	21.3	40.0	13.5	22.1	17.1	8.1	12.4	6.1	35.2
25～44岁	小计	37.2	18.4	39.3	13.8	21.3	16.4	8.9	16.6	7.7	39.0
	团体	44.3	21.3	39.8	15.5	25.3	20.4	13.0	22.7	7.3	45.4
	散客	34.0	17.1	39.1	13.1	19.5	14.5	7.1	13.9	7.9	36.1
15～24岁	小计	42.8	13.4	38.2	13.0	21.2	18.2	10.1	26.0	9.9	47.6
	团体	43.3	13.2	38.4	12.8	23.4	19.9	12.5	28.4	8.1	53.2
	散客	42.4	13.5	38.1	13.2	19.3	16.7	8.1	24.0	11.4	42.7
14岁及以下	小计	31.8	14.2	36.1	12.4	18.9	18.5	9.0	24.0	15.5	50.6
	团体	35.3	15.0	33.8	11.3	22.6	24.1	12.0	27.1	16.5	54.1
	散客	27.0	13.0	39.0	14.0	14.0	11.0	5.0	20.0	14.0	46.0

10－3　2004年入境游客感兴趣的旅游商品

(按职业、团体及散客分组)

单位：%

		服装/丝绸	中成药/保健品	食品/茶叶	酒类/香烟	瓷器/陶器	文复品/字画	地毯/挂毯	首饰/珍珠	胶卷/电器	纪念品/工艺品
总 平 均	**总计**	**36.5**	**19.9**	**39.3**	**13.8**	**22.1**	**17.9**	**9.9**	**17.5**	**7.2**	**40.0**
	团体	40.9	21.9	39.1	14.5	24.8	21.2	13.3	22.6	6.7	45.5
	散客	33.7	18.6	39.4	13.3	20.4	15.7	7.6	14.2	7.6	36.4
政府工作人员	小计	37.8	21.0	37.6	16.9	26.5	22.7	13.9	22.2	8.5	40.7
	团体	42.6	24.3	38.0	17.1	29.2	25.0	17.4	25.8	8.6	42.3
	散客	32.7	17.4	37.3	16.7	23.7	20.1	10.1	18.3	8.5	38.9
专业技术人员	小计	33.3	20.0	37.6	14.4	23.8	20.4	9.4	14.8	6.4	40.2
	团体	40.2	23.3	37.6	15.5	28.9	25.2	13.3	20.9	6.1	45.0
	散客	30.3	18.6	37.7	13.9	21.6	18.3	7.7	12.2	6.5	38.1
职　　员	小计	35.2	19.1	39.4	12.9	22.5	17.8	9.2	18.9	5.2	42.8
	团体	37.5	21.7	39.3	13.7	24.5	20.6	12.0	22.8	5.5	50.2
	散客	33.4	17.0	39.5	12.3	20.9	15.5	7.0	15.7	4.9	36.9
技工/工人	小计	31.9	18.0	40.9	16.1	19.9	16.2	7.2	14.1	10.4	33.9
	团体	35.2	22.8	39.9	19.9	26.2	21.8	13.3	22.3	9.3	44.1
	散客	30.4	15.8	41.4	14.3	16.8	13.5	4.2	10.2	10.9	28.9
商贸人员	小计	35.4	18.9	40.0	14.4	21.4	15.1	8.8	13.8	8.2	35.0
	团体	46.3	22.6	43.0	17.9	23.6	18.5	13.3	20.6	9.0	36.7
	散客	32.5	18.0	39.2	13.4	20.8	14.2	7.6	12.0	7.9	34.5
服务员/推销员	小计	39.0	21.0	35.8	13.7	20.7	19.0	11.8	23.6	8.1	39.0
	团体	40.8	21.5	33.6	12.6	24.8	23.5	15.3	28.4	7.0	44.2
	散客	37.6	20.6	37.5	14.6	17.6	15.6	9.1	20.0	9.0	35.0
退休人员	小计	35.3	26.8	39.1	14.2	22.5	22.1	12.1	18.3	5.8	44.5
	团体	36.7	24.7	37.5	14.2	23.5	22.5	13.3	19.9	5.2	46.9
	散客	31.9	32.2	43.1	14.3	20.0	21.2	9.0	14.3	7.1	38.5
家庭妇女	小计	48.1	22.6	43.8	8.3	20.4	14.5	11.3	25.9	5.5	37.0
	团体	47.0	21.2	41.9	8.4	22.0	17.3	13.6	27.5	4.4	40.8
	散客	49.8	24.6	46.6	8.2	18.0	10.4	7.9	23.5	7.1	31.5
军　　人	小计	28.6	17.5	35.7	24.0	25.3	21.4	13.6	21.4	6.5	33.1
	团体	27.4	23.3	35.6	24.7	30.1	26.0	15.1	21.9	1.4	39.7
	散客	29.6	12.3	35.8	23.5	21.0	17.3	12.3	21.0	11.1	27.2
学　　生	小计	39.1	12.4	38.3	12.0	20.3	18.6	9.9	23.6	9.8	51.9
	团体	39.4	12.5	37.1	11.5	21.7	20.5	11.9	24.2	8.6	57.4
	散客	38.8	12.3	39.7	12.5	18.9	16.4	7.7	23.0	11.1	45.9
其　　他	小计	39.4	20.3	38.5	14.8	22.2	17.7	9.7	16.4	8.0	44.0
	团体	42.5	21.3	38.2	16.7	26.4	20.4	12.4	20.7	7.1	47.6
	散客	36.9	19.4	38.6	13.3	18.7	15.4	7.6	12.9	8.7	41.1

10－4　2004年入境游客感兴趣的旅游商品
（按旅游目的、团体及散客分组）

单位：%

		服装/丝绸	中成药/保健品	食品/茶叶	酒类/香烟	瓷器/陶器	文复品/字画	地毯/挂毯	首饰/珍珠	胶卷/电器	纪念品/工艺品
总平均	**总计**	**36.5**	**19.9**	**39.3**	**13.8**	**22.1**	**17.9**	**9.9**	**17.5**	**7.2**	**40.0**
	团体	40.9	21.9	39.1	14.5	24.8	21.2	13.3	22.6	6.7	45.5
	散客	33.7	18.6	39.4	13.3	20.4	15.7	7.6	14.2	7.6	36.4
观光游览	小计	38.5	19.7	39.8	13.1	22.2	19.7	11.2	19.8	5.4	44.8
	团体	39.6	20.8	40.2	13.1	23.7	21.0	12.8	21.3	5.0	47.2
	散客	35.7	17.0	38.9	13.1	18.5	16.4	7.6	16.4	6.5	39.0
休闲度假	小计	40.6	21.2	38.5	14.2	23.3	19.8	12.0	22.5	7.6	42.6
	团体	41.5	23.6	36.5	15.1	26.2	22.5	14.3	25.5	7.1	46.7
	散客	39.7	18.7	40.6	13.3	20.2	17.0	9.7	19.3	8.1	38.4
探亲访友	小计	36.0	20.1	38.5	13.0	15.5	11.9	5.6	14.5	8.8	29.0
	团体	34.9	24.5	35.8	16.6	25.4	18.5	11.6	25.4	8.9	35.8
	散客	36.2	19.5	38.8	12.5	14.2	11.0	4.7	13.0	8.8	28.0
商　　务	小计	33.1	19.0	40.7	14.1	22.2	15.7	8.1	12.6	8.5	35.1
	团体	54.3	26.6	42.6	21.0	26.6	18.0	15.6	21.6	17.4	30.6
	散客	30.7	18.1	40.5	13.3	21.7	15.4	7.2	11.6	7.4	35.6
会　　议	小计	32.3	19.9	36.6	15.5	27.1	20.8	9.6	17.1	5.4	36.1
	团体	30.8	25.0	36.9	20.3	28.2	23.0	12.5	20.3	5.8	33.1
	散客	32.6	18.9	36.6	14.6	26.9	20.3	9.1	16.5	5.4	36.7
宗教朝拜	小计	21.9	26.9	35.8	16.4	23.4	22.9	10.7	20.6	9.2	44.0
	团体	18.7	21.8	34.5	17.1	21.0	23.8	9.9	21.4	6.3	50.0
	散客	27.3	35.3	38.0	15.3	27.3	21.3	12.0	19.3	14.0	34.0
文体交流	小计	34.1	19.0	37.2	14.1	27.1	20.8	12.6	19.3	6.6	50.5
	团体	48.2	16.1	32.5	12.7	31.4	23.9	17.0	28.4	8.0	55.7
	散客	27.0	20.5	39.6	14.9	24.9	19.2	10.3	14.7	5.9	47.9
其　　他	小计	38.9	22.1	35.5	14.9	21.8	16.7	9.3	17.7	10.8	42.8
	团体	47.1	21.8	36.5	19.4	26.6	22.5	11.0	27.3	9.2	43.2
	散客	36.4	22.2	35.1	13.5	20.4	15.0	8.7	14.8	11.3	42.7

10－5　2004年外国游客感兴趣的旅游商品
（按国别分组）

单位：%

	服装/丝绸	中成药/保健品	食品/茶叶	酒类/香烟	瓷器/陶器	文复品/字画	地毯/挂毯	首饰/珍珠	胶卷/电器	纪念品/工艺品
外国人	**48.0**	**25.0**	**44.4**	**17.9**	**25.9**	**15.5**	**10.9**	**20.1**	**12.0**	**37.6**
日本	28.5	20.7	53.0	14.8	19.3	12.3	5.5	9.5	2.2	25.6
菲律宾	62.1	31.6	28.4	13.7	25.3	9.5	6.3	20.0	18.9	58.9
泰国	48.0	26.5	37.3	15.7	22.5	20.6	11.8	26.5	10.8	32.4
新加坡	42.8	25.9	47.2	10.5	27.1	16.9	5.6	20.8	8.1	43.8
印度尼西亚	58.8	29.4	44.1	13.7	28.4	12.7	9.8	19.6	4.9	39.2
马来西亚	45.6	24.1	47.7	12.2	30.4	15.6	4.6	19.4	9.7	41.8
韩国	29.7	29.1	50.6	17.8	18.6	11.2	6.9	17.7	2.3	27.1
朝鲜	61.8	36.7	37.7	42.7	25.1	14.1	24.1	26.1	31.2	47.7
蒙古	78.6	11.3	17.3	2.3	7.1	6.4	1.5	5.3	26.3	32.3
印度	60.8	20.3	34.2	12.7	29.1	16.5	11.4	19.0	21.5	46.8
英国	47.0	15.5	33.0	8.5	40.6	25.1	19.2	23.7	9.3	55.8
法国	67.9	14.0	45.8	6.4	20.4	19.7	12.0	25.4	6.4	50.8
德国	41.1	19.2	45.7	19.9	36.4	23.2	17.2	25.2	16.6	29.8
意大利	49.6	16.8	38.9	16.8	32.7	30.1	17.7	25.7	15.0	48.7
荷兰	55.7	24.3	41.4	17.1	24.3	17.1	17.1	28.6	10.0	42.9
瑞典	57.3	23.2	29.3	14.6	35.4	35.4	20.7	29.3	17.1	56.1
俄罗斯	69.7	40.5	56.2	41.5	29.8	12.0	11.8	28.0	22.7	31.5
瑞士	41.8	14.5	49.1	12.7	34.5	25.5	16.4	30.9	10.9	47.3
美国	54.3	18.7	35.2	9.2	36.2	26.9	16.7	27.4	7.1	59.3
加拿大	52.1	18.3	36.2	14.0	33.9	23.3	17.1	22.2	7.8	50.2
澳大利亚	50.8	19.4	33.5	9.9	31.8	24.0	14.9	14.9	8.3	52.9
非洲国家	55.6	29.6	40.7	11.1	31.5	20.4	16.7	16.7	20.4	35.2
南美国家	43.2	37.8	48.6	24.3	37.8	10.8	13.5	16.2	21.6	32.4
其他国家	57.1	23.4	33.3	17.0	26.6	10.7	14.2	21.5	30.8	36.7

10－6　2004年入境游客对各省(区、市)旅游商品的兴趣
(按外国人、港澳台胞分组)

单位：%

	服装/丝绸	中成药/保健品	食品/茶叶	酒类/香烟	瓷器/陶器	文复品/字画	地毯/挂毯	首饰/珍珠	胶卷/电器	纪念品/工艺品
北　京	49.3	20.7	32.4	10.5	32.2	22.6	15.4	29.5	2.9	33.7
外国人	49.2	20.5	32.2	10.2	32.8	22.8	15.7	28.4	3.1	34.1
香港同胞	51.3	23.1	31.4	12.8	26.9	20.5	13.5	34.0	1.9	25.0
澳门同胞	40.9	27.3	40.9	0.0	36.4	13.6	18.2	40.9	0.0	18.2
台湾同胞	50.0	20.0	34.4	15.6	28.9	25.6	12.2	37.8	2.2	45.6
天　津	23.6	14.3	40.3	10.9	32.1	27.4	17.1	13.3	4.0	34.1
外国人	22.6	14.1	40.0	12.1	33.3	25.1	17.7	13.3	3.8	34.9
香港同胞	29.0	16.1	45.2	8.1	27.4	32.3	14.5	12.9	6.5	33.9
澳门同胞	42.9	14.3	28.6	14.3	0.0	35.7	14.3	21.4	7.1	35.7
台湾同胞	18.4	13.2	39.5	2.6	39.5	39.5	15.8	10.5	0.0	26.3
河　北	20.0	19.2	31.1	10.4	32.7	17.7	8.7	14.5	5.9	45.3
外国人	19.3	20.3	32.5	9.8	33.3	18.7	8.2	13.2	6.0	44.9
香港同胞	18.1	12.5	25.0	12.5	27.8	11.1	13.9	23.6	5.6	51.4
澳门同胞	47.1	5.9	41.2	11.8	17.6	23.5	11.8	29.4	5.9	35.3
台湾同胞	22.5	20.0	15.0	15.0	37.5	12.5	5.0	12.5	5.0	45.0
山　西	12.2	18.5	22.4	12.1	23.6	24.4	6.5	7.0	3.5	60.4
外国人	14.0	17.6	22.3	12.9	25.2	25.4	6.4	8.0	2.3	58.5
香港同胞	3.1	18.5	16.9	10.8	16.9	21.5	9.2	3.1	12.3	70.8
澳门同胞	3.2	29.0	32.3	9.7	9.7	16.1	9.7	3.2	6.5	64.5
台湾同胞	9.4	22.6	24.5	5.7	22.6	22.6	1.9	3.8	3.8	66.0
内蒙古	52.7	6.0	23.2	18.2	8.0	5.0	16.4	5.2	9.0	39.3
外国人	54.8	6.2	23.8	18.9	7.6	5.1	13.8	5.1	9.6	38.2
香港同胞	25.0	0.0	8.3	16.7	16.7	0.0	50.0	8.3	0.0	58.3
澳门同胞	0.0	25.0	25.0	0.0	25.0	0.0	75.0	0.0	0.0	50.0
台湾同胞	21.4	0.0	14.3	0.0	7.1	7.1	57.1	7.1	0.05	7.1

10－6(续1) 单位:%

	服装/丝绸	中成药/保健品	食品/茶叶	酒类/香烟	瓷器/陶器	文复品/字画	地毯/挂毯	首饰/珍珠	胶卷/电器	纪念品/工艺品
辽　宁	36.3	21.4	41.6	13.3	21.3	22.7	7.4	17.5	3.9	41.4
外国人	37.4	20.2	42.0	12.8	21.8	21.0	7.4	17.4	3.2	41.0
香港同胞	33.8	25.4	46.5	12.7	18.3	32.4	8.5	18.3	7.0	45.1
澳门同胞	28.6	42.9	42.9	14.3	28.6	42.9	14.3	0.0	28.6	28.6
台湾同胞	27.3	27.3	24.2	21.2	18.2	24.2	3.0	21.2	3.0	42.4
吉　林	38.2	46.4	38.2	22.1	13.1	12.6	2.1	11.0	4.1	24.6
外国人	38.8	48.0	38.3	23.2	13.5	12.7	2.1	12.1	4.2	22.7
香港同胞	46.7	30.0	50.0	20.0	10.0	6.7	0.0	3.3	0.03	3.3
澳门同胞	20.0	40.0	20.0	0.0	40.0	0.0	0.0	0.0	0.0	20.0
台湾同胞	19.0	42.9	23.8	9.5	4.8	23.8	4.8	4.8	9.5	47.6
黑龙江	46.3	34.3	43.1	21.7	23.1	14.6	14.6	23.9	17.3	21.6
外国人	46.6	34.5	43.5	22.0	23.5	15.2	14.9	25.1	18.7	21.2
香港同胞	41.9	32.3	51.6	19.4	19.4	9.7	9.7	12.9	3.2	29.0
澳门同胞	18.2	27.3	18.2	9.1	9.1	9.1	27.3	9.1	0.0	18.2
台湾同胞	57.1	33.3	33.3	23.8	23.8	4.8	4.8	9.5	4.8	23.8
上　海	40.1	24.7	43.8	12.1	24.1	20.5	10.3	17.0	5.1	36.3
外国人	40.0	24.9	44.1	12.4	24.3	20.2	10.4	16.9	5.1	36.4
香港同胞	36.7	22.2	41.1	11.1	20.0	24.4	6.7	18.9	5.6	36.7
澳门同胞	55.6	44.4	66.7	0.0	33.3	11.1	11.1	22.2	0.0	33.3
台湾同胞	46.3	22.4	38.8	9.0	23.9	22.4	13.4	16.4	4.5	34.3
江　苏	49.4	14.1	39.0	8.0	26.1	22.7	10.5	22.8	3.4	49.4
外国人	50.6	14.1	38.9	8.2	28.4	22.8	11.8	22.3	4.3	46.4
香港同胞	48.3	15.4	37.6	6.7	20.8	20.1	6.7	26.2	1.3	55.0
澳门同胞	32.1	7.1	21.4	3.6	21.4	28.6	3.6	7.1	0.0	78.6
台湾同胞	48.2	14.4	44.6	9.4	20.9	23.7	9.4	25.2	1.4	52.5

10－6(续2)　　单位：%

	服装/丝绸	中成药/保健品	食品/茶叶	酒类/香烟	瓷器/陶器	文复品/字画	地毯/挂毯	首饰/珍珠	胶卷/电器	纪念品/工艺品
浙　江	55.4	15.8	50.7	7.4	16.5	13.3	3.7	15.0	3.5	37.0
外国人	56.9	16.1	49.9	7.3	17.0	13.2	3.8	14.8	4.0	36.8
香港同胞	52.3	15.6	55.0	7.3	11.9	7.3	4.6	15.6	2.8	41.3
澳门同胞	66.7	11.1	55.6	5.6	22.2	11.1	0.0	5.6	5.6	38.9
台湾同胞	44.0	14.3	51.6	8.8	16.5	22.0	2.2	17.6	0.0	33.0
安　徽	21.7	9.9	55.2	11.0	15.7	18.3	4.1	11.5	2.2	38.7
外国人	22.9	9.9	53.9	10.9	16.5	17.6	4.1	11.0	2.6	38.2
香港同胞	12.9	11.3	62.9	11.3	12.9	24.2	3.2	11.3	0.0	45.2
澳门同胞	0.0	25.0	75.0	25.0	0.0	0.0	0.0	25.0	0.0	75.0
台湾同胞	21.1	5.3	60.5	10.5	10.5	23.7	5.3	15.8	0.0	28.9
福　建	26.4	20.1	57.3	10.5	19.0	14.3	2.8	13.4	3.6	33.0
外国人	27.8	20.2	55.6	11.2	19.8	14.7	2.9	12.8	4.4	33.7
香港同胞	20.3	19.5	63.9	6.0	18.0	12.0	3.8	12.0	2.3	33.8
澳门同胞	16.7	22.2	61.1	22.2	16.7	5.6	0.0	5.6	0.0	44.4
台湾同胞	28.2	20.2	56.5	10.5	16.9	16.1	1.6	18.5	2.4	27.4
江　西	17.3	16.4	45.4	14.3	35.5	17.8	2.9	4.9	1.9	62.5
外国人	18.4	16.6	42.4	14.3	38.1	20.2	3.2	6.3	2.3	59.9
香港同胞	13.0	13.7	47.3	15.3	29.0	11.5	2.3	2.3	0.8	71.0
澳门同胞	14.3	12.2	55.1	10.2	38.8	10.2	0.0	2.0	0.0	63.3
台湾同胞	20.0	22.5	52.5	15.0	30.0	20.0	3.8	2.5	2.5	62.5
山　东	26.3	12.5	24.7	12.3	13.5	25.9	8.6	24.4	2.3	53.8
外国人	24.9	12.1	24.6	11.3	14.0	24.6	8.3	23.4	2.2	53.7
香港同胞	31.1	10.7	27.9	5.7	9.0	29.5	4.1	31.1	1.6	59.0
澳门同胞	50.0	8.3	16.7	8.3	25.0	16.7	8.3	25.0	0.0	41.7
台湾同胞	26.8	19.5	22.0	30.5	14.6	32.9	17.1	22.0	3.7	48.8

10－6(续3)　　单位:%

	服装/丝绸	中成药/保健品	食品/茶叶	酒类/香烟	瓷器/陶器	文复品/字画	地毯/挂毯	首饰/珍珠	胶卷/电器	纪念品/工艺品
河　南	17.0	15.9	22.0	14.8	23.1	29.9	6.3	7.5	2.6	49.6
外国人	17.0	15.4	23.0	14.4	24.0	30.2	6.4	7.4	2.4	47.0
香港同胞	20.3	26.1	15.9	11.6	18.8	31.9	5.8	4.3	2.9	58.0
澳门同胞	20.7	31.0	24.1	20.7	27.6	17.2	6.9	13.8	10.3	72.4
台湾同胞	13.8	6.9	18.4	18.4	18.4	29.9	5.7	9.2	1.1	54.0
湖　北	27.6	13.7	36.9	10.4	16.1	20.3	7.6	15.3	4.4	54.7
外国人	32.1	13.9	34.4	9.6	19.2	22.0	9.5	18.1	4.6	54.8
香港同胞	17.9	8.3	42.8	15.2	8.3	16.6	2.1	6.9	2.8	57.9
澳门同胞	18.0	16.0	40.0	10.0	26.0	8.0	4.0	10.0	4.0	50.0
台湾同胞	16.5	18.1	43.3	9.4	3.9	19.7	4.7	11.0	5.5	52.0
湖　南	27.4	11.6	54.1	19.8	22.6	20.0	4.4	13.9	2.3	46.8
外国人	28.9	12.4	50.6	22.4	21.8	21.1	5.1	14.6	2.3	46.8
香港同胞	24.6	13.5	61.1	11.9	20.6	15.1	4.0	10.3	2.4	43.7
澳门同胞	25.4	7.5	59.7	10.4	40.3	19.4	3.0	17.9	3.0	58.2
台湾同胞	23.4	7.8	63.3	18.8	19.5	19.5	2.3	11.7	1.6	44.5
广　东	32.6	15.3	32.6	11.3	14.4	9.1	3.4	11.3	8.1	30.1
外国人	39.6	17.4	34.2	9.9	20.4	11.0	3.8	13.1	10.2	35.3
香港同胞	25.3	12.2	30.2	11.1	8.7	6.2	2.7	7.7	6.7	22.4
澳门同胞	40.8	19.4	39.8	14.2	12.3	10.4	4.3	19.4	8.1	44.1
台湾同胞	28.4	16.2	32.0	16.2	12.2	11.0	4.1	13.3	5.5	31.1
广　西	32.6	22.9	32.1	8.7	15.7	19.0	6.5	24.2	5.2	49.8
外国人	35.7	19.7	29.6	8.2	18.8	21.5	7.7	22.7	5.6	49.2
香港同胞	24.8	24.8	40.9	10.1	8.7	16.8	3.4	26.2	4.7	53.7
澳门同胞	24.4	34.1	22.0	7.3	12.2	7.3	2.4	26.8	12.2	51.2
台湾同胞	27.3	32.9	37.9	10.6	9.3	12.4	5.0	28.6	2.5	48.4

10－6(续4)　　单位：%

	服装/丝绸	中成药/保健品	食品/茶叶	酒类/香烟	瓷器/陶器	文复品/字画	地毯/挂毯	首饰/珍珠	胶卷/电器	纪念品/工艺品
海　　南	23.0	12.7	36.3	8.1	13.7	10.6	8.2	39.4	4.6	49.7
外 国 人	25.4	12.2	36.9	8.2	14.1	11.0	8.2	42.5	4.5	53.0
香港同胞	12.4	15.7	38.2	6.7	12.4	13.5	7.9	36.0	4.5	40.4
澳门同胞	27.3	13.6	27.3	4.5	18.2	4.5	13.6	22.7	4.5	27.3
台湾同胞	13.8	12.1	31.0	10.3	10.3	5.2	6.9	20.7	5.2	39.7
重　　庆	36.5	20.3	44.0	12.8	28.4	20.3	6.5	14.1	6.1	43.7
外 国 人	39.3	21.2	41.6	12.2	31.1	20.6	7.1	13.5	6.7	43.6
香港同胞	31.9	15.9	52.2	17.4	21.7	21.7	7.2	15.9	5.8	47.8
澳门同胞	50.0	30.0	50.0	20.0	30.0	20.0	10.0	30.0	10.0	10.0
台湾同胞	17.5	15.8	52.6	10.5	14.0	15.8	0.0	14.0	1.8	45.6
四　　川	28.0	22.2	41.0	11.5	16.0	17.3	6.9	15.2	3.9	40.9
外 国 人	26.9	21.0	40.1	11.0	15.8	16.9	7.3	13.7	3.6	41.3
香港同胞	34.0	25.7	45.5	12.6	17.3	20.9	4.2	20.9	3.7	40.8
澳门同胞	19.6	25.5	43.1	7.8	21.6	15.7	7.8	5.9	5.9	37.3
台湾同胞	32.0	26.1	41.9	14.4	14.9	16.7	6.3	22.1	5.9	38.7
贵　　州	23.2	24.8	34.4	25.2	11.8	15.6	11.6	13.6	8.8	65.2
外 国 人	26.2	24.7	34.9	25.7	13.7	18.7	13.2	15.5	10.7	62.1
香港同胞	17.8	19.5	33.1	22.0	11.9	9.3	7.6	8.5	2.5	76.3
澳门同胞	25.0	8.3	58.3	50.0	0.0	25.0	0.0	16.7	25.0	58.3
台湾同胞	15.1	37.0	30.1	23.3	2.7	6.8	11.0	11.0	5.5	65.8
云　　南	33.6	24.4	57.2	18.5	16.2	17.3	7.0	17.7	4.1	51.1
外 国 人	35.8	21.9	54.6	16.2	15.6	18.2	7.7	17.6	5.2	50.9
香港同胞	23.9	31.8	64.8	28.4	14.8	12.5	4.5	18.2	0.0	58.0
澳门同胞	15.4	15.4	53.8	46.2	46.2	30.8	0.0	30.8	0.0	15.4
台湾同胞	28.8	39.7	71.2	21.9	17.8	12.3	5.5	15.1	0.0	50.7

	服装/丝绸	中成药/保健品	食品/茶叶	酒类/香烟	瓷器/陶器	文复品/字画	地毯/挂毯	首饰/珍珠	胶卷/电器	纪念品/工艺品
西　藏	1.0	3.6	1.0	0.0	0.5	60.7	40.3	72.4	3.1	70.4
外国人	1.2	2.4	0.6	0.0	0.6	57.9	40.9	71.3	3.0	70.1
香港同胞	0.0	0.0	0.0	0.0	0.0	75.0	12.5	75.0	0.0	75.0
澳门同胞	0.0	7.1	0.0	0.0	0.0	71.4	50.0	85.7	7.1	57.1
台湾同胞	0.0	20.0	10.0	0.0	0.0	80.0	40.0	70.0	0.0	90.0
陕　西	35.9	13.8	28.8	7.3	25.0	36.9	10.5	12.6	3.8	41.9
外国人	37.1	13.5	29.2	7.4	24.5	37.2	11.0	12.8	3.8	42.0
香港同胞	17.0	4.3	23.4	6.4	36.2	29.8	6.4	10.6	4.3	42.6
澳门同胞	33.3	33.3	0.0	0.0	16.7	33.3	16.7	0.0	0.0	50.0
台湾同胞	25.0	34.4	31.3	6.3	28.1	40.6	0.0	12.5	3.1	37.5
甘　肃	45.2	43.6	51.1	45.2	40.3	35.5	32.5	27.5	16.3	26.6
外国人	47.0	43.0	50.1	43.5	39.9	35.6	32.2	28.6	18.1	28.4
香港同胞	40.5	45.9	48.6	45.9	40.5	35.1	32.4	24.3	10.8	24.3
澳门同胞	31.3	46.9	53.1	56.3	46.9	40.6	37.5	21.9	3.1	15.6
台湾同胞	36.7	46.9	63.3	57.1	40.8	30.6	32.7	20.4	8.2	14.3
青　海	8.5	12.5	11.7	3.2	0.8	3.6	45.2	7.7	1.2	75.8
外国人	8.5	11.8	11.4	3.3	0.9	4.3	46.9	6.2	1.4	77.3
香港同胞	0.0	0.0	8.3	0.0	0.0	0.0	41.7	16.7	0.0	91.7
澳门同胞	33.3	33.3	0.0	0.0	0.0	0.0	66.7	0.0	0.0	66.7
台湾同胞	9.1	22.7	18.2	4.5	0.0	0.0	27.3	18.2	0.0	54.5
宁　夏	12.0	18.7	24.7	7.3	8.7	14.0	13.3	3.3	0.0	59.3
外国人	11.7	19.5	24.2	7.0	7.8	13.3	13.3	2.3	0.0	62.5
香港同胞	20.0	10.0	40.0	10.0	10.0	10.0	0.0	20.0	0.0	40.0
澳门同胞	0.0	0.0	0.0	0.0	50.0	0.0	0.0	0.0	0.0	50.0
台湾同胞	10.0	20.0	20.0	10.0	10.0	30.0	30.0	0.0	0.0	40.0
新　疆	54.7	14.7	26.4	8.7	32.5	22.6	49.1	34.7	12.1	47.2
外国人	56.4	16.0	28.1	9.2	32.4	21.4	46.8	34.7	13.9	43.4
香港同胞	46.2	6.5	17.2	5.4	31.2	26.9	57.0	33.3	4.3	59.1
澳门同胞	51.9	14.8	33.3	11.1	22.2	11.1	48.1	33.3	3.7	70.4
台湾同胞	44.2	6.5	11.7	3.9	39.0	37.7	71.4	37.7	1.3	75.3

十一

入境游客抽样调查总人数及构成

11－1 2004年入境游客抽样调查总人数及所占比重

		调查总人数		口岸调查人数		其中：过夜旅游者	
		（人）	（%）	（人）	（%）	（人）	（%）
全　　国	**总计**	**44 345**	**100**	**14 944**	**33.7**	**12 771**	**85.5**
	团体	17 604	100	5 010	28.5	4 328	86.4
	散客	26 741	100	9 934	37.1	8 443	85.0
外 国 人	小计	31 096	100	9 566	30.8	8 207	85.8
	团体	13 934	100	4 102	29.4	3 444	84.0
	散客	17 162	100	5 464	31.8	4 763	87.2
香港同胞	小计	7 938	100	3 570	45.0	2 895	81.1
	团体	1 779	100	509	28.6	493	96.9
	散客	6 159	100	3 061	49.7	2 402	78.5
澳门同胞	小计	1 228	100	385	31.4	291	75.6
	团体	415	100	42	10.1	39	92.9
	散客	813	100	343	42.2	252	73.5
台湾同胞	小计	4 083	100	1423	34.9	1 378	96.8
	团体	1 476	100	357	24.2	352	98.6
	散客	2 607	100	1 066	40.9	1 026	96.2

(按外国人、港澳台胞、团体及散客分组)

一日游游客		饭店调查人数		游船调查人数	
(人)	(%)	(人)	(%)	(人)	(%)
2 173	**14.5**	**29 158**	**65.8**	**243**	**0.5**
682	13.6	12 394	70.4	200	1.1
1 491	15.0	16 764	62.7	43	0.2
1 359	14.2	21 321	68.6	209	0.6
658	16.0	9 665	69.4	167	1.2
701	12.8	11 656	67.9	42	0.3
675	18.9	4 356	54.9	12	0.1
16	3.1	1 258	70.7	12	0.7
659	21.5	3 098	50.3	0	0.0
94	24.4	835	68.0	8	0.6
3	7.1	365	88.0	8	1.9
91	26.5	470	57.8	0	0.0
45	3.2	2 646	64.8	14	0.3
5	1.4	1 106	74.9	13	0.9
40	3.8	1 540	59.1	1	0.0

11－2　2004年入境游客抽样调查总人数及所占比重

		调查总人数		口岸调查人数		其中：过夜旅游者	
		（人）	（%）	（人）	（%）	（人）	（%）
北　京	小计	3 322	100	1 500	45.2	1 483	98.9
	团体	2 172	100	1 349	62.1	1 347	99.9
	散客	1 150	100	151	13.1	136	90.1
天　津	小计	1 118	100	614	54.9	613	99.8
	团体	271	100	170	62.7	170	100.0
	散客	847	100	444	52.4	443	99.8
河　北	小计	750	100	0	0.0	0	0.0
	团体	219	100	0	0.0	0	0.0
	散客	531	100	0	0.0	0	0.0
山　西	小计	713	100	0	0.0	0	0.0
	团体	399	100	0	0.0	0	0.0
	散客	314	100	0	0.0	0	0.0
内蒙古	小计	1 101	100	600	54.5	400	66.7
	团体	500	100	321	64.2	129	40.2
	散客	601	100	279	46.4	271	97.1
辽　宁	小计	1 313	100	702	53.5	594	84.6
	团体	440	100	291	66.1	188	64.6
	散客	873	100	411	47.1	406	98.8
吉　林	小计	734	100	299	40.7	194	64.9
	团体	177	100	88	49.7	88	100.0
	散客	557	100	211	37.9	106	50.2
黑龙江	小计	1 300	100	600	46.2	397	66.2
	团体	867	100	363	41.9	269	74.1
	散客	433	100	237	54.7	128	54.0
上　海	小计	3 000	100	1 500	50.0	1 494	99.6
	团体	788	100	484	61.4	484	100.0
	散客	2 212	100	1 016	45.9	1 010	99.4

（按省〈区、市〉、团体及散客分组）

一日游游客		饭店调查人数		游船调查人数	
（人）	（%）	（人）	（%）	（人）	（%）
17	1.1	1 822	54.8	0	0.0
2	0.1	823	37.9	0	0.0
15	9.9	999	86.9	0	0.0
1	0.2	504	45.1	0	0.0
0	0.0	101	37.3	0	0.0
1	0.2	403	47.6	0	0.0
0	0.0	750	100.0	0	0.0
0	0.0	219	100.0	0	0.0
0	0.0	531	100.0	0	0.0
0	0.0	713	100.0	0	0.0
0	0.0	399	100.0	0	0.0
0	0.0	314	100.0	0	0.0
200	33.3	501	45.5	0	0.0
192	59.8	179	35.8	0	0.0
8	2.9	322	53.6	0	0.0
108	15.4	611	46.5	0	0.0
103	35.4	149	33.9	0	0.0
5	1.2	462	52.9	0	0.0
105	35.1	435	59.3	0	0.0
0	0.0	89	50.3	0	0.0
105	49.8	346	62.1	0	0.0
203	33.8	700	53.8	0	0.0
94	25.9	504	58.1	0	0.0
109	46.0	196	45.3	0	0.0
6	0.4	1 500	50.0	0	0.0
0	0.0	304	38.6	0	0.0
6	0.6	1 196	54.1	0	0.0

11－2(续1)

		调查总人数 (人)	调查总人数 (%)	口岸调查人数 (人)	口岸调查人数 (%)	其中：过夜旅游者 (人)	其中：过夜旅游者 (%)
江苏	小计	1 412	100	400	28.3	397	99.3
	团体	450	100	108	24.0	108	100.0
	散客	962	100	292	30.4	289	99.0
浙江	小计	1 399	100	399	28.5	399	100.0
	团体	432	100	108	25.0	108	100.0
	散客	967	100	291	30.1	291	100.0
安徽	小计	715	100	0	0.0	0	0.0
	团体	399	100	0	0.0	0	0.0
	散客	316	100	0	0.0	0	0.0
福建	小计	1 499	100	699	46.6	687	98.3
	团体	293	100	96	32.8	94	97.9
	散客	1 206	100	603	50.0	593	98.3
江西	小计	701	100	0	0.0	0	0.0
	团体	370	100	0	0.0	0	0.0
	散客	331	100	0	0.0	0	0.0
山东	小计	1 730	100	843	48.7	647	76.7
	团体	492	100	139	28.3	104	74.8
	散客	1 238	100	704	56.9	543	77.1
河南	小计	810	100	0	0.0	0	0.0
	团体	602	100	0	0.0	0	0.0
	散客	208	100	0	0.0	0	0.0
湖北	小计	1 041	100	0	0.0	0	0.0
	团体	439	100	0	0.0	0	0.0
	散客	602	100	0	0.0	0	0.0
湖南	小计	1 014	100	0	0.0	0	0.0
	团体	617	100	0	0.0	0	0.0
	散客	397	100	0	0.0	0	0.0
广东	小计	9 684	100	5 134	53.0	4 273	83.2
	团体	1 152	100	566	49.1	549	97.0
	散客	8 532	100	4 568	53.5	3 724	81.5
广西	小计	1 806	100	719	39.8	500	69.5
	团体	1 185	100	529	44.6	382	72.2
	散客	621	100	190	30.6	118	62.1

一日游游客		饭店调查人数		游船调查人数	
(人)	(%)	(人)	(%)	(人)	(%)
3	0.7	1 012	71.7	0	0.0
0	0.0	342	76.0	0	0.0
3	1.0	670	69.6	0	0.0
0	0.0	1 000	71.5	0	0.0
0	0.0	324	75.0	0	0.0
0	0.0	676	69.9	0	0.0
0	0.0	715	100.0	0	0.0
0	0.0	399	100.0	0	0.0
0	0.0	316	100.0	0	0.0
12	1.7	800	53.4	0	0.0
2	2.1	197	67.2	0	0.0
10	1.7	603	50.0	0	0.0
0	0.0	701	100.0	0	0.0
0	0.0	370	100.0	0	0.0
0	0.0	331	100.0	0	0.0
196	23.3	887	51.3	0	0.0
35	25.2	353	71.7	0	0.0
161	22.9	534	43.1	0	0.0
0	0.0	810	100.0	0	0.0
0	0.0	602	100.0	0	0.0
0	0.0	208	100.0	0	0.0
0	0.0	918	88.2	123	11.8
0	0.0	335	76.3	104	23.7
0	0.0	583	96.8	19	3.2
0	0.0	1 014	100.0	0	0.0
0	0.0	617	100.0	0	0.0
0	0.0	397	100.0	0	0.0
861	16.8	4 550	47.0	0	0.0
17	3.0	586	50.9	0	0.0
844	18.5	3 964	46.5	0	0.0
219	30.5	1 087	60.2	0	0.0
147	27.8	656	55.4	0	0.0
72	37.9	431	69.4	0	0.0

11－2(续2)

		调查总人数		口岸调查人数		其中：过夜旅游者	
		(人)	(%)	(人)	(%)	(人)	(%)
海　南	小计	743	100	0	0.0	0	0.0
	团体	388	100	0	0.0	0	0.0
	散客	355	100	0	0.0	0	0.0
重　庆	小计	602	100	0	0.0	0	0.0
	团体	302	100	0	0.0	0	0.0
	散客	300	100	0	0.0	0	0.0
四　川	小计	1 853	100	0	0.0	0	0.0
	团体	954	100	0	0.0	0	0.0
	散客	899	100	0	0.0	0	0.0
贵　州	小计	604	100	0	0.0	0	0.0
	团体	422	100	0	0.0	0	0.0
	散客	182	100	0	0.0	0	0.0
云　南	小计	1 429	100	619	43.3	429	69.3
	团体	601	100	239	39.8	171	71.5
	散客	828	100	380	45.9	258	67.9
西　藏	小计	196	100	0	0.0	0	0.0
	团体	151	100	0	0.0	0	0.0
	散客	45	100	0	0.0	0	0.0
陕　西	小计	1 107	100	0	0.0	0	0.0
	团体	755	100	0	0.0	0	0.0
	散客	352	100	0	0.0	0	0.0
甘　肃	小计	699	100	0	0.0	0	0.0
	团体	576	100	0	0.0	0	0.0
	散客	123	100	0	0.0	0	0.0
青　海	小计	248	100	0	0.0	0	0.0
	团体	201	100	0	0.0	0	0.0
	散客	47	100	0	0.0	0	0.0
宁　夏	小计	150	100	0	0.0	0	0.0
	团体	0	0	0	0.0	0	0.0
	散客	150	100	0	0.0	0	0.0
新　疆	小计	1 550	100	315	20.3	264	83.8
	团体	990	100	159	16.1	137	86.2
	散客	560	100	156	27.9	127	81.4

一日游游客		饭店调查人数		游船调查人数	
(人)	(%)	(人)	(%)	(人)	(%)
0	0.0	743	100.0	0	0.0
0	0.0	388	100.0	0	0.0
0	0.0	355	100.0	0	0.0
0	0.0	482	80.1	120	19.9
0	0.0	206	68.2	96	31.8
0	0.0	276	92.0	24	8.0
0	0.0	1853	100.0	0	0.0
0	0.0	954	100.0	0	0.0
0	0.0	899	100.0	0	0.0
0	0.0	604	100.0	0	0.0
0	0.0	422	100.0	0	0.0
0	0.0	182	100.0	0	0.0
190	30.7	810	56.7	0	0.0
68	28.5	362	60.2	0	0.0
122	32.1	448	54.1	0	0.0
0	0.0	196	100.0	0	0.0
0	0.0	151	100.0	0	0.0
0	0.0	45	100.0	0	0.0
0	0.0	1 107	100.0	0	0.0
0	0.0	755	100.0	0	0.0
0	0.0	352	100.0	0	0.0
0	0.0	699	100.0	0	0.0
0	0.0	576	100.0	0	0.0
0	0.0	123	100.0	0	0.0
0	0.0	248	100.0	0	0.0
0	0.0	201	100.0	0	0.0
0	0.0	47	100.0	0	0.0
0	0.0	150	100.0	0	0.0
0	0.0	0	0.0	0	0.0
0	0.0	150	100.0	0	0.0
51	16.2	1235	79.7	0	0.0
22	13.8	831	83.9	0	0.0
29	18.6	404	72.1	0	0.0

11-3 2004年口岸调查入境游客人数及所占比重

		调查人数		男性		女性	
		(人)	(%)	(人)	(%)	(人)	(%)
全国	**总计**	**14 944**	**100**	**9 351**	**62.6**	**5 593**	**37.4**
	团体	5 010	100	2 562	51.1	2 448	48.9
	散客	9 934	100	6 789	68.3	3 145	31.7
外国人	小计	9 566	100	6 005	62.8	3 561	37.2
	团体	4 102	100	2 089	50.9	2 013	49.1
	散客	5 464	100	3 916	71.7	1 548	28.3
香港同胞	小计	3 570	100	2 126	59.6	1 444	40.4
	团体	509	100	243	47.7	266	52.3
	散客	3 061	100	1 883	61.5	1 178	38.5
澳门同胞	小计	385	100	213	55.3	172	44.7
	团体	42	100	19	45.2	23	54.8
	散客	343	100	194	56.6	149	43.4
台湾同胞	小计	1 423	100	1 007	70.8	416	29.2
	团体	357	100	211	59.1	146	40.9
	散客	1 066	100	796	74.7	270	25.3

（按外国人、港澳台胞、团体及散客、性别、年龄分组）

14岁及以下		15～24岁		25～44岁		45～64岁		65岁及以上	
（人）	（%）	（人）	（%）	（人）	（%）	（人）	（%）	（人）	（%）
89	**0.6**	**1 613**	**10.8**	**7 539**	**50.4**	**4 872**	**32.6**	**831**	**5.6**
49	1.0	717	14.3	2 047	40.9	1 745	34.8	452	9.0
40	0.4	896	9.0	5 492	55.3	3 127	31.5	379	3.8
77	0.7	1 106	11.6	4 497	47.0	3 306	34.6	580	6.1
46	1.0	597	14.6	1 701	41.5	1 389	33.9	369	9.0
31	0.5	509	9.3	2 796	51.2	1 917	35.1	211	3.9
11	0.3	365	10.2	2 130	59.7	935	26.2	129	3.6
3	0.5	91	17.9	205	40.3	174	34.2	36	7.1
8	0.2	274	9.0	1 925	62.9	761	24.9	93	3.0
1	0.2	53	13.8	214	55.6	99	25.7	18	4.7
0	0.0	4	9.5	28	66.7	10	23.8	0	0.0
1	0.4	49	14.3	186	54.2	89	25.9	18	5.2
0	0.0	89	6.2	698	49.1	532	37.4	104	7.3
0	0.0	25	6.9	113	31.7	172	48.2	47	13.2
0	0.0	64	6.0	585	54.9	360	33.8	57	5.3

11－4　2004年口岸调查入境游客人数及所占比重

		调查人数		政府工作人员		专业技术人员		职员		技工工人	
		(人)	(%)	(人)	(%)	(人)	(%)	(人)	(%)	(人)	(%)
全　国	**总计**	**14 944**	**100**	**587**	**3.9**	**2 066**	**13.8**	**1 770**	**11.8**	**798**	**5.3**
	团体	5 010	100	282	5.6	501	10.0	728	14.5	196	3.9
	散客	9 934	100	305	3.1	1 565	15.8	1 042	10.5	602	6.1
外 国 人	小计	9 566	100	416	4.3	1 256	13.1	1 030	10.8	445	4.7
	团体	4 102	100	233	5.7	391	9.5	575	14.0	165	4.0
	散客	5 464	100	183	3.3	865	15.8	455	8.3	280	5.1
香港同胞	小计	3 570	100	113	3.0	570	16.0	495	13.9	280	7.8
	团体	509	100	35	6.9	65	12.8	89	17.5	17	3.3
	散客	3 061	100	78	2.6	505	16.5	406	13.3	263	8.6
澳门同胞	小计	385	100	18	4.7	31	8.1	66	17.1	25	6.5
	团体	42	100	1	2.4	6	14.3	7	16.7	1	2.4
	散客	343	100	17	5.0	25	7.3	59	17.2	24	7.0
台湾同胞	小计	1 423	100	40	2.8	209	14.7	179	12.6	48	3.4
	团体	357	100	13	3.8	39	10.9	57	16.0	13	3.6
	散客	1 066	100	27	2.5	170	15.9	122	11.4	35	3.3

（按外国人、港澳台胞、团体及散客、职业分组）

商贸人员		服务员推销员		退休人员		家庭妇女		军人		学生		其他	
（人）	（%）	（人）	（%）	（人）	（%）	（人）	（%）	（人）	（%）	（人）	（%）	（人）	（%）
4 332	**29.0**	**559**	**3.7**	**1 091**	**7.3**	**1 201**	**8.0**	**36**	**0.5**	**1 137**	**7.6**	**1 367**	**9.1**
873	17.4	190	3.8	679	13.6	488	9.7	12	0.3	566	11.3	495	9.9
3 459	34.8	369	3.7	412	4.1	713	7.2	24	0.2	571	5.7	872	8.8
2 984	31.2	232	2.4	737	7.7	650	6.8	30	0.3	840	8.8	946	9.9
754	18.4	134	3.3	541	13.2	385	9.4	10	0.2	487	11.9	427	10.4
2 230	40.8	98	1.8	196	3.6	265	4.8	20	0.5	353	6.5	519	9.5
814	22.8	245	6.9	188	5.3	410	11.5	1	0.0	191	5.4	263	7.4
55	10.8	37	7.3	56	11.0	54	10.6	1	0.1	61	12.0	39	7.7
759	24.8	208	6.8	132	4.3	356	11.6	0	0.0	130	4.2	224	7.3
62	16.1	27	7.0	26	6.8	46	11.9	2	0.5	34	8.8	48	12.5
6	14.3	5	11.9	4	9.5	3	7.1	1	2.4	3	7.1	5	11.9
56	16.3	22	6.4	22	6.4	43	12.5	1	0.4	31	9.0	43	12.5
472	33.2	55	3.9	140	9.8	95	6.7	3	0.1	72	5.1	110	7.7
58	16.2	14	3.9	78	21.8	46	12.9	0	0.0	15	4.2	24	6.7
414	38.8	41	3.8	62	5.8	49	4.6	3	0.5	57	5.3	86	8.1

11－5　2004年口岸调查入境游客人数及所占比重

		调查人数		观光游览		休闲度假		探亲访友	
		(人)	(%)	(人)	(%)	(人)	(%)	(人)	(%)
全　　国	**总计**	**14 944**	**100**	**4 496**	**30.1**	**2 219**	**14.8**	**1 708**	**11.4**
	团体	5 010	100	3 111	62.1	852	17.0	120	2.4
	散客	9 934	100	1 385	13.9	1 367	13.8	1 588	16.0
外 国 人	小计	9 566	100	3 240	33.9	1 188	12.4	812	8.5
	团体	4 102	100	2 472	60.3	687	16.7	87	2.1
	散客	5 464	100	768	14.1	501	9.2	725	13.3
香港同胞	小计	3 570	100	752	21.1	786	22.0	607	17.0
	团体	509	100	355	69.7	99	19.4	14	2.8
	散客	3 061	100	397	13.0	687	22.4	593	19.4
澳门同胞	小计	385	100	87	22.6	84	21.8	75	19.5
	团体	42	100	26	61.9	13	31.0	1	2.3
	散客	343	100	61	17.8	71	20.7	74	21.6
台湾同胞	小计	1423	100	417	29.3	161	11.3	214	15.0
	团体	357	100	258	72.3	53	14.8	18	5.0
	散客	1 066	100	159	14.9	108	10.1	196	18.4

（按外国人、港澳台胞、团体及散客、旅游目的分组）

商务		会议		宗教朝拜		文化/体育/科技交流		其他	
（人）	（%）	（人）	（%）	（人）	（%）	（人）	（%）	（人）	（%）
4 609	**30.8**	**582**	**3.9**	**70**	**0.6**	**377**	**2.5**	**883**	**5.9**
522	10.4	84	1.7	16	0.3	160	3.2	145	2.9
4 087	41.1	498	5.0	54	0.6	217	2.2	738	7.4
2 948	30.8	388	4.1	49	0.4	312	3.3	629	6.6
482	11.8	73	1.8	13	0.3	148	3.6	140	3.4
2 466	45.1	315	5.8	36	0.6	164	3.0	489	8.9
1 093	30.6	124	3.5	6	0.1	46	1.3	156	4.4
18	3.5	10	2.0	1	0.2	9	1.8	3	0.6
1 075	35.1	114	3.7	5	0.2	37	1.2	153	5.0
60	15.6	24	6.2	4	1.0	2	0.6	49	12.7
2	4.8	0	0.0	0	0.0	0	0.0	0	0.0
58	16.9	24	7.0	4	1.2	2	0.5	49	14.3
508	35.7	46	3.2	11	0.9	17	1.2	49	3.4
20	5.6	1	0.3	2	0.6	3	0.8	2	0.6
488	45.8	45	4.2	9	0.9	14	1.3	47	4.4

11－6　2004年口岸调查外国游客人数

	调查人数		男性		女性	
	(人)	(%)	(人)	(%)	(人)	(%)
外国人	**9 566**	**100**	**6 005**	**62.8**	**3 561**	**37.2**
日本	1 618	100	1 269	78.4	349	21.6
菲律宾	95	100	67	70.5	28	29.5
泰国	102	100	60	58.8	42	41.2
新加坡	409	100	219	53.5	190	46.5
印度尼西亚	102	100	70	68.6	32	31.4
马来西亚	237	100	150	63.3	87	36.7
韩国	1 620	100	1 104	68.1	516	31.9
朝鲜	199	100	126	63.3	73	36.7
蒙古	266	100	112	42.1	154	57.9
印度	79	100	72	91.1	7	8.9
英国	355	100	222	62.5	133	37.5
法国	299	100	170	56.9	129	43.1
德国	151	100	109	72.2	42	27.8
意大利	113	100	83	73.5	30	26.5
荷兰	70	100	48	68.6	22	31.4
瑞典	82	100	49	59.8	33	40.2
俄罗斯	1238	100	550	44.4	688	55.6
瑞士	55	100	38	69.1	17	30.9
美国	887	100	525	59.2	362	40.8
加拿大	257	100	163	63.4	94	36.6
澳大利亚	242	100	149	61.6	93	38.4
非洲国家	54	100	42	77.8	12	22.2
南美国家	37	100	29	78.4	8	21.6
其他国家	999	100	579	58.0	420	42.0

及所占比重（按国别、性别、年龄分组）

14岁及以下		15～24岁		25～44岁		45～64岁		65岁及以上	
（人）	（%）	（人）	（%）	（人）	（%）	（人）	（%）	（人）	（%）
77	**0.7**	**1 106**	**11.6**	**4 497**	**47.0**	**3 306**	**34.6**	**580**	**6.1**
6	0.4	84	5.2	607	37.5	790	48.8	131	8.1
0	0.0	16	16.8	48	50.5	27	28.4	4	4.3
0	0.0	20	19.6	49	48.0	28	27.5	5	4.9
4	1.0	54	13.2	182	44.5	153	37.4	16	3.9
2	2.0	7	6.9	39	38.2	44	43.1	10	9.8
1	0.4	34	14.3	108	45.6	80	33.8	14	5.9
18	1.2	204	12.6	747	46.1	571	35.2	80	4.9
2	1.0	24	12.1	92	46.2	58	29.1	23	11.6
0	0.0	18	6.8	190	71.4	56	21.1	2	0.7
0	0.0	13	16.5	44	55.7	18	22.8	4	5.0
6	1.7	48	13.5	186	52.4	92	25.9	23	6.5
1	0.3	32	10.7	77	25.8	157	52.5	32	10.7
0	0.0	7	4.6	70	46.4	64	42.4	10	6.6
2	1.8	12	10.6	59	52.2	36	31.9	4	3.5
0	0.0	7	10.0	37	52.9	23	32.9	3	4.2
0	0.0	11	13.4	42	51.2	27	32.9	2	2.5
13	1.1	149	12.0	701	56.6	323	26.1	52	4.2
2	3.7	8	14.5	23	41.8	20	36.4	2	3.6
7	0.8	129	14.5	329	37.1	328	37.0	94	10.6
0	0.0	39	15.2	122	47.5	85	33.1	11	4.2
2	0.7	16	6.6	118	48.8	87	36.0	19	7.9
0	0.0	6	11.1	32	59.3	13	24.1	3	5.5
0	0.0	2	5.4	19	51.4	12	32.4	4	10.8
11	1.1	166	16.6	576	57.7	214	21.4	32	3.2

11－7　2004 年口岸调查外国游客人数

	调查人数		政府工作人员		专业技术人员		职员		技工工人	
	(人)	(%)	(人)	(%)	(人)	(%)	(人)	(%)	(人)	(%)
外国人	**9 566**	**100**	**416**	**4.3**	**1 256**	**13.1**	**1 030**	**10.8**	**445**	**4.7**
日本	1 618	100	39	2.4	222	13.7	128	7.9	114	7.0
菲律宾	95	100	1	1.1	19	20.0	6	6.3	14	14.7
泰国	102	100	3	2.9	8	7.8	16	15.7	10	9.8
新加坡	409	100	22	5.4	86	21.0	53	13.0	11	2.7
印度尼西亚	102	100	5	4.9	8	7.8	8	7.8	6	5.9
马来西亚	237	100	7	3.0	34	14.3	18	7.6	21	8.9
韩国	1 620	100	79	4.9	166	10.2	250	15.4	38	2.3
朝鲜	199	100	13	6.5	16	8.0	18	9.0	14	7.0
蒙古	266	100	7	2.4	14	5.3	22	8.3	13	4.9
印度	79	100	1	1.2	17	21.5	5	6.3	5	6.3
英国	355	100	21	5.9	68	19.2	47	13.2	9	2.5
法国	299	100	29	9.7	29	9.7	47	15.7	5	1.7
德国	151	100	7	4.6	30	19.9	20	13.2	9	6.0
意大利	113	100	8	7.1	15	13.3	3	2.7	10	8.8
荷兰	70	100	2	2.9	12	17.1	8	11.4	3	4.3
瑞典	82	100	2	2.4	21	25.6	12	14.6	3	3.7
俄罗斯	1 238	100	40	3.2	77	6.2	143	11.6	66	5.3
瑞士	55	100	2	3.6	8	14.5	6	10.9	2	3.6
美国	887	100	27	3.0	181	20.4	73	8.2	30	3.4
加拿大	257	100	9	3.5	44	17.1	39	15.2	5	2.0
澳大利亚	242	100	14	5.8	59	24.4	22	9.1	15	6.2
非洲国家	54	100	0	0.0	14	25.9	2	3.7	0	0.0
南美国家	37	100	0	0.0	5	13.5	5	13.5	2	5.4
其他国家	999	100	78	7.8	103	10.3	79	7.9	40	4.0

及所占比重(按国别、职业分组)

商贸人员		服务员推销员		退休人员		家庭妇女		军人		学生		其他	
(人)	(%)	(人)	(%)	(人)	(%)	(人)	(%)	(人)	(%)	(人)	(%)	(人)	(%)
2 984	**31.2**	**232**	**2.4**	**737**	**7.7**	**650**	**6.8**	**30**	**0.3**	**840**	**8.8**	**946**	**9.9**
681	42.1	38	2.4	100	6.2	131	8.1	0	0.0	56	3.5	109	6.7
14	14.7	5	5.3	4	4.2	4	4.2	0	0.0	2	2.1	26	27.4
33	32.4	5	4.9	6	5.9	5	4.9	0	0.0	6	5.9	10	9.8
108	26.4	8	2.0	26	6.4	22	5.4	1	0.1	43	10.5	29	7.1
36	35.3	2	2.0	6	5.9	9	8.8	1	1.0	5	4.9	16	15.7
74	31.2	2	0.9	25	10.5	20	8.4	0	0.0	24	10.1	12	5.1
487	30.1	24	1.5	77	4.8	145	9.0	6	0.3	205	12.7	143	8.8
55	27.6	11	5.8	13	6.5	28	14.1	0	0.0	18	9.0	13	6.5
105	39.5	0	0.0	10	3.8	28	10.5	2	0.8	1	0.4	64	24.1
32	40.5	0	0.0	4	5.1	1	1.3	1	1.3	4	5.1	9	11.4
63	17.7	6	1.8	22	6.2	21	5.9	0	0.0	45	12.7	53	14.9
44	14.7	3	1.0	76	25.4	22	7.4	1	0.3	32	10.7	11	3.7
50	33.1	6	4.0	16	10.6	4	2.6	0	0.0	1	0.7	8	5.3
47	41.6	5	4.4	2	1.7	2	1.8	0	0.0	7	6.2	14	12.4
25	35.7	1	1.5	3	4.3	4	5.7	1	1.4	5	7.1	6	8.6
17	20.7	1	1.2	3	3.7	4	4.9	0	0.0	8	9.8	11	13.4
410	33.1	45	3.6	141	11.4	84	6.8	3	0.3	139	11.2	90	7.3
21	38.2	1	1.9	2	3.6	1	1.8	0	0.0	9	16.4	3	5.5
183	20.6	16	1.8	108	12.2	45	5.1	4	0.5	85	9.6	135	15.2
80	31.1	7	2.7	17	6.6	12	4.7	0	0.0	27	10.5	17	6.6
57	23.6	6	2.5	18	7.4	16	6.6	0	0.0	18	7.4	17	7.0
22	40.7	0	0.0	3	5.6	4	7.4	1	1.9	2	3.7	6	11.1
13	35.1	1	2.8	5	13.5	0	0.0	1	2.7	1	2.7	4	10.8
327	32.7	39	3.9	50	5.0	38	3.8	8	0.9	97	9.7	140	14.0

11－8 2004年口岸调查外国游客人数

	调查人数		观光游览		休闲度假		探亲访友	
	（人）	（%）	（人）	（%）	（人）	（%）	（人）	（%）
外 国 人	**9 566**	**100**	**3 240**	**33.9**	**1 188**	**12.4**	**812**	**8.5**
日 本	1 618	100	486	30.0	100	6.2	93	5.7
菲 律 宾	95	100	12	12.6	10	10.5	4	4.2
泰 国	102	100	21	20.6	24	23.5	5	4.9
新 加 坡	409	100	121	29.6	93	22.7	58	14.2
印度尼西亚	102	100	17	16.7	19	18.6	9	8.8
马来西亚	237	100	69	29.1	28	11.8	25	10.5
韩 国	1 620	100	714	44.1	141	8.7	65	4.0
朝 鲜	199	100	93	46.7	8	4.0	37	18.6
蒙 古	266	100	17	6.4	5	1.9	218	82.0
印 度	79	100	10	12.7	7	8.9	1	1.2
英 国	355	100	145	40.8	70	19.7	22	6.2
法 国	299	100	159	53.2	42	14.0	7	2.3
德 国	151	100	32	21.2	17	11.3	13	8.6
意 大 利	113	100	19	16.8	12	10.6	7	6.3
荷 兰	70	100	17	24.3	10	14.3	2	2.9
瑞 典	82	100	18	22.0	15	18.3	3	3.5
俄 罗 斯	1 238	100	438	35.4	234	18.9	24	1.9
瑞 士	55	100	12	21.8	7	12.7	5	9.1
美 国	887	100	342	38.6	97	10.9	94	10.6
加 拿 大	257	100	67	26.1	54	21.0	23	8.9
澳大利亚	242	100	75	31.0	47	19.4	16	6.6
非洲国家	54	100	8	14.8	2	3.7	8	14.8
南美国家	37	100	11	29.7	4	10.8	6	16.2
其他国家	999	100	337	33.7	142	14.2	67	6.7

及所占比重(按国别、旅游目的分组)

商务		会议		宗教朝拜		文化/体育/科技交流		其他	
(人)	(%)	(人)	(%)	(人)	(%)	(人)	(%)	(人)	(%)
2 948	**30.8**	**388**	**4.1**	**49**	**0.4**	**312**	**3.3**	**629**	**6.6**
750	46.4	94	5.8	7	0.5	31	1.9	57	3.5
16	16.8	4	4.2	1	1.2	4	4.2	44	46.3
21	20.6	6	5.9	2	1.9	6	5.9	17	16.7
83	20.3	25	6.1	4	1.0	15	3.7	10	2.4
29	28.4	6	5.9	3	3.0	4	3.9	15	14.7
73	30.8	10	4.2	4	1.8	5	2.1	23	9.7
514	31.7	44	2.7	1	0.1	38	2.3	103	6.4
49	24.6	7	3.6	0	0.0	2	1.0	3	1.5
3	1.1	11	4.1	3	1.1	3	1.1	6	2.3
37	46.8	2	2.5	2	2.5	4	5.1	16	20.3
70	19.7	17	4.9	0	0.0	11	3.1	20	5.6
41	13.7	16	5.4	1	0.3	22	7.4	11	3.7
61	40.4	11	7.3	3	1.9	5	3.3	9	6.0
45	39.8	13	11.5	0	0.0	4	3.5	13	11.5
26	37.1	8	11.4	0	0.0	2	2.9	5	7.1
25	30.5	9	11.0	0	0.0	4	4.9	8	9.8
401	32.4	24	1.9	1	0.1	18	1.5	98	7.9
21	38.2	5	9.1	0	0.0	4	7.3	1	1.8
201	22.7	22	2.5	6	0.6	92	10.4	33	3.7
84	32.7	9	3.5	3	1.1	4	1.6	13	5.1
68	28.1	16	6.6	0	0.0	8	3.3	12	5.0
25	46.3	3	5.6	0	0.0	2	3.7	6	11.1
12	32.4	1	2.8	0	0.0	1	2.7	2	5.4
293	29.3	25	2.5	8	0.9	23	2.3	104	10.4

11-9 2004年饭店调查入境游客人数及所占比重

		调查人数		男性		女性	
		(人)	(%)	(人)	(%)	(人)	(%)
北京	小计	1 822	100	1 127	61.9	695	38.1
	团体	823	100	434	52.7	389	47.3
	散客	999	100	693	69.4	306	30.6
天津	小计	504	100	326	64.7	178	35.3
	团体	101	100	54	53.5	47	46.5
	散客	403	100	272	67.5	131	32.5
河北	小计	750	100	542	72.3	208	27.7
	团体	219	100	137	62.6	82	37.4
	散客	531	100	405	76.3	126	23.7
山西	小计	713	100	465	65.2	248	34.8
	团体	399	100	254	63.7	145	36.3
	散客	314	100	211	67.2	103	32.8
内蒙古	小计	501	100	245	48.9	256	51.1
	团体	179	100	80	44.7	99	55.3
	散客	322	100	165	51.2	157	48.8
辽宁	小计	611	100	411	67.3	200	32.7
	团体	149	100	80	53.7	69	46.3
	散客	462	100	331	71.6	131	28.4
吉林	小计	435	100	310	71.3	125	28.7
	团体	89	100	51	57.3	38	42.7
	散客	346	100	259	74.9	87	25.1
黑龙江	小计	700	100	339	48.4	361	51.6
	团体	504	100	218	43.3	286	56.7
	散客	196	100	121	61.7	75	38.3
上海	小计	1 500	100	1 083	72.2	417	27.8
	团体	304	100	145	47.7	159	52.3
	散客	1 196	100	938	78.4	258	21.6
江苏	小计	1 012	100	662	65.4	350	34.6
	团体	342	100	184	53.8	158	46.2
	散客	670	100	478	71.3	192	28.7

（按省〈区、市〉、团体及散客、性别、外国人、港澳台胞分组）

外国人		香港同胞		澳门同胞		台湾同胞	
（人）	（%）	（人）	（%）	（人）	（%）	（人）	（%）
1 554	85.3	156	8.6	22	1.2	90	4.9
748	90.9	45	5.5	8	0.9	22	2.7
806	80.7	111	11.1	14	1.4	68	6.8
390	77.4	62	12.3	14	2.8	38	7.5
69	68.3	15	14.9	4	3.9	13	12.9
321	79.7	47	11.7	10	2.4	25	6.2
621	82.8	72	9.6	17	2.3	40	5.3
194	88.6	13	5.9	6	2.8	6	2.7
427	80.4	59	11.1	11	2.1	34	6.4
564	79.1	65	9.1	31	4.4	53	7.4
312	78.2	46	11.5	16	4.0	25	6.3
252	80.3	19	6.1	15	4.7	28	8.9
471	94.0	12	2.4	4	0.8	14	2.8
166	92.7	6	3.4	3	1.7	4	2.2
305	94.7	6	1.9	1	0.3	10	3.1
500	81.8	71	11.6	7	1.2	33	5.4
134	89.9	5	3.4	0	0.0	10	6.7
366	79.2	66	14.3	7	1.5	23	5.0
379	87.1	30	6.9	5	1.2	21	4.8
80	89.9	5	5.6	0	0.0	4	4.5
299	86.4	25	7.2	5	1.5	17	4.9
637	91.0	31	4.4	11	1.6	21	3.0
477	94.6	12	2.4	7	1.4	8	1.6
160	81.6	19	9.7	4	2.1	13	6.6
1 334	88.9	90	6.0	9	0.6	67	4.5
280	92.1	15	4.9	1	0.4	8	2.6
1 054	88.1	75	6.3	8	0.7	59	4.9
696	68.8	149	14.7	28	2.8	139	13.7
202	59.1	79	23.1	15	4.3	46	13.5
494	73.7	70	10.4	13	2.0	93	13.9

11－9(续 1)

		调查人数		男性		女性	
		(人)	(%)	(人)	(%)	(人)	(%)
浙　江	小计	1 000	100	623	62.3	377	37.7
	团体	324	100	147	45.4	177	54.6
	散客	676	100	476	70.4	200	29.6
安　徽	小计	715	100	440	61.5	275	38.5
	团体	399	100	210	52.6	189	47.4
	散客	316	100	230	72.8	86	27.2
福　建	小计	800	100	545	68.1	255	31.9
	团体	197	100	107	54.3	90	45.7
	散客	603	100	438	72.6	165	27.4
江　西	小计	701	100	485	69.2	216	30.8
	团体	370	100	209	56.5	161	43.5
	散客	331	100	276	83.4	55	16.6
山　东	小计	887	100	580	65.4	307	34.6
	团体	353	100	187	53.0	166	47.0
	散客	534	100	393	73.6	141	26.4
河　南	小计	810	100	462	57.0	348	43.0
	团体	602	100	325	54.0	277	46.0
	散客	208	100	137	65.9	71	34.1
湖　北	小计	1 041	100	616	59.2	425	40.8
	团体	439	100	202	46.0	237	54.0
	散客	602	100	414	68.8	188	31.2
湖　南	小计	1 014	100	629	62.0	385	38.0
	团体	617	100	357	57.9	260	42.1
	散客	397	100	272	68.5	125	31.5
广　东	小计	4 550	100	3 190	70.1	1 360	29.9
	团体	586	100	314	53.6	272	46.4
	散客	3 964	100	2 876	72.6	1 088	27.4
广　西	小计	1 087	100	654	60.2	433	39.8
	团体	656	100	374	57.0	282	43.0
	散客	431	100	280	65.0	151	35.0
海　南	小计	743	100	467	62.9	276	37.1
	团体	388	100	236	60.8	152	39.2
	散客	355	100	231	65.1	124	34.9

外国人		香港同胞		澳门同胞		台湾同胞	
（人）	（%）	（人）	（%）	（人）	（%）	（人）	（%）
782	78.2	109	10.9	18	1.8	91	9.1
267	82.4	22	6.8	7	2.2	28	8.6
515	76.2	87	12.9	11	1.6	63	9.3
607	84.9	62	8.7	8	1.1	38	5.3
345	86.5	32	8.0	5	1.2	17	4.3
262	82.9	30	9.5	3	1.0	21	6.6
525	65.6	133	16.6	18	2.3	124	15.5
133	67.5	23	11.7	5	2.5	36	18.3
392	65.0	110	18.2	13	2.2	88	14.6
441	62.9	131	18.7	49	7.0	80	11.4
224	60.5	70	18.9	41	11.1	35	9.5
217	65.6	61	18.4	8	2.4	45	13.6
671	75.6	122	13.8	12	1.4	82	9.2
268	75.9	48	13.6	5	1.4	32	9.1
403	75.5	74	13.9	7	1.2	50	9.4
625	77.2	69	8.5	29	3.6	87	10.7
459	76.2	52	8.6	25	4.2	66	11.0
166	79.8	17	8.2	4	1.9	21	10.1
719	69.1	145	13.9	50	4.8	127	12.2
319	72.7	52	11.8	13	3.0	55	12.5
400	66.4	93	15.4	37	6.2	72	12.0
693	68.3	126	12.4	67	6.7	128	12.6
439	71.2	65	10.5	40	6.5	73	11.8
254	64.0	61	15.4	27	6.7	55	13.9
1 974	43.4	1 822	40.0	211	4.7	543	11.9
297	50.7	183	31.2	22	3.8	84	14.3
1 677	42.3	1 639	41.3	189	4.8	459	11.6
736	67.7	149	13.7	41	3.8	161	14.8
486	74.1	69	10.5	11	1.7	90	13.7
250	58.0	80	18.6	30	6.9	71	16.5
574	77.3	89	12.0	22	2.9	58	7.8
272	70.1	59	15.2	18	4.6	39	10.1
302	85.1	30	8.5	4	1.0	19	5.4

11－9(续 2)

		调查人数		男性		女性	
		(人)	(%)	(人)	(%)	(人)	(%)
重庆	小计	602	100	375	62.3	227	37.7
	团体	302	100	166	55.0	136	45.0
	散客	300	100	209	69.7	91	30.3
四川	小计	1 853	100	1077	58.1	776	41.9
	团体	954	100	465	48.7	489	51.3
	散客	899	100	612	68.1	287	31.9
贵州	小计	604	100	336	55.6	268	44.4
	团体	422	100	236	55.9	186	44.1
	散客	182	100	100	54.9	82	45.1
云南	小计	810	100	504	62.2	306	37.8
	团体	362	100	183	50.6	179	49.4
	散客	448	100	321	71.7	127	28.3
西藏	小计	196	100	155	79.1	41	20.9
	团体	151	100	119	78.8	32	21.2
	散客	45	100	36	80.0	9	20.0
陕西	小计	1 107	100	678	61.2	429	38.8
	团体	755	100	407	53.9	348	46.1
	散客	352	100	271	77.0	81	23.0
甘肃	小计	699	100	362	51.8	337	48.2
	团体	576	100	284	49.3	292	50.7
	散客	123	100	78	63.4	45	36.6
青海	小计	248	100	134	54.0	114	46.0
	团体	201	100	106	52.7	95	47.3
	散客	47	100	28	59.6	19	40.4
宁夏	小计	150	100	119	79.3	31	20.7
	团体	0	0	0	0.0	0	0.0
	散客	150	100	119	79.3	31	20.7
新疆	小计	1 235	100	706	57.2	529	42.8
	团体	831	100	446	53.7	385	46.3
	散客	404	100	260	64.4	144	35.6

外国人		香港同胞		澳门同胞		台湾同胞	
(人)	(%)	(人)	(%)	(人)	(%)	(人)	(%)
466	77.4	69	11.5	10	1.6	57	9.5
249	82.5	29	9.6	7	2.3	17	5.6
217	72.3	40	13.3	3	1.1	40	13.3
1 389	75.0	191	10.3	51	2.7	222	12.0
677	71.0	86	9.0	39	4.1	152	15.9
712	79.2	105	11.7	12	1.3	70	7.8
401	66.4	118	19.5	12	2.0	73	12.1
273	64.7	85	20.1	7	1.7	57	13.5
128	70.3	33	18.1	5	2.8	16	8.8
636	78.5	88	10.9	13	1.6	73	9.0
272	75.1	36	9.9	7	2.0	47	13.0
364	81.3	52	11.6	6	1.3	26	5.8
164	83.7	8	4.1	14	7.1	10	5.1
129	85.4	5	3.4	10	6.6	7	4.6
35	77.8	3	6.6	4	8.9	3	6.7
1 022	92.3	47	4.2	6	0.6	32	2.9
720	95.4	23	3.0	2	0.3	10	1.3
302	85.8	24	6.8	4	1.1	22	6.3
581	83.1	37	5.3	32	4.6	49	7.0
484	84.0	26	4.6	26	4.5	40	6.9
97	78.9	11	8.9	6	4.9	9	7.3
211	85.1	12	4.8	3	1.2	22	8.9
171	85.1	8	4.0	3	1.4	19	9.5
40	85.1	4	8.5	0	0.0	3	6.4
128	85.3	10	6.7	2	1.3	10	6.7
0	0.0	0	0.0	0	0.0	0	0.0
128	85.3	10	6.7	2	1.3	10	6.7
1 038	84.0	93	7.5	27	2.3	77	6.2
686	82.6	56	6.7	20	2.4	69	8.3
352	87.1	37	9.2	7	1.7	8	2.0

11－10　2004年饭店调查入境游客人数及所占比重

		饭店及游船调查人数		14岁及以下	
		(人)	(%)	(人)	(%)
北　京	小计	1 822	100	4	0.2
	团体	823	100	3	0.4
	散客	999	100	1	0.1
天　津	小计	504	100	4	0.9
	团体	101	100	3	3.0
	散客	403	100	1	0.2
河　北	小计	750	100	1	0.2
	团体	219	100	0	0.0
	散客	531	100	1	0.1
山　西	小计	713	100	6	0.8
	团体	399	100	3	0.8
	散客	314	100	3	0.9
内蒙古	小计	501	100	3	0.5
	团体	179	100	0	0.0
	散客	322	100	3	1.0
辽　宁	小计	611	100	6	1.0
	团体	149	100	2	1.3
	散客	462	100	4	0.9
吉　林	小计	435	100	1	0.2
	团体	89	100	0	0.0
	散客	346	100	1	0.3
黑龙江	小计	700	100	8	1.2
	团体	504	100	6	1.3
	散客	196	100	2	1.0
上　海	小计	1 500	100	2	0.1
	团体	304	100	0	0.0
	散客	1 196	100	2	0.2
江　苏	小计	1 012	100	3	0.3
	团体	342	100	2	0.7
	散客	670	100	1	0.1

(按省〈区、市〉、年龄、团体及散客分组)

15～24岁		25～44岁		45～64岁		65岁及以上	
(人)	(%)	(人)	(%)	(人)	(%)	(人)	(%)
148	8.1	872	47.9	673	36.9	125	6.9
70	8.5	330	40.1	325	39.5	95	11.5
78	7.8	542	54.3	348	34.8	30	3.0
52	10.3	243	48.2	160	31.7	45	8.9
15	14.9	29	28.7	26	25.7	28	27.7
37	9.2	214	53.1	134	33.3	17	4.2
72	9.6	348	46.4	295	39.3	34	4.5
21	9.6	87	39.7	96	43.8	15	6.9
51	9.6	261	49.2	199	37.5	19	3.6
49	6.9	313	43.9	266	37.3	79	11.1
18	4.5	142	35.6	174	43.6	62	15.5
31	9.9	171	54.5	92	29.3	17	5.4
45	9.0	336	67.1	102	20.4	15	3.0
22	12.3	116	64.8	33	18.4	8	4.5
23	7.1	220	68.3	69	21.4	7	2.2
84	13.7	285	46.6	199	32.6	37	6.1
25	16.8	66	44.3	44	29.5	12	8.1
59	12.8	219	47.4	155	33.5	25	5.4
27	6.2	200	46.0	173	39.8	34	7.8
17	19.1	35	39.3	30	33.7	7	7.9
10	2.9	165	47.7	143	41.3	27	7.8
86	12.3	330	47.1	220	31.4	56	8.0
71	14.1	236	46.8	158	31.3	33	6.5
15	7.7	94	48.0	62	31.6	23	11.7
96	6.4	715	47.7	615	41.0	72	4.8
48	15.8	114	37.5	111	36.5	31	10.2
48	4.0	601	50.3	504	42.1	41	3.4
67	6.6	521	51.5	371	36.7	50	4.9
26	7.6	152	44.4	126	36.8	36	10.5
41	6.1	369	55.1	245	36.6	14	2.1

11－10(续1)

		饭店及游船调查人数（人）	（%）	14岁及以下（人）	（%）
浙　江	小计	1 000	100	3	0.3
	团体	324	100	2	0.7
	散客	676	100	1	0.0
安　徽	小计	715	100	5	0.6
	团体	399	100	5	1.2
	散客	316	100	0	0.0
福　建	小计	800	100	5	0.6
	团体	197	100	1	0.5
	散客	603	100	4	0.6
江　西	小计	701	100	4	0.6
	团体	370	100	1	0.3
	散客	331	100	3	1.0
山　东	小计	887	100	8	0.9
	团体	353	100	6	1.7
	散客	534	100	2	0.3
河　南	小计	810	100	3	0.4
	团体	602	100	3	0.6
	散客	208	100	0	0.0
湖　北	小计	1 041	100	4	0.4
	团体	439	100	2	0.5
	散客	602	100	2	0.3
湖　南	小计	1 014	100	6	0.6
	团体	617	100	3	0.4
	散客	397	100	3	0.7
广　东	小计	4 550	100	9	0.3
	团体	586	100	2	0.4
	散客	3 964	100	7	0.3
广　西	小计	1 087	100	7	0.7
	团体	656	100	5	0.7
	散客	431	100	2	0.4
海　南	小计	743	100	5	0.7
	团体	388	100	2	0.5
	散客	355	100	3	0.8

15～24 岁		25～44 岁		45～64 岁		65 岁及以上	
(人)	(%)	(人)	(%)	(人)	(%)	(人)	(%)
85	8.5	522	52.2	338	33.8	52	5.2
38	11.7	143	44.1	107	33.0	34	10.5
47	7.0	379	56.1	231	34.2	18	2.7
39	5.5	295	41.3	303	42.4	73	10.2
21	5.3	122	30.6	186	46.6	65	16.3
18	5.7	173	54.7	117	37.0	8	2.6
63	7.9	383	47.9	281	35.1	68	8.5
27	13.7	67	34.0	67	34.0	35	17.8
36	6.0	316	52.4	214	35.5	33	5.5
37	5.3	324	46.2	253	36.1	83	11.8
24	6.5	147	39.7	138	37.3	60	16.2
13	3.9	177	53.5	115	34.7	23	6.9
79	8.9	412	46.4	311	35.1	77	8.7
36	10.2	117	33.1	128	36.3	66	18.7
43	8.1	295	55.2	183	34.3	11	2.1
72	8.9	329	40.6	291	35.9	115	14.2
58	9.6	201	33.4	241	40.0	99	16.4
14	6.8	128	61.5	50	24.0	16	7.7
107	10.3	423	40.6	379	36.4	128	12.3
54	12.3	115	26.2	177	40.3	91	20.7
53	8.8	308	51.2	202	33.6	37	6.1
75	7.4	437	43.1	411	40.5	85	8.4
35	5.7	214	34.7	299	48.5	66	10.7
40	10.1	223	56.2	112	28.2	19	4.8
375	8.2	2 703	59.4	1 270	27.9	193	4.2
84	14.3	248	42.3	164	28.0	88	15.0
291	7.3	2 455	61.9	1 106	27.9	105	2.6
74	6.8	392	36.1	445	40.9	169	15.5
33	5.0	181	27.6	293	44.7	144	22.0
41	9.5	211	49.0	152	35.3	25	5.8
101	13.6	352	47.4	235	31.6	50	6.7
62	16.0	156	40.2	131	33.8	37	9.5
39	11.0	196	55.2	104	29.3	13	3.7

11-10(续2)

		饭店及游船调查人数		14岁及以下	
		(人)	(%)	(人)	(%)
重　庆	小计	602	100	3	0.5
	团体	302	100	1	0.4
	散客	300	100	2	0.7
四　川	小计	1 853	100	20	1.0
	团体	954	100	12	1.2
	散客	899	100	8	0.9
贵　州	小计	604	100	4	0.6
	团体	422	100	2	0.5
	散客	182	100	2	1.1
云　南	小计	810	100	6	0.7
	团体	362	100	5	1.5
	散客	448	100	1	0.3
西　藏	小计	196	100	2	1.0
	团体	151	100	2	1.4
	散客	45	100	0	0.0
陕　西	小计	1 107	100	8	0.8
	团体	755	100	7	1.0
	散客	352	100	1	0.3
甘　肃	小计	699	100	1	0.2
	团体	576	100	1	0.2
	散客	123	100	0	0.0
青　海	小计	248	100	0	0.0
	团体	201	100	0	0.0
	散客	47	100	0	0.0
宁　夏	小计	150	100	0	0.0
	团体	0	0	0	0.0
	散客	150	100	0	0.0
新　疆	小计	1 235	100	3	0.3
	团体	831	100	3	0.4
	散客	404	100	0	0.0

15～24 岁		25～44 岁		45～64 岁		65 岁及以上	
(人)	(%)	(人)	(%)	(人)	(%)	(人)	(%)
49	8.1	266	44.2	222	36.9	62	10.3
33	10.9	107	35.4	113	37.4	48	15.9
16	5.3	159	53.0	109	36.3	14	4.7
181	9.8	817	44.1	672	36.3	163	8.8
73	7.7	364	38.2	377	39.5	128	13.4
108	12.0	453	50.4	295	32.8	35	3.9
39	6.5	273	45.2	220	36.4	68	11.3
27	6.4	163	38.6	166	39.3	64	15.2
12	6.6	110	60.4	54	29.7	4	2.2
88	10.9	372	45.9	282	34.8	62	7.7
36	9.9	142	39.2	143	39.5	36	9.9
52	11.6	230	51.3	139	31.0	26	5.8
15	7.7	79	40.3	93	47.4	7	3.6
10	6.6	59	39.1	73	48.3	7	4.6
5	11.2	20	44.4	20	44.4	0	0.0
57	5.1	329	29.7	498	45.0	215	19.4
47	6.2	189	25.0	333	44.1	179	23.7
10	2.8	140	39.8	165	46.9	36	10.2
63	9.0	165	23.6	379	54.2	91	13.0
30	5.2	118	20.5	345	59.9	82	14.2
33	26.8	47	38.2	34	27.6	9	7.4
27	10.9	85	34.3	107	43.1	29	11.7
15	7.5	63	31.3	96	47.8	27	13.4
12	25.5	22	46.8	11	23.4	2	4.3
6	3.9	67	44.7	70	46.7	7	4.7
0	0.0	0	0.0	0	0.0	0	0.0
6	3.9	67	44.7	70	46.7	7	4.7
121	9.8	586	47.4	448	36.3	77	6.2
89	10.7	366	44.0	306	36.8	67	8.1
32	7.9	220	54.5	142	35.1	10	2.5

11－11　2004年饭店调查入境游客人数及所占比重

		饭店及游船调查人数		政府工作人员		专业技术人员		职员		技工工人	
		(人)	(%)	(人)	(%)	(人)	(%)	(人)	(%)	(人)	(%)
北京	小计	1 822	100	109	6.0	316	17.3	343	18.8	39	2.1
	团体	823	100	29	3.5	91	11.1	152	18.5	25	3.0
	散客	999	100	80	8.0	225	22.5	191	19.1	14	1.4
天津	小计	504	100	19	3.8	89	17.7	128	25.4	30	6.0
	团体	101	100	5	5.0	11	10.9	20	19.8	5	5.0
	散客	403	100	14	3.5	78	19.4	108	26.8	25	6.2
河北	小计	750	100	34	4.5	163	21.7	128	17.1	35	4.7
	团体	219	100	12	5.5	26	11.9	65	29.7	10	4.6
	散客	531	100	22	4.1	137	25.8	63	11.9	25	4.7
山西	小计	713	100	53	7.4	163	22.9	127	17.8	31	4.3
	团体	399	100	38	9.5	72	18.0	73	18.3	22	5.5
	散客	314	100	15	4.8	91	29.0	54	17.2	9	2.9
内蒙古	小计	501	100	29	5.8	56	11.2	60	12.0	27	5.4
	团体	179	100	10	5.6	10	5.6	29	16.2	10	5.6
	散客	322	100	19	5.9	46	14.3	31	9.6	17	5.3
辽宁	小计	611	100	35	5.7	107	17.5	120	19.6	18	2.9
	团体	149	100	12	8.1	10	6.7	28	18.8	2	1.3
	散客	462	100	23	5.0	97	21.0	92	19.9	16	3.5
吉林	小计	435	100	20	4.6	65	14.9	68	15.6	22	5.1
	团体	89	100	3	3.4	4	4.5	23	25.8	9	10.1
	散客	346	100	17	4.9	61	17.6	45	13.0	13	3.8
黑龙江	小计	700	100	37	5.3	78	11.1	105	15.0	22	3.1
	团体	504	100	27	5.4	32	6.3	79	15.7	16	3.2
	散客	196	100	10	5.1	46	23.5	26	13.3	6	3.1
上海	小计	1 500	100	40	2.7	304	20.3	249	16.6	69	4.6
	团体	304	100	13	4.3	33	10.9	58	19.1	8	2.6
	散客	1 196	100	27	2.3	271	22.7	191	16.0	61	5.1
江苏	小计	1 012	100	32	3.2	216	21.3	193	19.1	55	5.4
	团体	342	100	13	3.8	26	7.6	70	20.5	16	4.7
	散客	670	100	19	2.8	190	28.4	123	18.4	39	5.8

(按省〈区、市〉、职业、团体及散客分组)

商贸人员 (人)	商贸人员 (%)	服务员推销员 (人)	服务员推销员 (%)	退休人员 (人)	退休人员 (%)	家庭妇女 (人)	家庭妇女 (%)	军人 (人)	军人 (%)	学生 (人)	学生 (%)	其他 (人)	其他 (%)
441	24.2	37	2.0	191	10.5	146	8.0	8	0.5	87	4.8	105	5.8
132	16.0	17	2.1	160	19.4	104	12.6	1	0.2	54	6.6	58	7.0
309	30.9	20	2.0	31	3.1	42	4.2	7	0.8	33	3.3	47	4.7
136	27.0	4	0.6	37	7.3	12	2.4	0	0.0	24	4.8	25	5.0
11	10.9	0	0.0	27	26.7	7	6.9	0	0.0	7	6.9	8	7.9
125	31.0	4	1.0	10	2.5	5	1.2	0	0.0	17	4.2	17	4.2
215	28.7	13	1.7	46	6.1	39	5.2	3	0.5	31	4.1	43	5.7
23	10.5	7	3.2	33	15.1	24	11.0	1	0.3	12	5.5	6	2.7
192	36.2	6	1.1	13	2.4	15	2.8	2	0.4	19	3.6	37	7.0
99	13.9	36	5.0	93	13.0	26	3.6	7	1.2	43	6.0	35	4.9
37	9.3	19	4.8	76	19.0	19	4.8	3	0.7	19	4.8	21	5.3
62	19.7	17	5.4	17	5.4	7	2.2	4	1.3	24	7.6	14	4.5
192	38.3	8	1.6	26	5.2	22	4.4	3	0.5	25	5.0	53	10.6
70	39.1	0	0.0	14	7.8	4	2.2	0	0.0	18	10.1	14	7.8
122	37.9	8	2.5	12	3.7	18	5.6	3	0.9	7	2.2	39	12.1
173	28.3	15	2.5	35	5.7	32	5.2	2	0.5	43	7.0	31	5.1
26	17.4	6	4.0	16	10.7	17	11.4	1	0.8	17	11.4	14	9.4
147	31.8	9	1.9	19	4.1	15	3.2	1	0.3	26	5.6	17	3.7
115	26.4	12	2.8	42	9.7	34	7.8	0	0.0	22	5.1	35	8.0
3	3.4	3	3.4	18	20.2	13	14.6	0	0.0	10	11.2	3	3.4
112	32.4	9	2.6	24	6.9	21	6.1	0	0.0	12	3.5	32	9.2
157	22.4	27	3.9	71	10.1	58	8.3	3	0.5	77	11.0	65	9.3
108	21.4	23	4.6	51	10.1	49	9.7	3	0.6	65	12.9	51	10.1
49	25.0	4	2.0	20	10.2	9	4.6	0	0.0	12	6.1	14	7.1
505	33.7	34	2.3	85	5.7	85	5.7	1	0.0	54	3.6	74	4.9
38	12.5	13	4.3	40	13.2	50	16.4	0	0.0	29	9.5	22	7.2
467	39.0	21	1.8	45	3.8	35	2.9	1	0.0	25	2.1	52	4.3
247	24.4	19	1.9	83	8.2	75	7.4	4	0.4	33	3.3	55	5.4
43	12.6	7	2.0	62	18.1	55	16.1	3	0.8	19	5.6	28	8.2
204	30.4	12	1.8	21	3.1	20	3.0	1	0.2	14	2.1	27	4.0

11－11(续1)

		饭店及游船调查人数		政府工作人员		专业技术人员		职员		技工人	
		(人)	(%)	(人)	(%)	(人)	(%)	(人)	(%)	(人)	(%)
浙江	小计	1 000	100	28	2.8	175	17.5	137	13.7	19	1.9
	团体	324	100	13	4.0	49	15.1	44	13.6	6	1.9
	散客	676	100	15	2.2	126	18.6	93	13.8	13	2.0
安徽	小计	715	100	40	5.6	138	19.3	111	15.5	39	5.5
	团体	399	100	23	5.8	54	13.5	59	14.8	15	3.8
	散客	316	100	17	5.4	84	26.6	52	16.5	24	7.6
福建	小计	800	100	40	5.0	117	14.6	124	15.5	29	3.6
	团体	197	100	15	7.6	22	11.2	33	16.8	9	4.3
	散客	603	100	25	4.1	95	15.8	91	15.1	20	3.3
江西	小计	701	100	23	3.3	108	15.4	134	19.1	26	3.7
	团体	370	100	15	4.1	39	10.5	82	22.2	9	2.4
	散客	331	100	8	2.4	69	20.8	52	15.7	17	5.1
山东	小计	887	100	51	5.7	139	15.7	151	17.0	32	3.6
	团体	353	100	26	7.4	30	8.5	73	20.7	12	3.4
	散客	534	100	25	4.7	109	20.4	78	14.6	20	3.7
河南	小计	810	100	47	5.8	110	13.6	145	17.9	28	3.5
	团体	602	100	31	5.1	74	12.3	112	18.6	17	2.8
	散客	208	100	16	7.7	36	17.3	33	15.9	11	5.3
湖北	小计	1041	100	44	4.2	176	16.9	159	15.3	48	4.6
	团体	439	100	16	3.6	54	12.3	53	12.1	11	2.5
	散客	602	100	28	4.7	122	20.3	106	17.6	37	6.1
湖南	小计	1 014	100	59	5.8	173	17.1	132	13.0	38	3.7
	团体	617	100	41	6.6	98	15.9	85	13.8	21	3.4
	散客	397	100	18	4.5	75	18.9	47	11.8	17	4.3
广东	小计	4 550	100	128	2.8	759	16.7	603	13.3	204	4.5
	团体	586	100	21	3.6	53	9.0	79	13.5	16	2.7
	散客	3 964	100	107	2.7	706	17.8	524	13.2	188	4.7
广西	小计	1 087	100	51	4.7	132	12.1	208	19.1	46	4.2
	团体	656	100	35	5.3	76	11.6	113	17.2	28	4.3
	散客	431	100	16	3.7	56	13.0	95	22.0	18	4.2
海南	小计	743	100	62	8.3	155	20.9	120	16.2	23	3.1
	团体	388	100	31	8.0	82	21.1	68	17.5	16	4.1
	散客	355	100	31	8.7	73	20.6	52	14.6	7	2.0

商贸人员		服务员推销员		退休人员		家庭妇女		军人		学生		其他	
(人)	(%)	(人)	(%)	(人)	(%)	(人)	(%)	(人)	(%)	(人)	(%)	(人)	(%)
400	40.0	31	3.1	53	5.3	68	6.8	0	0.0	40	4.0	49	4.9
56	17.3	16	4.9	40	12.3	49	15.1	0	0.0	30	9.3	21	6.5
344	50.9	15	2.2	13	1.9	19	2.8	0	0.0	10	1.5	28	4.1
136	19.0	13	1.8	68	9.5	88	12.3	0	0.0	25	3.5	57	8.0
44	11.0	9	2.3	62	15.5	78	19.5	0	0.0	17	4.3	38	9.5
92	29.1	4	1.2	6	1.9	10	3.2	0	0.0	8	2.5	19	6.0
307	38.4	22	2.8	42	5.3	41	5.1	4	0.4	22	2.8	52	6.5
33	16.8	9	4.6	25	12.7	21	10.7	0	0.0	10	5.1	20	10.2
274	45.4	13	2.2	17	2.8	20	3.3	4	0.7	12	2.0	32	5.3
171	24.4	14	2.0	75	10.7	38	5.4	3	0.5	12	1.7	97	13.8
46	12.4	10	2.7	56	15.1	37	10.0	3	0.9	10	2.7	63	17.0
125	37.8	4	1.2	19	5.7	1	0.4	0	0.0	2	0.6	34	10.3
263	29.7	23	2.6	91	10.3	35	3.9	6	0.6	60	6.8	36	4.1
36	10.2	13	3.7	79	22.4	29	8.2	2	0.5	36	10.2	17	4.8
227	42.5	10	1.9	12	2.2	6	1.1	4	0.8	24	4.5	19	3.6
91	11.2	14	1.7	134	16.5	90	11.1	4	0.5	59	7.3	88	10.9
43	7.1	10	1.7	115	19.1	82	13.6	4	0.8	52	8.6	62	10.3
48	23.1	4	1.9	19	9.1	8	3.8	0	0.0	7	3.4	26	12.5
180	17.3	31	3.0	139	13.4	103	9.9	5	0.4	63	6.1	93	8.9
35	8.0	16	3.6	96	21.9	71	16.2	4	0.9	39	8.9	44	10.0
145	24.1	15	2.5	43	7.1	32	5.3	1	0.2	24	4.0	49	8.1
215	21.2	26	2.6	124	12.2	99	9.8	10	1.0	42	4.1	96	9.5
74	12.0	24	3.9	103	16.7	68	11.0	6	0.9	17	2.8	80	13.0
141	35.5	2	0.6	21	5.3	31	7.8	4	1.0	25	6.3	16	4.0
1 661	36.5	190	4.2	289	6.4	262	5.8	9	0.0	191	4.2	254	5.6
97	16.6	25	4.3	113	19.3	72	12.3	2	0.3	61	10.4	47	8.0
1 564	39.5	165	4.2	176	4.4	190	4.8	7	0.2	130	3.3	207	5.2
174	16.0	41	3.8	204	18.8	113	10.4	1	0.1	37	3.4	80	7.4
67	10.2	26	4.0	170	25.9	90	13.7	0	0.0	10	1.5	41	6.3
107	24.8	15	3.5	34	7.9	23	5.3	1	0.3	27	6.3	39	9.0
174	23.4	27	3.6	46	6.2	37	5.0	5	0.7	55	7.4	39	5.2
60	15.5	16	4.1	35	9.0	26	6.7	2	0.6	35	9.0	17	4.4
114	32.1	11	3.1	11	3.1	11	3.1	3	0.9	20	5.6	22	6.2

11－11(续2)

		饭店及游船调查人数		政　　府工作人员		专　　业技术人员		职　　员		技　　工工　　人	
		(人)	(%)	(人)	(%)	(人)	(%)	(人)	(%)	(人)	(%)
重　庆	小计	602	100	43	7.1	102	16.9	70	11.6	18	3.0
	团体	302	100	29	9.6	34	11.3	34	11.3	5	1.7
	散客	300	100	14	4.7	68	22.7	36	12.0	13	4.3
四　川	小计	1 853	100	143	7.7	350	18.9	248	13.4	68	3.7
	团体	954	100	106	11.1	153	16.0	146	15.3	29	3.0
	散客	899	100	37	4.1	197	21.9	102	11.3	39	4.3
贵　州	小计	604	100	37	6.1	91	15.1	155	25.7	13	2.2
	团体	422	100	22	5.2	51	12.1	119	28.2	7	1.7
	散客	182	100	15	8.2	40	22.0	36	19.8	6	3.4
云　南	小计	810	100	61	7.5	134	16.5	122	15.1	18	2.2
	团体	362	100	27	7.5	62	17.1	63	17.4	7	1.9
	散客	448	100	34	7.6	72	16.1	59	13.2	11	2.5
西　藏	小计	196	100	5	2.6	17	8.7	28	14.3	33	16.8
	团体	151	100	3	2.1	12	7.9	20	13.2	27	17.9
	散客	45	100	2	4.5	5	11.1	8	17.8	6	13.3
陕　西	小计	1 107	100	66	6.0	236	21.3	131	11.8	35	3.2
	团体	755	100	41	5.4	120	15.9	91	12.1	19	2.5
	散客	352	100	25	7.1	116	33.0	40	11.4	16	4.5
甘　肃	小计	699	100	77	11.0	185	26.5	97	13.9	21	3.0
	团体	576	100	70	12.2	160	27.8	79	13.7	18	3.1
	散客	123	100	7	5.7	25	20.3	18	14.6	3	2.4
青　海	小计	248	100	13	5.2	33	13.3	33	13.3	9	3.6
	团体	201	100	10	5.0	23	11.4	30	14.9	9	4.5
	散客	47	100	3	6.3	10	21.3	3	6.4	0	0.0
宁　夏	小计	150	100	9	6.0	74	49.3	27	18.0	5	3.3
	团体	0	0	0	0.0	0	0.0	0	0.0	0	0.0
	散客	150	100	9	6.0	74	49.3	27	18.0	5	3.3
新　疆	小计	1 235	100	114	9.2	174	14.1	175	14.2	53	4.3
	团体	831	100	89	10.7	102	12.3	147	17.7	37	4.5
	散客	404	100	25	6.2	72	17.8	28	6.9	16	4.0

商贸人员		服务员推销员		退休人员		家庭妇女		军人		学生		其他	
(人)	(%)	(人)	(%)	(人)	(%)	(人)	(%)	(人)	(%)	(人)	(%)	(人)	(%)
150	24.9	11	1.8	77	12.8	45	7.5	3	0.6	41	6.8	42	7.0
44	14.6	5	1.7	64	21.2	32	10.6	1	0.2	24	7.9	30	9.9
106	35.3	6	2.0	13	4.3	13	4.3	2	0.7	17	5.7	12	4.0
392	21.2	62	3.3	190	10.3	136	7.3	17	0.9	125	6.7	122	6.6
113	11.8	41	4.3	151	15.8	101	10.6	13	1.5	40	4.2	61	6.4
279	31.0	21	2.3	39	4.3	35	3.9	4	0.6	85	9.5	61	6.8
92	15.2	10	1.7	81	13.4	42	7.0	1	0.0	39	6.5	43	7.1
50	11.8	10	2.4	72	17.1	37	8.8	1	0.1	26	6.2	27	6.4
42	23.1	0	0.0	9	4.9	5	2.7	0	0.0	13	7.1	16	8.8
191	23.6	15	1.9	67	8.3	44	5.4	4	0.5	63	7.8	91	11.2
49	13.5	4	1.1	50	13.8	39	10.8	1	0.3	25	6.9	35	9.7
142	31.7	11	2.5	17	3.8	5	1.1	3	0.5	38	8.5	56	12.5
44	22.4	37	18.9	7	3.6	11	5.6	0	0.0	4	2.0	10	5.1
31	20.5	32	21.2	7	4.6	10	6.6	0	0.0	3	2.0	6	4.0
13	28.9	5	11.1	0	0.0	1	2.2	0	0.0	1	2.2	4	8.9
150	13.6	30	2.7	199	18.0	119	10.7	3	0.3	48	4.3	90	8.1
73	9.7	20	2.6	172	22.8	107	14.2	2	0.3	41	5.4	69	9.1
77	21.9	10	2.8	27	7.7	12	3.4	1	0.2	7	2.0	21	6.0
64	9.2	15	2.1	76	10.9	37	5.3	1	0.1	45	6.4	81	11.6
52	9.0	13	2.3	66	11.5	36	6.3	1	0.0	12	2.1	69	12.0
12	9.8	2	1.6	10	8.1	1	0.9	0	0.0	33	26.8	12	9.8
35	14.1	8	3.3	45	18.1	26	10.5	0	0.0	25	10.1	21	8.5
25	12.4	7	3.5	43	21.4	26	12.9	0	0.0	15	7.5	13	6.5
10	21.3	1	2.1	2	4.3	0	0.0	0	0.0	10	21.3	8	17.0
31	20.7	0	0.0	4	2.7	0	0.0	0	0.0	0	0.0	0	0.0
0	0.0	0	0.0	0	0.0	0	0.0	0	0.0	0	0.0	0	0.0
31	20.7	0	0.0	4	2.7	0	0.0	0	0.0	0	0.0	0	0.0
264	21.4	30	2.4	152	12.3	107	8.7	11	0.9	93	7.5	62	5.0
87	10.5	22	2.6	130	15.6	90	10.8	7	0.9	75	9.0	45	5.4
177	43.8	8	2.0	22	5.4	17	4.2	4	1.0	18	4.5	17	4.2

11－12 2004年饭店调查入境游客人数及所占比重

		饭店及游船调查人数		观光游览		休闲度假		探亲访友	
		(人)	(%)	(人)	(%)	(人)	(%)	(人)	(%)
北京	小计	1 822	100	532	29.2	367	20.1	68	3.7
	团体	823	100	400	48.6	230	27.9	26	3.2
	散客	999	100	132	13.2	137	13.7	42	4.2
天津	小计	504	100	75	14.9	76	15.1	27	5.4
	团体	101	100	38	37.6	31	30.7	3	3.0
	散客	403	100	37	9.2	45	11.2	24	5.9
河北	小计	750	100	186	24.8	108	14.4	36	4.8
	团体	219	100	118	53.9	54	24.7	7	3.2
	散客	531	100	68	12.8	54	10.2	29	5.5
山西	小计	713	100	275	38.6	166	23.3	30	4.2
	团体	399	100	204	51.1	102	25.6	12	3.0
	散客	314	100	71	22.6	64	20.4	18	5.7
内蒙古	小计	501	100	111	22.2	61	12.2	164	32.7
	团体	179	100	70	39.1	37	20.6	0	0.0
	散客	322	100	41	12.7	24	7.5	164	50.9
辽宁	小计	611	100	145	23.7	105	17.2	39	6.4
	团体	149	100	77	51.7	42	28.2	6	4.0
	散客	462	100	68	14.7	63	13.6	33	7.1
吉林	小计	435	100	129	29.7	60	13.8	24	5.5
	团体	89	100	49	55.1	20	22.5	1	1.1
	散客	346	100	80	23.1	40	11.6	23	6.6
黑龙江	小计	700	100	186	26.6	120	17.1	47	6.7
	团体	504	100	170	33.7	92	18.3	21	4.2
	散客	196	100	16	8.2	28	14.3	26	13.3
上海	小计	1 500	100	303	20.2	196	13.1	60	4.0
	团体	304	100	172	56.6	70	23.0	9	3.0
	散客	1196	100	131	11.0	126	10.5	51	4.3
江苏	小计	1 012	100	297	29.3	127	12.5	49	4.8
	团体	342	100	223	65.2	68	19.9	6	1.8
	散客	670	100	74	11.0	59	8.8	43	6.4

（按省〈区、市〉、团体及散客、旅游目的分组）

商务		会议		宗教朝拜		文化/体育/科技交流		其他	
（人）	（%）	（人）	（%）	（人）	（%）	（人）	（%）	（人）	（%）
505	27.7	253	13.9	4	0.3	37	2.0	56	3.1
95	11.5	30	3.6	3	0.5	16	1.9	23	2.8
410	41.0	223	22.3	1	0.2	21	2.1	33	3.3
232	46.0	63	12.5	3	0.5	15	3.0	13	2.6
16	15.8	7	6.9	3	3.0	2	2.0	1	1.0
216	53.6	56	13.9	0	0.0	13	3.2	12	3.0
276	36.8	63	8.4	5	0.6	53	7.1	23	3.1
23	10.5	6	2.7	3	1.4	6	2.7	2	0.9
253	47.6	57	10.7	2	0.3	47	8.9	21	4.0
109	15.3	28	3.8	37	5.2	39	5.5	29	4.1
21	5.3	12	3.0	32	8.0	10	2.5	6	1.5
88	28.0	16	5.1	5	1.7	29	9.2	23	7.3
114	22.8	10	1.9	0	0.0	10	2.0	31	6.2
53	29.6	3	1.7	0	0.0	6	3.4	10	5.6
61	18.9	7	2.3	0	0.0	4	1.2	21	6.5
214	35.0	62	10.1	4	0.7	17	2.8	25	4.1
7	4.7	7	4.7	1	0.6	1	0.7	8	5.4
207	44.8	55	11.9	3	0.7	16	3.5	17	3.7
112	25.7	18	4.1	1	0.3	43	9.9	48	11.0
9	10.1	0	0.0	1	1.1	2	2.2	7	7.9
103	29.8	18	5.3	0	0.0	41	11.8	41	11.8
201	28.7	42	6.0	3	0.4	41	5.9	60	8.6
136	27.0	16	3.2	2	0.3	27	5.4	40	7.9
65	33.2	26	13.3	1	0.4	14	7.1	20	10.2
702	46.8	152	10.1	2	0.1	42	2.8	43	2.9
34	11.2	4	1.3	0	0.0	11	3.6	4	1.3
668	55.9	148	12.4	2	0.0	31	2.6	39	3.3
398	39.3	72	7.1	1	0.3	44	4.3	24	2.4
24	7.0	9	2.6	0	0.0	5	1.5	7	2.0
374	55.8	63	9.4	1	0.3	39	5.8	17	2.5

11－12(续1)

		饭店及游船调查人数		观光游览		休闲度假		探亲访友	
		(人)	(%)	(人)	(%)	(人)	(%)	(人)	(%)
浙　江	小计	1 000	100	285	28.5	122	12.2	15	1.5
	团体	324	100	228	70.4	70	21.6	0	0.0
	散客	676	100	57	8.4	52	7.7	15	2.2
安　徽	小计	715	100	340	47.6	61	8.5	28	3.9
	团体	399	100	298	74.7	37	9.3	7	1.8
	散客	316	100	42	13.3	24	7.6	21	6.6
福　建	小计	800	100	180	22.5	78	9.8	102	12.8
	团体	197	100	89	45.2	42	21.3	21	10.7
	散客	603	100	91	15.1	36	6.0	81	13.4
江　西	小计	701	100	271	38.7	80	11.4	33	4.7
	团体	370	100	245	66.2	64	17.3	7	1.9
	散客	331	100	26	7.9	16	4.8	26	7.9
山　东	小计	887	100	283	31.9	142	16.0	33	3.7
	团体	353	100	207	58.6	83	23.5	10	2.8
	散客	534	100	76	14.2	59	11.0	23	4.4
河　南	小计	810	100	455	56.2	146	18.0	33	4.1
	团体	602	100	402	66.8	131	21.8	15	2.5
	散客	208	100	53	25.5	15	7.2	18	8.7
湖　北	小计	1 041	100	390	37.5	182	17.5	69	6.6
	团体	439	100	258	58.8	107	24.4	16	3.6
	散客	602	100	132	21.9	75	12.5	53	8.8
湖　南	小计	1 014	100	516	50.9	124	12.2	79	7.8
	团体	617	100	451	73.1	78	12.6	26	4.2
	散客	397	100	65	16.4	46	11.6	53	13.4
广　东	小计	4 550	100	1 140	25.1	599	13.2	988	21.7
	团体	586	100	367	62.6	119	20.3	35	6.0
	散客	3 964	100	773	19.5	480	12.1	953	24.0
广　西	小计	1 087	100	606	55.7	209	19.2	57	5.2
	团体	656	100	481	73.3	127	19.4	15	2.3
	散客	431	100	125	29.0	82	19.0	42	9.7
海　南	小计	743	100	243	32.7	261	35.1	43	5.8
	团体	388	100	161	41.5	151	38.9	30	7.7
	散客	355	100	82	23.1	110	31.0	13	3.7

商务		会议		宗教朝拜		文化/体育/科技交流		其他	
（人）	（%）	（人）	（%）	（人）	（%）	（人）	（%）	（人）	（%）
471	47.1	36	3.6	9	0.9	21	2.1	41	4.1
9	2.8	3	0.9	4	1.2	10	3.1	0	0.0
462	68.3	33	4.9	5	0.8	11	1.6	41	6.1
184	25.7	28	3.9	33	4.6	24	3.4	17	2.4
13	3.3	3	0.6	29	7.3	6	1.5	6	1.5
171	54.1	25	7.9	4	1.3	18	5.7	11	3.5
329	41.1	41	5.1	25	3.1	25	3.1	20	2.5
12	6.1	5	2.5	17	8.6	7	3.6	4	2.0
317	52.6	36	6.0	8	1.2	18	3.0	16	2.7
151	21.5	16	2.3	13	1.9	64	9.1	73	10.4
5	1.4	3	0.8	6	1.6	8	2.2	32	8.6
146	44.1	13	3.9	7	2.1	56	16.9	41	12.4
317	35.7	56	6.3	10	1.2	20	2.3	26	2.9
20	5.7	8	2.3	10	2.8	6	1.8	9	2.5
297	55.6	48	9.0	0	0.0	14	2.6	17	3.2
84	10.4	18	2.2	12	1.5	53	6.5	9	1.1
17	2.8	4	0.7	9	1.5	23	3.8	1	0.1
67	32.2	14	6.7	3	1.5	30	14.4	8	3.8
263	25.3	45	4.3	15	1.4	30	2.9	47	4.5
18	4.1	6	1.3	6	1.4	6	1.4	22	5.0
245	40.7	39	6.5	9	1.4	24	4.0	25	4.2
177	17.5	36	3.6	20	1.9	40	3.9	22	2.2
14	2.3	16	2.6	11	1.8	15	2.4	6	1.0
163	41.1	20	5.0	9	2.2	25	6.3	16	4.0
1 441	31.7	151	3.3	14	0.3	56	1.2	161	3.5
33	5.6	9	1.5	3	0.5	5	0.9	15	2.6
1 408	35.5	142	3.6	11	0.3	51	1.3	146	3.7
142	13.1	13	1.2	2	0.3	7	0.6	51	4.7
11	1.7	3	0.5	1	0.0	1	0.2	17	2.6
131	30.4	10	2.3	1	0.3	6	1.4	34	7.9
116	15.6	51	6.9	3	0.4	12	1.6	14	1.9
17	4.4	17	4.4	2	0.6	6	1.5	4	1.0
99	27.9	34	9.6	1	0.2	6	1.7	10	2.8

11－12(续2)

		饭店及游船调查人数		观光度假		休闲游览		探亲访友	
		(人)	(%)	(人)	(%)	(人)	(%)	(人)	(%)
重　庆	小计	602	100	244	40.5	103	17.1	40	6.6
	团体	302	100	177	58.6	68	22.5	13	4.3
	散客	300	100	67	22.3	35	11.7	27	9.0
四　川	小计	1 853	100	906	48.9	387	20.9	76	4.1
	团体	954	100	615	64.5	233	24.4	19	2.0
	散客	899	100	291	32.4	154	17.1	57	6.3
贵　州	小计	604	100	391	64.7	80	13.2	15	2.5
	团体	422	100	325	77.0	66	15.6	4	0.9
	散客	182	100	66	36.3	14	7.7	11	6.1
云　南	小计	810	100	317	39.1	217	26.8	21	2.6
	团体	362	100	196	54.1	106	29.3	6	1.7
	散客	448	100	121	27.0	111	24.8	15	3.3
西　藏	小计	196	100	122	62.2	28	14.3	5	2.6
	团体	151	100	100	66.2	19	12.6	1	0.7
	散客	45	100	22	48.9	9	20.0	4	8.9
陕　西	小计	1 107	100	657	59.3	176	15.9	22	2.0
	团体	755	100	537	71.1	138	18.3	11	1.5
	散客	352	100	120	34.1	38	10.8	11	3.1
甘　肃	小计	699	100	404	57.8	157	22.5	16	2.3
	团体	576	100	322	55.9	134	23.3	15	2.6
	散客	123	100	82	66.7	23	18.7	1	0.8
青　海	小计	248	100	129	52.0	66	26.6	7	2.8
	团体	201	100	109	54.2	52	25.9	6	3.0
	散客	47	100	20	42.6	14	29.8	1	2.1
宁　夏	小计	150	100	18	12.0	8	5.3	7	4.7
	团体	0	0	0	0.0	0	0.0	0	0.0
	散客	150	100	18	12.0	8	5.3	7	4.7
新　疆	小计	1235	100	593	48.0	196	15.9	43	3.5
	团体	831	100	537	64.6	170	20.5	13	1.6
	散客	404	100	56	13.9	26	6.4	30	7.4

商务		会议		宗教朝拜		文化/体育/科技交流		其他	
(人)	(%)	(人)	(%)	(人)	(%)	(人)	(%)	(人)	(%)
143	23.8	25	4.2	2	0.3	24	4.0	21	3.5
16	5.3	7	2.4	0	0.0	13	4.3	8	2.6
127	42.3	18	6.0	2	0.7	11	3.7	13	4.3
288	15.5	77	4.2	36	2.0	47	2.5	36	1.9
25	2.6	13	1.4	28	2.9	10	1.0	11	1.2
263	29.3	64	7.1	8	0.9	37	4.1	25	2.8
77	12.7	17	2.8	1	0.3	17	2.8	6	1.0
16	3.8	2	0.5	1	0.3	6	1.4	2	0.5
61	33.5	15	8.2	0	0.0	11	6.0	4	2.2
161	19.9	41	5.1	9	1.1	19	2.3	25	3.1
16	4.4	14	3.9	7	1.9	11	3.0	6	1.7
145	32.4	27	6.0	2	0.5	8	1.8	19	4.2
6	3.1	1	0.5	21	10.7	4	2.0	9	4.6
4	2.6	0	0.0	19	12.6	2	1.3	6	4.0
2	4.4	1	2.3	2	4.4	2	4.4	3	6.7
163	14.7	21	1.9	6	0.6	41	3.7	21	1.9
20	2.6	7	0.9	4	0.6	29	3.8	9	1.2
143	40.6	14	4.0	2	0.6	12	3.4	12	3.4
36	5.2	34	4.9	16	2.3	11	1.4	25	3.6
29	5.0	31	5.4	15	2.6	10	1.7	20	3.5
7	5.7	3	2.4	1	0.8	1	0.8	5	4.1
13	5.2	2	0.9	19	7.7	6	2.4	6	2.4
9	4.5	2	0.9	18	9.0	2	1.0	3	1.5
4	8.5	0	0.0	1	2.1	4	8.5	3	6.4
53	35.3	8	5.3	1	0.8	53	35.3	2	1.3
0	0.0	0	0.0	0	0.0	0	0.0	0	0.0
53	35.3	8	5.3	1	0.8	53	35.3	2	1.3
237	19.2	33	2.7	5	0.3	94	7.6	34	2.8
44	5.3	13	1.6	1	0.0	43	5.2	10	1.2
193	47.8	20	5.0	4	1.0	51	12.6	24	5.9

11－13　2004年饭店调查外国游客人数

	饭店及游船调查人数	日　本	菲律宾	泰　国
北　京	1 554	353	7	8
天　津	390	108	3	7
河　北	621	108	5	13
山　西	564	144	4	12
内蒙古	471	48	0	2
辽　宁	500	171	5	1
吉　林	379	93	0	8
黑龙江	637	92	2	4
上　海	1 334	601	3	7
江　苏	696	221	1	12
浙　江	782	209	14	6
安　徽	607	187	6	5
福　建	525	144	14	9
江　西	441	82	5	5
山　东	671	146	1	16
河　南	625	159	16	23
湖　北	719	175	6	10
湖　南	693	108	12	15
广　东	1 974	386	30	59
广　西	736	118	3	17
海　南	574	98	1	15
重　庆	466	105	2	15
四　川	1 389	299	12	63
贵　州	401	85	8	5
云　南	636	81	0	49
西　藏	164	10	7	10
陕　西	1 022	325	4	2
甘　肃	581	233	4	6
青　海	211	59	0	1
宁　夏	128	50	1	0
新　疆	1 038	184	6	15

(按省〈区、市〉、国别分组)

单位:人

新加坡	印度尼西亚	马来西亚	韩国	朝鲜	蒙古	印度
44	7	55	168	10	5	4
25	8	9	37	6	0	8
43	7	18	75	10	4	14
32	5	9	72	12	8	4
8	1	9	12	2	188	0
31	2	6	78	5	1	7
26	3	7	137	5	0	5
13	1	3	39	8	1	2
53	8	23	150	5	1	16
49	2	51	91	1	0	2
45	5	20	117	4	1	17
29	2	28	104	5	1	4
61	16	22	38	4	3	9
30	3	18	42	2	2	4
28	3	9	221	8	1	3
39	11	25	90	5	4	6
28	4	33	50	5	0	8
49	5	11	218	11	7	5
142	137	112	63	3	3	105
28	17	46	77	1	4	5
67	6	21	79	0	2	2
30	6	10	31	3	0	1
143	19	58	126	5	8	16
18	2	10	40	2	0	1
47	10	44	22	1	0	5
7	8	9	10	6	5	6
17	6	8	119	2	1	4
12	3	8	21	1	3	2
3	0	0	6	0	0	0
2	0	1	7	1	3	1
46	3	18	86	13	21	10

11－13(续)

	饭店及游船调查人数	英 国	法 国	德 国	意大利	荷 兰
北 京	1 554	108	79	78	34	45
天 津	390	19	11	18	14	11
河 北	621	34	34	27	28	13
山 西	564	20	38	29	14	7
内 蒙 古	471	6	3	9	4	2
辽 宁	500	22	15	12	7	5
吉 林	379	21	2	9	8	6
黑 龙 江	637	4	3	2	3	2
上 海	1 334	40	47	38	18	21
江 苏	696	33	24	26	18	13
浙 江	782	34	30	27	24	25
安 徽	607	21	41	22	6	5
福 建	525	16	13	13	17	9
江 西	441	28	14	23	7	9
山 东	671	29	20	11	5	7
河 南	625	36	27	34	5	16
湖 北	719	60	85	32	6	16
湖 南	693	31	21	23	26	10
广 东	1 974	106	58	39	44	28
广 西	736	55	26	36	15	13
海 南	574	47	30	20	11	6
重 庆	466	25	35	30	8	12
四 川	1 389	57	63	44	32	45
贵 州	401	26	31	22	8	12
云 南	636	41	40	21	18	19
西 藏	164	8	8	3	7	5
陕 西	1 022	87	71	43	19	18
甘 肃	581	14	14	11	5	11
青 海	211	39	33	6	5	5
宁 夏	128	6	6	8	4	3
新 疆	1 038	29	30	16	23	7

单位:人

瑞　典	俄罗斯	瑞　士	美　国	加拿大	澳大利亚	非洲国家	南美国家	其他国家
34	60	15	235	50	48	8	5	94
9	6	10	39	21	12	3	0	6
16	17	14	62	31	22	4	0	22
8	14	9	65	21	14	2	6	15
4	121	3	19	15	4	1	0	10
3	25	10	33	18	16	3	3	21
3	8	3	17	9	4	1	1	3
2	391	3	21	12	5	2	1	21
8	3	10	125	36	49	7	4	61
14	4	6	80	10	27	0	3	8
8	7	6	78	17	22	11	3	52
9	11	4	62	15	9	2	8	21
6	5	5	59	14	17	3	2	26
3	8	1	84	25	15	10	2	19
6	25	11	65	17	17	3	0	19
10	13	9	39	21	14	6	3	14
15	11	12	99	26	14	2	2	20
10	10	12	63	13	7	4	2	20
17	16	14	225	57	81	62	10	177
14	3	11	135	24	14	2	3	69
10	63	11	32	23	10	3	2	15
15	2	6	80	10	14	2	0	24
19	15	13	156	66	49	12	4	65
10	5	8	56	15	17	5	2	13
8	2	12	93	20	34	3	3	63
6	6	9	11	5	7	5	3	3
10	1	14	156	40	24	6	5	40
15	2	18	82	29	42	2	0	43
13	18	3	11	1	2	0	1	5
2	1	1	19	1	0	1	0	10
9	88	7	58	40	30	0	1	298

11－14　2004 年饭店调查入境游客总人数及所占比重

（按城市、外国人、港澳台胞分组）

	饭店及游船调查人数		外国人		香港同胞		澳门同胞		台湾同胞	
	（人）	（%）	（人）	（%）	（人）	（%）	（人）	（%）	（人）	（%）
北　　京	1 822	100	1 554	85.3	156	8.6	22	1.2	90	4.9
天　　津	504	100	390	77.4	62	12.3	14	2.8	38	7.5
石 家 庄	150	100	128	85.3	13	8.7	4	2.7	5	3.3
唐　　山	150	100	118	78.6	16	10.7	3	2.0	13	8.7
秦 皇 岛	150	100	114	76.0	24	16.0	5	3.3	7	4.7
保　　定	150	100	129	86.0	10	6.7	2	1.3	9	6.0
承　　德	150	100	132	88.0	9	6.0	3	2.0	6	4.0
太　　原	120	100	92	76.6	15	12.5	2	1.7	11	9.2
大　　同	120	100	101	84.2	7	5.8	7	5.8	5	4.2
阳　　泉	30	100	27	90.1	1	3.3	1	3.3	1	3.3
长　　治	30	100	13	43.3	9	30.0	5	16.7	3	10.0
晋　　城	43	100	37	86.0	2	4.7	1	2.3	3	7.0
朔　　州	30	100	21	70.0	4	13.3	2	6.7	3	10.0
忻　　州	100	100	86	86.0	5	5.0	5	5.0	4	4.0
吕　　梁	30	100	28	93.4	0	0.0	1	3.3	1	3.3
晋　　中	110	100	93	84.5	8	7.3	1	0.9	8	7.3
临　　汾	50	100	29	58.0	11	22.0	3	6.0	7	14.0
运　　城	50	100	37	74.0	3	6.0	3	6.0	7	14.0
呼和浩特	100	100	80	80.0	7	7.0	2	2.0	11	11.0
满 州 里	120	100	120	100.0	0	0.0	0	0.0	0	0.0
二连浩特	180	100	180	100.0	0	0.0	0	0.0	0	0.0
包　　头	100	100	91	91.0	4	4.0	2	2.0	3	3.0
沈　　阳	200	100	141	70.5	39	19.5	5	2.5	15	7.5
大　　连	411	100	359	87.3	32	7.8	2	0.5	18	4.4
长　　春	200	100	181	90.5	11	5.5	3	1.5	5	2.5
吉　　林	88	100	71	80.7	6	6.8	1	1.1	10	11.4
延　　吉	146	100	127	87.0	12	8.2	1	0.7	6	4.1

11－14(续1)

	饭店及游船调查人数		外国人		香港同胞		澳门同胞		台湾同胞	
	(人)	(%)	(人)	(%)	(人)	(%)	(人)	(%)	(人)	(%)
哈尔滨	275	100	231	84.0	22	8.0	4	1.5	18	6.5
牡丹江	300	100	298	99.4	1	0.3	1	0.3	0	0.0
佳木斯	75	100	68	90.6	2	2.7	3	4.0	2	2.7
上　海	1 500	100	1 334	88.9	90	6.0	9	0.6	67	4.5
南　京	321	100	211	65.8	64	19.9	16	5.0	30	9.3
无　锡	196	100	125	63.8	35	17.9	3	1.5	33	16.8
苏　州	295	100	208	70.5	33	11.2	6	2.0	48	16.3
南　通	100	100	87	87.0	5	5.0	0	0.0	8	8.0
扬　州	100	100	65	65.0	12	12.0	3	3.0	20	20.0
杭　州	499	100	405	81.2	47	9.4	6	1.2	41	8.2
宁　波	200	100	145	72.5	25	12.5	7	3.5	23	11.5
温　州	100	100	73	73.0	13	13.0	2	2.0	12	12.0
绍　兴	100	100	75	75.0	17	17.0	1	1.0	7	7.0
金　华	101	100	84	83.2	7	6.9	2	2.0	8	7.9
合　肥	179	100	143	79.9	19	10.6	4	2.2	13	7.3
芜　湖	27	100	25	92.6	1	3.7	0	0.0	1	3.7
马鞍山	30	100	26	86.6	2	6.7	0	0.0	2	6.7
铜　陵	20	100	20	100.0	0	0.0	0	0.0	0	0.0
安　庆	4	100	4	100.0	0	0.0	0	0.0	0	0.0
黄　山	298	100	259	86.8	27	9.1	2	0.7	10	3.4
滁　州	30	100	21	70.0	4	13.3	0	0.0	5	16.7
池　州	106	100	92	86.8	5	4.7	2	1.9	7	6.6
宣　城	21	100	17	81.0	4	19.0	0	0.0	0	0.0
福　州	297	100	190	63.9	54	18.2	8	2.7	45	15.2
厦　门	303	100	226	74.6	34	11.2	4	1.3	39	12.9
泉　州	80	100	33	41.3	34	42.4	3	3.8	10	12.5
漳　州	50	100	35	70.0	8	16.0	3	6.0	4	8.0
南　昌	130	100	108	83.1	9	6.9	4	3.1	9	6.9
景德镇	110	100	68	61.8	21	19.1	12	10.9	9	8.2
九　江	110	100	76	69.1	18	16.4	5	4.5	11	10.0
鹰　潭	100	100	53	53.0	23	23.0	9	9.0	15	15.0
赣　州	128	100	71	55.4	27	21.1	8	6.3	22	17.2
吉　安	120	100	64	53.3	33	27.5	11	9.2	12	10.0

11－14(续 2)

	饭店及游船调查人数		外国人		香港同胞		澳门同胞		台湾同胞	
	(人)	(%)	(人)	(%)	(人)	(%)	(人)	(%)	(人)	(%)
济　南	283	100	235	83.0	31	11.0	0	0.0	17	6.0
青　岛	292	100	241	82.5	31	10.6	6	2.1	14	4.8
烟　台	113	100	52	46.0	36	31.9	0	0.0	25	22.1
泰　安	99	100	55	55.5	22	22.2	6	6.1	16	16.2
威　海	100	100	88	88.0	2	2.0	0	0.0	10	10.0
郑　州	300	100	222	74.0	27	9.0	19	6.3	32	10
开　封	160	100	126	78.7	10	6.3	5	3.1	19	11.9
洛　阳	250	100	214	85.6	20	8.0	0	0.0	16	6.4
三门峡	100	100	63	63.0	12	12.0	5	5.0	20	20.0
武　汉	566	100	419	74.0	82	14.5	17	3.0	48	8.5
十　堰	85	100	24	28.2	21	24.7	6	7.1	34	40.0
宜　昌	108	100	69	63.9	17	15.7	4	3.7	18	16.7
襄　樊	80	100	56	69.9	10	12.5	7	8.8	7	8.8
荆　州	77	100	41	53.2	12	15.6	10	13.0	14	18.2
湖北游船	123	100	109	88.6	3	2.4	5	4.1	6	4.9
长　沙	314	100	204	65.1	40	12.7	24	7.6	46	14.6
湘　潭	100	100	84	84.0	6	6.0	2	2.0	8	8.0
衡　阳	150	100	69	46.0	32	21.3	18	12.0	31	20.7
岳　阳	150	100	98	65.3	22	14.7	8	5.3	22	14.7
张家界	300	100	238	79.3	26	8.7	15	5.0	21	7.0
广　州	1 651	100	1 146	69.4	351	21.3	47	2.8	107	6.5
深　圳	1 426	100	287	20.1	943	66.1	14	1.0	182	12.8
珠　海	697	100	169	24.2	259	37.2	87	12.5	182	26.1
汕　头	285	100	184	64.5	74	26.0	2	0.7	25	8.8
佛　山	168	100	87	51.8	53	31.5	10	6.0	18	10.7
江　门	2	100	1	50.0	1	50.0	0	0.0	0	0.0
中　山	320	100	100	31.3	140	43.7	51	15.9	29	9.1
南　宁	150	100	105	70.0	21	14.0	5	3.3	19	12.7
桂　林	603	100	461	76.4	71	11.8	6	1.0	65	10.8
梧　州	51	100	30	58.9	9	17.6	4	7.8	8	15.7
北　海	98	100	54	55.2	22	22.4	5	5.1	17	17.3
玉　林	66	100	24	36.4	8	12.1	9	13.6	25	37.9
百　色	66	100	37	56.0	11	16.7	7	10.6	11	16.7
凭　祥	53	100	25	47.2	7	13.2	5	9.4	16	30.2

11－14(续 2)

	饭店及游船调查人数		外国人		香港同胞		澳门同胞		台湾同胞	
	(人)	(%)	(人)	(%)	(人)	(%)	(人)	(%)	(人)	(%)
海　　口	450	100	310	68.9	65	14.4	21	4.7	54	12.0
三　　亚	292	100	263	90.1	24	8.2	1	0.3	4	1.4
重　　庆	480	100	364	75.8	60	12.5	7	1.5	49	10.2
重庆游船	120	100	100	83.3	9	7.5	3	2.5	8	6.7
成　　都	954	100	741	77.7	105	11.0	18	1.9	90	9.4
绵　　阳	263	100	188	71.5	29	11.0	7	2.7	39	14.8
乐　　山	219	100	179	81.8	16	7.3	2	0.9	22	10.0
阿 坝 州	417	100	281	67.4	41	9.8	24	5.8	71	17.0
贵　　阳	407	100	262	64.4	89	21.9	9	2.2	47	11.5
黔 东 南	108	100	84	77.8	13	12.0	3	2.8	8	7.4
昆　　明	710	100	556	78.3	79	11.1	12	1.7	63	8.9
景　　洪	50	100	40	80.0	4	8.0	1	2.0	5	10.0
大　　理	50	100	40	80.0	5	10.0	0	0.0	5	10.0
拉　　萨	196	100	164	83.7	8	4.1	14	7.1	10	5.1
西　　安	1 037	100	973	93.8	40	3.9	6	0.6	18	1.7
咸　　阳	70	100	49	70.0	7	10.0	0	0.0	14	20.0
兰　　州	349	100	255	73.2	27	7.7	26	7.4	41	11.7
敦　　煌	349	100	325	93.1	10	2.9	6	1.7	8	2.3
西　　宁	199	100	184	92.5	6	3.0	3	1.5	6	3.0
银　　川	150	100	128	85.3	10	6.7	2	1.3	10	6.7
乌鲁木齐	596	100	544	91.2	17	2.9	12	2.0	23	3.9
吐 鲁 番	158	100	107	67.7	21	13.3	0	0.0	30	19.0
库 尔 勒	78	100	61	78.2	8	10.3	4	5.1	5	6.4
喀　　什	100	100	91	91.0	5	5.0	1	1.0	3	3.0

责任编辑:王　军
责任印制:李崇宝

图书在版编目(CIP)数据

入境游客抽样调查资料.2005/国家旅游局政策法规司,国家统计局城市社会经济调查总队编.—北京:中国旅游出版社,2005.12
ISBN 7-5032-2767-2

Ⅰ.入…　Ⅱ.①国…②国…　Ⅲ.旅游客源—外国人—抽样调查—统计资料—中国—2005
Ⅳ.F592.6-66

中国版本图书馆 CIP 数据核字(2005)第 139633 号

书　　名:入境游客抽样调查资料 2005

编　　著:国家旅游局政策法规司
国家统计局城市社会经济调查总队

出版发行:中国旅游出版社
(北京建国门内大街甲 9 号　邮编:100005)
http://www.cttp.net.cn　E-mail:cttp@cnta.gov.cn
发行部电话:010-85166507　85166517

印　　刷:北京市 1201 印刷厂
版　　次:2005 年 12 月第 1 版　2005 年 12 月第 1 次印刷
开　　本:787 毫米×1092 毫米　1/16
印　　张:21
字　　数:520 千字
定　　价:100.00 元
I S B N 7-5032-2767-2/F·320